U0958150

Theory and Technology of Durability of Rigid-Flexible Composite Pavement

刚柔复合式路面耐久性理论与技术

李 盛 刘朝晖 著

人民交通出版社股份有限公司
China Communications Press Co.,Ltd.

内 容 提 要

本书共分8章，详细阐述了刚柔复合式路面的耐久性理论与技术，内容包括绪论、温度场与车辙变形分析、层间剪应力分析与层间结合技术、层间界面剪切疲劳测试与沥青面层厚度设计、黏层及抗裂夹层沥青新材料与性能评价、CRC＋AC复合式路面纵向配筋设计与施工技术、沥青面层损伤特性及开裂机理、CRC＋AC复合式路面沥青面层的裂缝扩展。

为了增强本书的实用性，作者综合部分章节的研究成果，专门编制了新建和改造工程中刚柔复合式路面结构层厚度的设计示例，并列于书后，是对现行规范很好的补充和完善，可供广大同行在研究和设计中参考。

本书可作为高等学校道路工程专业研究生和高年级本科生的教材或参考用书，也可供从事道路工程科研、教学和设计的专业人员参考使用。

图书在版编目(CIP)数据

刚柔复合式路面耐久性理论与技术 / 李盛，刘朝晖著．— 北京 ：人民交通出版社股份有限公司，2014.6

ISBN 978-7-114-11479-3

Ⅰ．①刚… Ⅱ．①李… ②刘… Ⅲ．①复合式路面—耐久性—研究 Ⅳ．①U416.224

中国版本图书馆CIP数据核字(2014)第128013号

书　　名：刚柔复合式路面耐久性理论与技术
著 作 者：李　盛　刘朝晖
责任编辑：刘永超　潘艳霞
出版发行：人民交通出版社股份有限公司
地　　址：(100011)北京市朝阳区安定门外外馆斜街3号
网　　址：http://www.ccpress.com.cn
销售电话：(010)59757973
总 经 销：人民交通出版社股份有限公司发行部
经　　销：各地新华书店
印　　刷：北京市密东印刷有限公司
开　　本：720×960　1/16
印　　张：11.75
字　　数：240千
版　　次：2014年6月　第1版
印　　次：2014年6月　第1次印刷
书　　号：ISBN 978-7-114-11479-3
定　　价：35.00元
(有印刷、装订质量问题的图书由本公司负责调换)

前　言

我国沥青路面的早期损坏较为严重，高速公路沥青路面的使用寿命经常低于设计使用期，为此，迫切需要提高道路工程的耐久性，促进我国交通运输事业又好又快的发展。刚柔复合式路面是指面层由两种不同材料类型和力学性质的结构层复合而成的路面，刚柔复合式路面一般采用刚性基层与柔性沥青混凝土(AC)面层进行复合，刚性基层主要起承重作用，沥青面层起功能作用。刚柔复合式路面结合了刚性路面和柔性路面的特点，是一种使用性能良好的结构形式，具有整体强度高、行车舒适性好、使用寿命长、维修费用低等优点，从长期使用性能来看，经济性也很好，是重载交通长寿命沥青路面结构的发展方向。

刚柔复合式路面在国外应用较早，20 世纪 30 年代，英国首次修筑了连续配筋混凝土加铺沥青层的路面结构。从 20 世纪 80 年代开始，刚柔复合式路面在法国、西班牙、澳大利亚、巴西、日本、荷兰等国家得到了广泛应用。在美国，刚柔复合式路面的结构形式多用于旧路维护，认为沥青混合料加铺层能够保护旧路面结构免受荷载、环境等因素的破坏，延长路面的使用寿命，并提供足够的路面表面功能。20 世纪 50 年代，美国就用沥青加铺层来修复水泥混凝土(PCC)路面、连续配筋混凝土路面(CRCP)，用来改善荷载承受能力，提高路面的表面性能。

我国早期修筑了少量的碾压混凝土(RCC)复合式沥青路面，后来在原旧 PCC 路面改造工程中采用加铺沥青面层的方式，这种复合式路面结构主要在高速公路、国道、城市道路中应用较多。近年来，我国在重载交通路段开始修筑接缝设传力杆的混凝土复合式路面(如河南许尉路)、贫混凝土复合式路面、隧道钢纤维混凝土复合式路面等刚柔复合式路面结构。为改善 CRCP 的表面性能，近年来，湖南、江苏、河北、上海、山西等省市在新建高速公路中修筑了 CRC＋AC 复合式路面试验路和实体工程。2003 年湖南省长潭高速公路旧水泥混凝土路面改造工程中采用 CRC＋AC 复合式路面结构(全长 44.76km)，截至 2013 年，路面使用性能良好。2006 年长永高速公路黄花至永安段旧水泥混凝土路面改造工程中修筑了 8km 的 CRC＋AC 复合式路面实体工程。2004 年江苏省的沿江高速公路长寿命试验路的结构方案中有两段采用 CRC＋AC 复合式路面结构。2008 年河北省张石高速公路石家庄段修筑了 40km 的 CRC＋AC 复合式路面，这是新建公路中规模较大的 CRC＋AC 复合式路面结构。2011 年湖南省长益高速公路大修改造工程(57km)、2012 年京港澳高速公路潭耒段改造一期全线(104km)、2013 年京港澳高速公路潭耒段改造二期全线(65km)、2013 年京港澳高速公路耒宜段大修工程部分标段(57km)均采用 CRC+AC 复合式路面结构,路面的结构形式与长潭高速公路的基本一致。刚柔复合式路面的在京港澳高速公路上的大面积推广应用反映出这种路面结构具有显著的优点和良好的使用性能。

国内外目前对刚柔复合式路面的研究虽然取得了一定的成果,但还有一定的局限性,对刚柔复合式路面的层间剪切疲劳、CRC+AC 复合式路面的车辙变形和 CRC 板的纵向配筋、沥青面层的温度疲劳损伤等方面的研究基本属于空白,对刚柔复合式路面层间沥青材料、层间结合技术的研究还不够系统和全面。目前的行业设计规范关于刚柔复合式路面沥青面层的厚度设计指标与方法还很不完善,需进行不同应力水平下的层间界面剪切疲劳试验,分析提出层间抗剪强度结构系数,提出基于层间剪切疲劳的沥青面层厚度设计方法。现行规范中仍然没有 CRC+AC 复合式路面纵向配筋的设计方法,所以只能按 CRCP 的配筋方法对 CRC+AC 复合式路面进行配筋设计,不够科学合理,需结合 CRCP 纵向配筋设计方法和沥青面层厚度对温度的折减,确定沥青面层厚度对 CRC+AC 复合式路面纵向配筋的影响规律,提出基于不同沥青面层厚度的 CRC+AC 复合式路面的纵向配筋设计方法。针对贫混凝土、碾压混凝土、普通水泥混凝土等有接缝的刚性混凝土基层复合式沥青路面,以及旧水泥混凝土路面加铺沥青面层改造的路面结构都易出现反射裂缝,还需开发适用于刚柔复合式路面结构抗裂夹层的沥青材料。

本书是作者依托国家自然科学基金项目“连续配筋混凝土复合式沥青路面结构分析研究(项目批准号:50778025)”和“复合式沥青路面层间剪切疲劳破坏机理研究(项目批准号:51178062)”、国家自然科学基金项目(项目批准号:51038002)、教育部博士点基金项目(项目批准号:20114316110001)、湖南省自然科学基金资助项目(项目批准号:14JJ7041)、湖南省教育厅科学研究项目(项目批准号:14B001)的研究成果,结合湖南长潭高速公路改造工程、长永高速公路黄花至永安段改造工程、常吉高速公路 CRC+AC 复合式路面试验路、常吉高速公路茶庵铺连接线、京港澳高速公路潭耒段改造一期全线等实体工程的修筑实践和观测结果,对刚柔复合式路面耐久性理论与技术进行的系统总结,旨在解决修筑刚柔复合式路面的关键理论与技术以及制约其推广应用的主要问题。考虑到沥青层和刚性层的施工技术与材料的耐久性要求与普通沥青路面和刚性路面基本相同,刚性层的结构层厚度设计方法也已较为成熟,本书不再介绍这几方面的内容，书中主要包括刚柔复合式路面的温度效应与车辙变形、层间剪切破坏特性与沥青面层厚度设计、层间结构与材料及结合技术、CRC 层纵向配筋设计、沥青面层的疲劳损伤及裂缝扩展等耐久性理论与技术等内容。

李盛撰写了第 2 章、第 4 章、第 7、8 章及第 3、第 6 章、附录的部分内容；刘朝晖撰写了第 1 章、第 5 章及第 3 章、第 6 章、附录的部分内容；全书由李盛负责书稿的修改和定稿，由长沙理工大学李宇峙教授主审。研究过程中，运用了传热学、损伤力学、断裂力学、弹性层状体系等基本理论，进行了大量的计算分析与室内外试验，得到郑健龙、周志刚、查旭东、秦仁杰、钱国平、谢军、李九苏等人的大力支持，研究生周婷、柳力、张景怡、史进、展宏图、刘兴武等做了大量试验工作，在此深表感谢。此外，感谢国家自然科学基金委、长沙理工大学对本书的出版资助。

因刚柔复合式路面结构较复杂且可供参考的已有研究成果较少，加之作者水平有限，书中不足之处在所难免，恳请广大读者和同行不吝指正。

李　盛

2014 年 5 月于长沙

目　　录

第1章　绪　　论

复合式路面是指面层由两种不同材料类型和力学性质的结构层复合而成的路面，刚柔复合式路面一般采用刚性基层与柔性沥青混凝土（AC）面层进行复合，刚性基层主要起承重作用，沥青面层起功能作用。常用的刚性基层为普通水泥混凝土（PCC）、连续配筋混凝土（CRC）、碾压混凝土（RCC）、贫混凝土（LCC）、横缝设传力杆的普通混凝土（JPC）、钢纤维混凝土（SFRC）等。刚柔复合式路面结合刚性路面和柔性路面的特点，是一种使用性能良好的结构形式，具有整体强度高、行车舒适性好、使用寿命长、维修费用低等优点，从长期使用性能来看，经济性也很好。

在我国公路建设高速发展的同时，由于管理上的不完善及运输营运利益的驱使，汽车超载现象十分普遍。高速公路路面的使用寿命经常低于设计使用期，路面的早期损坏给国家造成了极大的经济损失和资源浪费，并引起了全社会的广泛关注，迫切需要提高道路工程的耐久性，促进我国交通运输事业更好地发展。在这种新形势下，要求公路行业走可持续发展的道路，进一步加大科技创新力度，建设运输安全型、质量效益型、资源节约型、环境友好型的公路项目。刚柔复合式路面能充分满足重载交通条件下路面结构的耐久性要求，是我国重载交通高速公路长寿命路面结构的发展方向。

近年来，我国新建与改扩建工程中修筑了较多的刚柔复合式路面，首先是早期修筑了少量的碾压混凝土复合式沥青路面，由于当时的技术水平和结构特点（沥青面层较薄），出现了较多反射裂缝和损坏；再次是原旧水泥混凝土路面改造工程中采用加铺沥青面层的方式，在高速公路和国道主干线工程中应用较多；另外是为改善连续配筋混凝土路面的表面性能，湖南、江苏、河北、上海、山西等省市在新建高速公路中采用 CRC＋AC 复合式路面；近年来在重载交通路段开始修筑接缝设传力杆的混凝土复合式路面、贫混凝土复合式路面，隧道中修筑钢纤维混凝土复合式路面，刚柔复合式路面应用越来越广泛，其优点也体现得越来越明显，既充分利用了我国的水泥资源、减少了沥青用量和进口，同时又明显提高了道路的承载能力、延长了使用寿命。2003 年京港澳国家高速公路长潭段修筑了 44.76km 的 CRC＋AC 复合式路面，已使用近 10 年，效果良好。

刚柔复合式路面是弹性半空间地基上的刚性混凝土弹性薄板上覆柔性沥青混凝土弹性层的复杂结构体系，并承受交通荷载和环境温度变化等多种因素的作用。现有工程实践和研究表明，刚柔复合式路面的温度场及车辙变形、层间结构与材料、纵向配筋、沥青面层的损伤开裂、沥青层与刚性层的材料等问题是影响其耐久性的主要因素，考虑到沥青层和刚性层的施工技术与材料的耐久性要求与普通沥青路面和刚性路面基本相同，刚性层的结构层厚度设计方法也已较为成熟，本书不再介绍这些方面的内容，而主要介绍包括以下内容在内的刚柔复合式路面的耐久性理论与技术。

1)温度效应与车辙变形

刚柔复合式路面中刚性层是主要承重层，沥青面层旨在提高路面的使用性能，但由于沥青层的存在，刚性层温度场的分布规律也与普通混凝土路面有所不同。研究复合式路面结构的温度场，对复合式路面结构的破坏机理及受力特征有重要意义。由于沥青混凝土吸收太阳辐射的能力要高于水泥混凝土，所以当沥青层厚度较小时，刚性层顶面的温度可能会高于无沥青面层时的温度，也就是说，在复合式路面中，沥青层存在一个临界厚度，这一临界厚度对沥青面层的厚度设计有重要意义。分析和研究沥青层厚度与刚性层最大温度梯度的关系，并计算和分析一定温度场下的车辙深度，可为刚柔复合式路面结构层厚度的合理化设计提供参考依据。

2)层间剪切破坏特性与沥青面层厚度设计

由于沥青面层与混凝土基层的回弹模量相差较大，体积膨胀收缩时变形协调性差，且刚柔复合式路面沥青面层一般不如普通沥青路面的沥青层厚，有时甚至只有薄薄的几厘米，在高温和荷载的长期作用下，沥青的劲度模量降低，黏聚力减小，抗剪强度也随之减少，沥青层尤其是结合界面容易因为抗剪能力不足而引起滑移、开裂和变形等病害；长大纵坡、弯道处的车辆加速、减速频繁，轮胎对路面会产生较大的水平制动力，在沥青面层与刚性结构层之间产生较大的水平剪应力，对于长大纵坡段易出现“U”形滑动开裂(上坡路段出现倒“U”形滑动开裂，下坡路段出现正“U”形滑动开裂)、弯道路段易出现侧向滑移、纵向开裂与变形。

沥青面层的厚度对层间剪应力影响较大，需考虑层间抗剪切设计指标来确定沥青面层的厚度，尤其是考虑刚柔复合式路面在重复荷载作用下的层间剪切疲劳问题。因此，开展刚柔复合式路面的层间剪切疲劳研究，提出基于层间剪切疲劳的沥青面层厚度设计方法，具有理论意义与实用价值。

3)层间结构与材料及结合技术

刚柔复合式路面的层间剪切破坏主要发生在高温季节，要求层间沥青材料具有良好的高温性能和疲劳性能。目前对刚柔复合式路面层间沥青材料、层间结合技术的研究还不够系统和全面，还需对层间结合技术和层间沥青材料的抗剪性能进行系统研究，并提出适宜的层间结合技术和层间沥青材料。

目前新建的贫混凝土、碾压混凝土、普通水泥混凝土等有接缝的刚性混凝土基层复合式沥青路面，以及旧水泥混凝土路面加铺沥青面层改造的路面结构都易出现反射裂缝，极大地影响路面的使用品质和寿命。为了解决反射裂缝的问题，目前国内外主要采取设置应力吸收层和加筋类材料的方法，但应力吸收层对沥青材料的性能要求很高，普通的改性沥青材料难以满足要求，且应力吸收层只适用于接缝竖向相对位移量小于0.06mm的路段，施工要求和条件也较高。加筋类材料主要为玻纤格栅、土工布、沥青油毡等，这些材料对应力有一定的消散作用，但防止反射裂缝的能力有限，而且这些材料如果摊铺不平整或原有的刚性基层不平整，会造成沥青混合料压实度不足等问题。因此，研发一种适用于刚柔复合式路面结构抗裂夹层的沥青材料有十分重要的意义。

4)CRC+AC复合式路面纵向配筋设计

2011年12月1日开始实施的《公路水泥混凝土路面设计规范》(JTG D40—2011)相比原规范在连续配筋混凝土路面纵向配筋率设计的相关内容上做了较大修改，但仍然没有CRC+AC复合式路面的配筋设计方法。

CRC+AC复合式路面的配筋设计是保证其使用寿命的重要因素之一，配筋率主要与气候环境和材料特性等因素有关。目前的应用研究和规范一直按CRCP(连续配筋混凝土路面)的配筋设计方法对CRC+AC复合式路面进行配筋设计，未考虑沥青层的影响，其结果必定与实际情况存在着一定的偏差。实际上，由于沥青层的影响，CRC+AC复合式路面的配筋率可低于普通连续配筋混凝土路面，但低多少还需进一步研究。

纵向配筋是修筑CRC+AC复合式路面的关键技术，也是CRC+AC复合式路面前期投资成本较高和制约其在我国推广应用的主要原因。考虑到目前CRC+AC复合式路面的推广应用主要受到前期投资成本高的影响，且我国仍为发展中国家，进行CRC+AC复合式路面纵向配筋率的研究与分析，对CRC+AC复合式路面的推广应用和合理设计有一定的意义，也可为桥梁工程、基础工程、岩溶和采空区路基处理工程等混凝土结构的配筋设计提供理论依据，对公路水泥混凝土路面设计规范的重新修订也有一定的参考价值。

5)沥青面层的疲劳损伤及裂缝扩展

刚柔复合式路面结构复杂且有其自身的特点,刚性基层与沥青面层的模量相差较大,且刚性基层一般有接缝(裂缝),沥青面层易在刚性基层接缝(裂缝)处产生损伤开裂,目前还没有刚柔复合式路面沥青面层疲劳损伤特性及开裂机理等方面的研究,研究刚柔复合式路面沥青面层的疲劳损伤特性和开裂机理可为其设计、施工及日常养护方案的制订等工作提供科学依据,有一定的理论意义和现实意义。

刚柔复合式路面沥青面层在出现疲劳损伤开裂后,由于沥青层较薄,在温度和荷载的共同作用下,裂缝易贯穿整个沥青层,直接影响沥青层的使用寿命。传统的道路工程分析程序,无法解决刚性层带缝状态下复合式路面结构的力学响应,也无法模拟裂缝尖端附近应力与位移场的奇异性,还需深入研究沥青面层的裂缝扩展特征,为刚柔复合式路面沥青层的设计提供有益补充。

从提升和完善刚柔复合式路面耐久性技术的角度出发,在理论和方法上对刚柔复合式路面的温度场及车辙变形、层间结构与材料、纵向配筋、沥青面层损伤开裂等问题进行系统研究,可为刚柔复合式路面的耐久性提升和推广应用提供理论依据,也可为钢桥面及混凝土桥面沥青铺装结构、半刚性基层沥青路面结构的耐久性技术提供参考。

1.1 国内外研究现状

1)层间剪应力与抗剪性能

国外在层间剪应力与抗剪性能方面的研究主要有:2002～2003 年,美国威斯康星州交通部进行了一项课题研究,主要通过试验评估了热拌沥青混凝土的界面黏结与抗剪性能;Salman Hakimzadeh 等人对通过剪切和拉拔试验来评价路面结构层间的抗剪和黏结性能,指出层间抗剪性能对路面结构的开裂、早期疲劳损伤、层间滑移影响非常大,并通过试验提出了层间沥青材料的最佳用量;由 RILEM 组织的 Francesco Canestrari 等人通过室内试验系统研究了沥青路面的层间黏结性能,共有来自 11 个国家的 14 个实验室参与了这项研究,研究中对 1 400个芯样的最大剪切和扭转荷载及相对位移进行了测试,并确定了层间最大剪切和扭转强度;Mohammad 等人采用旋转压实仪成型试件,利用 Superpave Shear Tester(SST)研究了黏层材料类型、喷洒率和试验温度对层间剪切强度的影响,并通过剪切试验推荐了最佳喷洒量;在英国,现场检测多采用扭剪试验,

2003年，诺丁汉大学的Collep等人采用扭剪试验对道路黏结强度进行了研究，并致力于室内黏结强度试验仪器的开发；联合美国交通研究委员会和加拿大安大略交通厅，加拿大卡尔顿大学的Goodman和Bekheet等人利用扭剪原理研发了一种新型、快速检测剪切强度的仪器In-Situ Shear Stiffness Test，用来现场检测机场道路的层间黏结强度。

国外学者在计算分析方面的研究主要有：Erkens，S.等人利用有限元法对沥青路面的层间抗剪性能进行了计算和分析；King等人采用BISAR程序对不同层间接触下的级配碎石基层沥青路面进行了受力分析，认为当层间黏结强度下降10%时，疲劳寿命将会下降50%；Roffe等人采用法国路面设计程序ALIZE也进行了类似的受力分析，认为层间接触不足可能会使路面由原来20年的设计寿命减少到只有7～8年的服务寿命。

国内学者在计算分析方面的研究主要有：胡长顺等人指出层间界面容许剪应力τ_R由层间抗剪强度τ_f与层间抗剪强度结构系数K_T确定，层间抗剪强度结构系数同行车荷载的作用状态有关，并分别建立了正常行驶、缓慢制动和紧急制动状态下层间抗剪强度结构系数与公路等级、累计当量轴次之间的关系式；李盛等人建立了基于裂缝模式的CRC＋AC复合式路面剪应力有限元计算模型，对沥青面层的层底剪应力进行了计算与分析；王朝辉等人提出了基于剩余寿命的加铺层结构设计方法，完善了旧沥青混凝土路面加铺层结构的设计指标；苏凯根据山区公路沥青路面面层滑移病害的调查结果，并利用多层弹性层状体系的计算程序，分析了路面结构在行车荷载作用下层间剪应力的一般规律；姚占勇等人研究了左右轮下面层剪切疲劳破坏的差异和底基层拉伸疲劳破坏的差异，解释了在道路上总是车轮右侧路面龟裂或裂缝严重的现象。

国内学者在剪切试验方面的研究有：刘朝晖进行了刚柔复合式路面的层间界面抗剪强度试验，提出了层间界面的结构形式与材料要求；顾兴宇等人运用斜剪试验测试了层间黏结材料的抗剪强度；邵显智等人利用单轴贯入法，对沥青混合料的剪切疲劳试验进行了研究，提出了沥青混合料抗剪设计方法；刘丽等人通过直接剪切和直接拉拔试验对层间结构强度进行了研究，提出了层间容许剪应力的计算方法和考虑抗剪强度的沥青路面结构设计方法；苏凯利用课题组自行研制的DLG-A路面材料剪切试验仪进行了路面层间滑移的模拟试验，考察了不同的基层、面层类型以及温度条件对层间抗剪能力的影响，提出了防止面层滑移的建议；邵腊庚等人运用美国公路战略研究计划(SHRP)开发的剪切试验仪，对不同沥青混合料在40℃下进行剪切试验，分析和比较了不同集料针叶片含量、沥青结合料、油石比、级配对沥青混合料抗剪性能的影响；王火明等人通过复合板的室内剪切试验和拉拔试验，对比研究了不同水泥混凝土板界面处理方式、不同防水黏结材料以及界面层沥青用量对界面层强度的影响，得到了界面层抗剪强度与黏结强度之间的相关性。

2)层间抗裂材料

1998 年，美国在密苏里州西北部的 Holt 县铺筑了 SAF(Sand Anti-Fracture)应力吸收层试验段，主要用来减少反射裂缝和沥青加铺层的厚度。2 年后，又在 DeKalb 县铺筑了另一条厚 2.5cm 的 SAF 应力吸收层试验路，用来对比分析铺筑 SAF 应力吸收层和未铺筑应力吸收层的路面在防反射裂缝及延长路面使用寿命等方面的作用。

美国科氏(Koch)公司研发的 STRATA 应力吸收层是一种适用于防止反射裂缝的路面结构层，目前已经在美国得克萨斯州、新泽西州、伊利诺伊州、威斯康星州等多个地区中应用。从 2001 年开始，美国科氏材料(中国)公司制定了应力吸收层沥青结合料的技术要求，STRATA 应力吸收层技术在我国开始得到应用。明尼苏达州推出了防反射裂缝沥青砂规范 JSP-97-10，规定了用于应力吸收层的沥青结合料应满足 PG70—34 的分级要求，并需满足测力延度比、老化后弹性恢复、离析以及溶解度等要求。

在国内，李祖仲等人根据旋转压实特性确定压实温度，指出应力吸收层特种改性沥青结合料拌和温度范围在 175～180℃、初压温度在 155～165℃是比较合理的；胡曙光等人通过采用 SBS、增塑剂、增黏剂、增容稳定剂复合改性技术对基质沥青进行改性，制备出了能够满足应力吸收层要求的高弹、高柔、高黏的改性沥青材料；郝培文等人借助荧光显微镜分析应力吸收层中拟采用胶粉沥青的微观结构形态，确定了采用 20 目胶粉制备的改性沥青其技术性能最优，并确定了胶粉的最佳掺量为 18%，胶粉沥青生产时适宜的剪切温度为 170～180℃，适宜的剪切速率是 7 000$r \cdot min^{-1}$，剪切时间为 60min；谭忆秋等人指出沥青性质对应力吸收层沥青混合料的疲劳性能、抗低温开裂性能存在显著影响，沥青不同，应力吸收层混合料的疲劳寿命相差 10～400 倍，低温极限弯曲破坏应变相差3～6 倍，并指出原样沥青的针入度、60℃黏度、软化点等指标与应力吸收层沥青混合料的疲劳性能之间存在较好的相关性，建议作为选择应力吸收层沥青的关键指标予以控制；吴旷怀介绍了选用黏弹性高的 SBS 改性沥青进行应力吸收夹层(SAMI)沥青混合料配合比设计的全过程，并通过试验研究指出这种材料模量较小、变形能力强、具有良好的防水性能和抗疲劳能力，可作为旧水泥混凝土加铺沥青层的应力吸收层，以延缓反射裂缝的产生；廖卫东通过对应力吸收层沥青混合料疲劳性能、高温车辙和水稳定性能、低温抗裂性能的试验研究，指出其具有良好的路用性能，且没有降低沥青加铺层路面结构的整体抗车辙能力；周燕、陈拴发研发了高性能 SAMPAVE 改性沥青用作应力吸收层，基于应力吸收层的功能要求，推荐出应力吸收层改性沥青的技术要求，并推荐了应力吸收层沥青混合料高温抗剪指标；高俊启等人设计了包含应力吸收层复合试件的剪切与疲劳试验，指出橡胶沥青洒布量在 1.8～3.0kg·m^{-2} 间增加时，橡胶沥青应力吸收层的抗剪强度、疲劳能力均增加，但不是线性增加。

3)沥青面层的温度效应

由于沥青混合料吸收太阳辐射的能力要高于水泥混凝土，所以当 AC 层厚度较小时，CRC 层顶面温度有可能会高于无沥青面层时的温度，也就是说，在 CRC+AC 复合式路面中，沥青层存在一个临界厚度。日本学者认为，当沥青加铺层厚度为 5cm 时，有无沥青层混凝土面层顶面的温度几乎相同。

在理论分析和计算方面，B. Franck 等人分析了因温度变化罩面层底部引起拉应变及车辆荷载通过接缝时，两块板产生挠度引起罩面层的剪应变；H. M. Yin、W. G 等人对复合式沥青路面结构的传热模型进行了研究，提出了刚性路面沥青加铺层结构中周期性非连续传热模型的简化方法，以二元解的位移场为基础，推导出了不同深度下温度裂缝扩展情况的解析解；Minhoto Manuel J C 等人用有限元法建立了沥青路面的三维温度场有限元模型，通过太阳辐射、空气对流和路面辐射实现空气与路面结构的热交换，较精确地预测了沥青路面的内部温度。

对于 CRCP 上加铺沥青层的减薄问题，英国由国家机构颁布的《道路指示29号》指出，沥青面层厚度 9cm 等效于有缝混凝土板厚 2.5cm，薄的沥青面层减少了隔热作用，当面层厚度小于 4cm 时，其隔热作用则可能完全没有。

国内部分学者研究了温度对沥青混合料疲劳变形的影响，袁峻等人研究了变温下沥青混合料的剪切疲劳变形，通过典型温度变形叠加方法的比选，建立了变温下沥青混合料剪切疲劳变形的叠加模型；冯俊领提出高温条件下沥青混合料剪切疲劳方程，根据交叉口路面的实际受力状况，提出了相应的沥青混合料抗剪强度评价标准。

在温度场的计算方面，国内学者顾兴宇等人运用传热学原理和有限元方法分析了 CRC+AC 复合式沥青路面的瞬态温度场问题，提出厚度在 4cm 以上的沥青面层均能起到降低 CRCP 表面最大温度的作用；刘朝晖建立了 CRC+AC 复合式路面温度翘曲应力有限元模型，分析了随机横向裂缝条件下、不同裂缝间距时 CRC 板温度应力的最不利位置；陈锋锋分析了 CRC+AC 复合式路面温度场的分布规律，推导出了 CRCP 最大温度梯度和温度翘曲应力的计算公式；陈志良利用非线性有限元方法，对 CRCP 在温度和湿度变化情况下引起的应力和应变变化及其导致的开裂进行了分析，并进行了应力场和开裂的图形仿真；李嘉等人应用有限元软件对夏季高温条件下 CRCP＋AC 复合式路面瞬态温度场进行了模拟，利用温度和结构耦合原理计算了日周期气温下路面结构的温度应力，指出当 AC 层厚度小于 6cm 后，改变 CRC 层厚度对混凝土板温度应力影响不大；李国胜对 PCC＋AC 复合式路面的温度场与温度应力进行了研究，指出 PCC＋AC 复合式路面水泥混凝土板的温度应力与普通水泥混凝土路面的温度应力有较大不同，且沥青混凝土层厚度的大小直接影响水泥混凝土板温度应力的大小；倪富健等人应用有限元方法对沥青混凝土与连续配筋混凝土复合式路面进行了温度场与疲劳应力分析，提出大于 4cm 的沥青混凝土面层可以有效改善路面的温度场，在受力方面，沥青面层每增加 2cm，可满足 15％～20％的超载要求。

4)CRC 板的纵向配筋设计

AASHTO 2002 设计指南中 CRCP 以冲断和平整度作为基本的设计指标，CRC 板的温度与干缩应力要求将纵向钢筋布置在板厚的中部，同时，纵向钢筋布置得越靠近板顶，越能改善裂缝间距的均匀性和控制裂缝间距，从而减少冲断破坏。然而钢筋布置得位置高会产生施工振捣密实的问题，因此最小的钢筋埋置深度为 3.5in(9cm)，最大的埋置深度为中部，不推荐两层配筋结构。Kim. S. M 等人认为，AASHTO 的 CRCP 配筋设计是一种经验法，其优点在于设计变量较少，方法简单实用、结构稳定性好，缺点在于有地域性，许多设计变量未在经验公式中反应。

Hermansson Ake 的研究结果表明：CRC＋AC 复合式路面较单一的 CRCP 可节省约 30％的钢筋用量，并能减少板的温度位移，从而使板的自由边位移减少，且不需端部锚固；美国交通运输委员会的研究结果表明：在美国（主要是寒冷地区）0.6％～0.8％的配筋率会产生较好的裂缝开裂模式和结构性能，纵向配筋率是否合适像板厚一样依赖于施工条件和其他设计因素，增加钢筋用量会减少冲断并提高平整度；Kelly L. Smith 等人对 CRCP 作了寿命周期费用分析，指出配筋率从 0.65％增加到 0.7％，初期费用增加 1％～2％，而使用寿命可增加 3～5 年；Chetana 等人针对 CRCP 的冲断破坏，采用 4 节点中厚板单元和液体地基模型，并考虑板边因翘曲及冲刷引起的脱空，提出了基于防止冲断的 CRCP 力学—经验设计法；Jeffery R. Roesler 等人对伊利诺伊州一些州际公路上的 CRCP 早期纵向开裂现象进行了调查和室内试验研究，指出这些纵向裂缝产生于行车道和超车道，位于纵向钢筋的上方，其产生与CRCP施工时钢筋的沉降有关；Erwin R. Kohler等人对CRCP的裂缝宽度进行了细致测量，指出在裂缝表面宽度最大，但宽度最小处既非板底，也非钢筋所在位置；Jeong等人对混凝土路面使用性能的研究表明：基层侵蚀、集料嵌挤的损失、钢筋锈蚀、过宽的裂缝和其他类型的接缝损坏会减小裂缝的剪切刚度。

我国关于CRCP纵向配筋的研究较晚，规范指出：CRCP的纵向钢筋应采用螺纹钢筋，其直径宜为12～20mm，距面层顶面不应小于90mm；间距不大于250mm，不小于集料最大粒径的2.5倍，边缘钢筋至纵缝或自由边的距离一般为100～150mm；横向裂缝的平均间距不大于1.8m，钢筋埋置深度处缝隙平均宽度不大于0.5mm；纵向配筋率根据交通等级宜为0.6%～1.0%，冰冻地区路面的配筋率宜高于一般地区0.1%。

在力学计算方面，国内学者黄晓明等人以三向弹簧模拟钢筋和混凝土之间的黏结，认为配筋层位、配筋率等参数对板中加入钢筋前后温度翘曲应力变化的影响可以忽略；田寅春等人将CRCP中纵向钢筋作连续化处理，建立了正交各向异性薄膜单元，得到了CRCP的两种临界荷位和配筋率等参数对板底应力的影响规律；李盛确定了不同裂缝间距下CRC+AC复合式路面的临界荷位，分析了配筋率、配筋位置等因素变化下，结构层厚度与CRC层最大主应力之间的关系；白桃等人在有限元分析的基础上，提出了单独板的温缩应力简化公式，指出CRCP温缩应力影响因素的重要程度从大到小依次为：温度变化、裂缝间距、板厚、黏结刚度系数、钢筋直径、配筋间距；王衍辉、张洪亮等人运用解析法分析了相邻横向裂缝间CRCP的收缩应力，得到混凝土最大收缩应力和裂缝处位移的计算公式和与冲断相关的不同裂缝间距板的疲劳方程，提出给定条件下CRCP裂缝主动控制的合理间距为0.6～1.2m；王斌等人建立了基于有限元的早期行为预测及评价路面路用性能的计算模型，指出钢筋混凝土界面处的黏结与滑移关系对冲断破坏的发生影响显著。

在控制裂缝间距及宽度方面，国内学者左志武采用Monte-Carlo的方法，以凝结温度与月平均气温之差的月变化作为环境荷载，采用自编程序对CRCP横向开裂进行了预估；赵华等人运用ANSYS有限元软件，对双层钢筋混凝土路面结构进行了应力分析，并结合实体工程，指出设置双层钢筋可以有效限制混凝土的裂缝宽度，减小面层开裂；刘寒冰等人建立了CRCP在温度变化和混凝土干缩情况下的有限元刚度方程，得出了计算早期裂缝宽度和裂缝间距的有限元解，并指出采用小直径多根数的配筋方式较为合理，且最好在秋季施工；黄卫提出CRCP的初期开裂主要是受混凝土材料的物理、化学性质影响，如果在配合比设计时考虑掺入膨胀剂，以减小混凝土的干缩特性，就可以在不提高配筋率的前提下起到减少和控制开裂的作用；高英等人通过分析 CRCP 的失效概率，出了 CRCP 横向裂缝最佳间距值，得出了基于可靠度的连续配筋混凝土路面配筋设计方法；查旭东对湖南省耒宜高速公路 CRCP 试验路进行了长期的跟踪观测，指出裂缝间距和裂缝宽度的变异系数一般分别在 0.30～0.35 和 0.20～0.25，裂缝平均间距与龄期之间呈现良好的幂函数关系，平均裂缝宽度与气温之间存在良好的线性关系，裂缝间距服从正态分布规律；罗翥、刘英设计了一种连续配筋路面裂缝渗水速率的模拟试验方法，提出为了减少连续配筋混凝土路面的水破坏，采用主动诱导切缝并做封缝处理，或在设计时选用更小的裂缝宽度，以提高其路用品质。

5）沥青面层的损伤开裂

损伤力学理论最早应用于金属材料领域，在沥青混凝土路面的应用研究相对较晚，国内外对沥青路面损伤开裂后的裂缝扩展研究主要是基于断裂力学理论进行了大量的计算与分析。

Sungho Mun 等人研究了热拌沥青混合料的疲劳抗裂性能，确定了沥青混合料在低温条件下黏弹性连续损伤的算法；Lytton RT 等人运用弹性—黏弹性对应准则评价循环荷载作用下损伤的发展和愈合，用位势理论来模拟循环加载中损伤的发展和卸载时的愈合；Jo Daniel 等人认为分析损伤时应该将加载情况、温度和老化状况考虑进来，应用连续损伤力学的原理分析了损伤的演化和愈合；Selezneva 等人发现路面开裂后裂缝宽度服从 Weibull 分布，并用 47 段 LTPP 试验路和先进的运输加载系统（ATLAS）进行了验证；D. V. Ramsamooj 从断裂力学的角度出发，建立了近似用于从平面应力逐渐过渡到平面应变的反射裂缝分析模型；Halil Ceylan 等人运用断裂力学分析了在荷载作用下路面结构内部反射裂缝的成型和发展过程，用应力强度系数（SIF）是来计算裂缝的线弹性传播速度，运用神经网络方法（NN）来模拟在荷载和温度作用下沥青层中裂缝向上发展时的应力强度系数，以此来预测反射裂缝的发生。

在路面疲劳损伤方面，国内学者郑健龙、唐雪松等人在黏弹性本构关系中引入一个动态损伤函数来描述疲劳损伤的影响，采用损伤力学方法研究了沥青混合料的疲劳失效问题，建立了完整的各向同性的弹性损伤理论，克服了经典弹性损伤理论存在的缺陷；周志刚运用损伤力学理论对沥青混合料的疲劳损伤特性进行了分析，并对沥青类路面的疲劳破坏及旧混凝土路面加铺沥青层的寿命预测等进行了系统研究；关宏信分析了路面行车荷载周期作用下沥青路面的黏弹性应力响应规律，利用能量耗散的观点，得到了沥青混合料黏弹性疲劳损伤模型，并进行了应力松弛试验和疲劳损伤试验，预测了沥青路面的疲劳开裂寿命；王金昌等人应用损伤力学理论，提出了路面的疲劳寿命预测方法，计算了路面结构温度循环变化时损伤的累积和裂缝扩展，并考虑了温度对沥青混合料劲度模量的影响；邱欣等人由西多霍夫损伤模型确定损伤因子，应用全解耦分析方法分析沥青混凝土材料的损伤，通过 ANSYS 计算路面结构内部应力应变场，并实现了单元损伤过程的重复调整过程。

在路面开裂及裂缝扩展方面，国内学者彭彬以断裂力学为基础，建立了路面结构的有限元模型，对开裂间距进行了有限元预估和影响因素分析，并对裂缝扩展和温度疲劳寿命进行了预估；王鹏采用大型有限元软件 ABAQUS 分析了荷载和温度型裂缝产生的机理，并探究了荷载和温度耦合作用下裂缝的形成原因；李蕊等人采用离散元方法构建了沥青混合料的马歇尔数字试件，模拟了间接拉伸试验，研究了黏结强度比、颗粒摩擦因数和加载速率对微裂缝扩展过程的影响，分析了试件内部颗粒的细观响应；元松等人采用断裂力学理论，通过条件假定，建立了带裂缝的沥青路面结构平面应变分析模型，计算了张拉型和剪切型应力强度因子，并进行了回归分析；李英涛从控制基层裂缝扩展的思路对隧道内 CRC＋AC 复合式路面 AC 层厚度进行了研究；在裂缝扩展的计算中，方修君等人以 ABAQUS 为平台，通过扩展有限元法的功能，对三点弯梁及混凝土中加筋的开裂过程进行了模拟，有效解决了模拟裂纹扩展过程中涉及的移动非连续等问题。

1.2　研究现状分析及发展趋势

国内外目前对刚柔复合式路面的研究虽然取得了一定的成果，但还有一定的局限性，对刚柔复合式路面的层间剪切疲劳、CRC＋AC 复合式路面的车辙变形和纵向配筋、沥青面层温度疲劳损伤等方面的研究基本属于空白。

现有研究对刚柔复合式路面层间沥青材料、层间结合技术的研究还不够系统和全面，还需对层间结合技术和沥青材料的抗剪性能及疲劳性能进行系统研究，并提出适宜的层间结合技术和沥青材料。针对贫混凝土、碾压混凝土、普通水泥混凝土等有接缝的刚性混凝土基层复合式沥青路面，以及旧水泥混凝土路面加铺沥青面层改造的路面结构都易出现反射裂缝，还需开发适用于刚柔复合式路面结构抗裂夹层的沥青材料。

现有研究对刚柔复合式路面的温度场和层间温度状态研究较少，对沥青路面剪切疲劳的研究，主要是针对沥青混合料本身的剪切疲劳性能，进行了大量的剪切试验和计算分析；对刚柔复合式路面层间界面的抗剪问题主要是分析了层间的受剪状态，并进行了层间剪应力与抗剪强度的宏观分析，没有考虑层间剪切疲劳问题。

现有研究和现行规范仍然没有 CRC＋AC 复合式路面纵向配筋的设计方法，所以只能按 CRCP 的配筋方法对 CRC＋AC 复合式路面进行配筋设计，不够科学合理，且现行规范中 CRCP 的纵向配筋设计仍然存在较大问题，横向裂缝间距和缝隙宽度的计算公式不够科学和合理，纵向配筋设计对温度效应的考虑不够全面。

《公路水泥混凝土路面设计规范》(JTG D40—2011)在新建水泥混凝土路面中提到了复合式路面，刚性基层可采用连续配筋混凝土和接缝设传力杆普通混凝土，但没有沥青面层厚度具体的设计方法，只是考虑了沥青面层厚度对混凝土板荷载和温度应力的影响；《公路沥青路面设计规范》(JTG D50—2006)指出在旧水泥混凝土路面改造中，可加铺沥青面层，沥青面层的厚度可按减缓反射裂缝的要求确定，高速公路和一级公路的最小厚度宜为 10cm，其他等级公路的最小厚度宜为 7cm，但没有提出设计方法和控制指标。因此，目前的行业设计规范关于刚柔复合式路面沥青面层的厚度设计指标与方法还很不完善。

目前通常采用损伤力学全解耦法对路面结构在温度和荷载作用下的疲劳损伤特性进行研究，不能准确体现损伤与应力状态的相互耦合作用。也使用损伤力学—有限元全耦合法对半刚性基层沥青路面基层进行的疲劳损伤研究，但刚柔复合式路面结构复杂且有其自身的特点，刚性基层与沥青面层模量相差较大，且刚性基层一般有接缝(裂缝)，沥青面层易在刚性基层接缝(裂缝)处产生损伤开裂，目前还没有刚柔复合式路面沥青面层疲劳损伤特性及开裂机理等方面的研究。国外沥青路面设计的力学—经验法主要是控制疲劳开裂、永久变形和温缩断裂等损坏，我国的沥青路面设计是以弯沉和层底弯拉应力为控制指标，主要是针对行车荷载作用下路面结构的变形及破坏，没有考虑温度对路面结构的影响，不能反映路面结构破坏类型的多样性。沥青路面的传统设计方法也主要是考虑沥青层的疲劳寿命，只考虑了路面结构的初始状态和最终结果，缺乏对路面结构使用期间损伤状态的研究分析。

1.3 国内外应用概况

1)国外应用概况

刚柔复合式路面在国外的应用较早，20 世纪 30 年代，英国首次修筑了连续配筋混凝土层上加铺沥青层的路面结构，1985年修筑了长达8km(双车道)的CRC+AC复合式路面，CRC+AC复合式路面是英国四种典型混凝土路面结构之一；1986年，法国使用聚苯乙烯修建轻质路堤，其上配双层钢筋网浇筑加固水泥混凝土板，在板上喷洒沥青乳液，并铺土工织物，然后铺筑4～5cm厚的沥青磨耗层，在严寒季节，未发现面层裂缝；20世纪80年代末，西班牙、澳大利亚、巴西、日本等国均修筑了RCC+AC复合式路面。据日本某杂志1993年报道，在山阳高速公路河内至西条段修筑了9km的刚柔复合式路面试验路，共有11种结构类型，路面结构下层为不同厚度的连续配筋混凝土(CRC)或碾压混凝土(RCC)，上层为10cm双层沥青混凝土或5cm单层沥青混凝土。

CRC+AC复合式路面在荷兰应用较为普遍，尤其在使用了多孔沥青磨耗层之后，复合式路面在荷兰的主要道路上被强制应用，从下至上的结构一般是水泥处治基层+沥青黏结层+CRCP+沥青磨耗层，而并不直接用CRCP作面层。

在美国，复合式路面的结构形式较多用于旧路维护，认为沥青混合料加铺层能够保护旧路面结构免受荷载、环境等因素的破坏，延长路面的使用寿命，并提供足够的路面表面功能。20世纪50年代美国就用沥青加铺层来修复PCC、CRCP路面，用来改善荷载承受能力，提高路面的表面性能。

2)国内应用概况

我国早期修筑了少量的碾压混凝土(RCC)复合式沥青路面，后期在原旧水泥混凝土路面(PCC)改造工程中采用加铺沥青面层的方式，这种复合式路面结构主要在高速公路、国道、城市道路中应用较多；为改善连续配筋混凝土路面的表面性能，近年湖南、江苏、河北、上海、山西等省市在新建高速公路中修筑了CRC+AC复合式路面试验路和实体工程；近年来，在重载交通路段开始修筑接缝设传力杆的混凝土复合式路面(如河南许尉路)、贫混凝土复合式路面、隧道钢纤维混凝土复合式路面等刚柔复合式路面结构。

目前CRC+AC复合式路面在国内应用较少，现行规范也只建议在高速公路建设中使用。2003年湖南省长潭高速公路旧水泥混凝土路面改造工程中采用CRC+AC复合式路面结构(全长44.76km)，湖南省长潭高速公路为京港澳国家高速公路主干线的一段，原路面结构为水泥混凝土路面，1997年建成通车，经过6年多的运营，累计标准轴次已接近设计轴次，由于原结构设计较薄(25cm混凝土板+20cm水泥沙砾基层)，重轴载较多。调查表明，轴重大于10t的有37.6%，而轴重大于13t的超重车也有22.98%，到路面改造时，损坏严重。为适应重载交通的要求，弥补原结构上的不足，在对原旧水泥混凝土路面进行换板、压浆、清缝、灌缝等处理后，采用连续配筋混凝土补强调平层后再加铺10cm沥青面层的改造方案，纵向配筋率为 0.600 8%。改建工程于 2003 年 12 月竣工，竣工后的第一年日均交通流量即达到了 23 135 辆/日，增长了 28%。2009～2011 年的日均交通量分别达到了 32 897 辆/日、31 416 辆/日、31 475 辆/日，相对改造前分别提高了 83.6%、75.3%、75.6%，三年的年增收减去年度分摊改建成本分别为 1.80 亿元、2.04 亿元、2.02 亿元，路面改造后 8 年总增收 11.70 亿元。按照 2009～2011 年的财务数据计算，相对于直接加铺沥青面层改造方案，年养护维修费用(含专项工程)从 225 万元/公里减至 95 万元/公里，年节支 5 850 万元，八年共节支 46 800 万元。八年周期全成本(改建成本＋养护维修成本＋贷款利息)降低 34%。截至 2011 年年底，路面使用性能连续八年被评为优秀。

2001 年武黄高速公路和 2004 年汉宜高速公路改造时对旧混凝土路面注浆和换板处理后，直接加铺 2.5cm 的 Strata 应力吸收层和沥青中面层及抗滑表层，到目前为止该路面结构使用效果良好。

2004 年江苏省的沿江高速公路长寿命试验路的结构方案中有两段采用 CRC＋AC 复合式路面结构，其中沥青面层采用 10cm 结构的有 620m，采用 6cm 改性沥青 SMA-13 结构的有 580m，CRC 层的厚度分别采用 26cm 和 24cm；2005 年江苏沪宁高速公路改扩建工程中修筑了长 670m、宽 14.5m 的 CRC＋AC 的复合式路面试验路，结构为 4cm 改性沥青 SMA-13＋8cm 改性沥青 Sup-19＋26cm CRC＋20cm 水泥稳定碎石＋20cm 石灰土。

2006 年长永高速公路黄花至永安段旧水泥混凝土路面改造工程中修筑了 8km 的 CRC＋AC 复合式路面的实体工程，路面结构在长潭高速公路 CRC＋AC 实体工程的基础上进行了改进，沥青面层厚度降为 9cm，层间界面采用 SBS 改性沥青黏结防水层，边缘路肩板采用素混凝土，没有配筋，只设纵向施工缝拉杆。原来 8km 路面结构每年需投入近 500 万的养护成本，改造后每年的平均养护成本不足 50 万，大大减少了养护维修费用，有效地改变了目前公路路面早期损坏和不断修补的不良社会影响。

2007 年河北省张石高速公路石家庄段修筑了 40km 的 CRC＋AC 复合式路面，这是新建公路中规模较大的 CRC＋AC 复合式路面结构，沥青面层的厚度降为 6cm；2008 年湖南省常吉高速公路修筑了 1.2km 的 CRC＋AC 复合式路面试验路，沥青面层厚 6cm，采用复合改性沥青，基层强度提高到 6MPa，结构层总厚度为 69cm。

2011 年 7 月至 2012 年 8 月，湖南省长益高速公路大修改造工程采用刚柔复合式路面结构，路线全长 57.3km，加铺方案为：旧水泥混凝土路面综合处治＋2cm 隔离调平层＋16cm 连续配筋混凝土加铺层＋1cm 橡胶沥青应力吸收层＋5cm

橡胶沥青中面层+4cm 橡胶沥青上面层；2012 年湖南省宁道高速公路在岩溶路段修筑了 6.5km 双层配筋的 CRC+AC 复合式路面，沥青面层厚度为 10cm；2012 年湖南省宁道高速公路修筑了 1.2km 掺玄武岩纤维的贫混凝土基层复合式路面试验路；2012 年京港澳高速公路潭耒段改造一期全线(103.952km)采用 CRC+AC 复合式路面结构，路面的结构形式与长潭高速公路的基本一致；2013 年京港澳高速公路潭耒段改造二期全线(65km)、京港澳高速公路耒宜段大修工程部分标段(57.363km)均采用 CRC+AC 复合式路面结构。刚柔复合式路面的在京港澳高速公路上的大面积推广应用，反映出这种路面结构具有显著的优点和良好的使用性能。

第2章　温度场与车辙变形分析

刚柔复合式路面中刚性混凝土层是主要承重层，沥青面层旨在提高路面的使用性能，但由于沥青面层的存在，混凝土层温度场的分布规律也与普通混凝土路面有所不同。本章以CRC+AC复合式路面为例，根据传热学的基本原理，运用ABAQUS有限元软件模拟连续变温条件下CRC+AC复合式路面的温度场，分析和研究沥青层厚度与CRC层最大温度梯度的关系，并计算和分析一定温度场下的车辙变形情况。研究结果可为CRC+AC复合式路面结构层厚度的合理化设计提供参考依据。

2.1　温度场理论及有限元模型

2.1.1　相关理论

路面结构处于自然界中，路表与大气直接接触，通过太阳辐射、空气对流热交换、路面有效辐射等方式与大气进行热交换，并沿路面深度方向向下传递热量，形成了路面结构内部的温度场。

1）太阳辐射

影响路面温度场的主要环境因素有日最高气温 T_a^{max}、日最低气温 T_a^{min}、日太阳辐射总量 Q、有效日照时间 t_d，以及日平均风速 v_W。根据相关研究结果，太阳辐射 $q(t)$ 的日变化过程可采用以下函数近似表示：

$$q(t)=\begin{cases}0 & 0\leqslant t<12-\dfrac{t_d}{2}\\ q_0\cos[\omega m(t-12)] & 12-\dfrac{t_d}{2}\leqslant t\leqslant 12+\dfrac{t_d}{2}\\ 0 & 12+\dfrac{t_d}{2}<t\leqslant 24\end{cases}\tag{2-1}$$

式中：q_0——中午最大辐射，$q_0=0.131Qm$，其中 Q 为日太阳辐射总量，$J\cdot m^{-2}$，$m=12/t_d$；

t_d——实际有效日照时数,h;

ω——角频率,$\omega=2\pi/24$,rad;

t——时间,h。

根据 Fourier 级数的相关原理,可得:

$$q(t)=\frac{a_0}{2}+\sum_{k=1}^{\infty}a_k\cos\frac{k\pi(t-12)}{12} \tag{2-2}$$

式中:$a_0=\dfrac{2q_0}{m\pi}$;

$$a_k=\begin{cases}\dfrac{q_0}{\pi}\left\{\dfrac{1}{m+k}\sin\left[(m+k)\dfrac{\pi}{2m}\right]+\dfrac{\pi}{2m}\right\}, & k=m;\\ \dfrac{q_0}{\pi}\left\{\dfrac{1}{m+k}\sin\left[(m+k)\dfrac{\pi}{2m}\right]+\dfrac{1}{m-k}\sin\left[(m-k)\dfrac{\pi}{2m}\right]\right\}, & k\neq m。\end{cases}$$

2)对流热交换

采用双正弦函数的线性组合式来模拟气温的实际日变化过程。

$$T_a=\overline{T_a}+T_m\{0.96\sin[\omega(t-t_0)]+0.146\sin[2\omega(t-t_0)]\} \tag{2-3}$$

式中:$\overline{T_a}$——日平均气温,℃,$\overline{T_a}=\dfrac{1}{2}(T_a^{max}+T_a^{min})$;

T_m——日气温变化幅度,℃,$T_m=\dfrac{1}{2}(T_a^{max}-T_a^{min})$;$T_a^{max}$、$T_a^{min}$ 分别为日最高与最低气温,℃;

ω——振幅;

t_0——初相位,h,分析中取 $t_0=9$h。

$$h_c=3.7v_W+9.4 \tag{2-4}$$

式中:h_c——热交换系数,W·(m² ·℃)$^{-1}$;

v_W——日平均风速,m·s^{-1}。

3)路面有效辐射

根据 Stefan-Boltzmann 定律采用式(2-5)实现地面有效辐射的边界条件:

$$q_F=\varepsilon\sigma[(T_1|_{z=0}-T_z)^4-(T_a-T_z)^4] \tag{2-5}$$

式中:q_F——地面有效辐射,W·(m² ·℃)$^{-1}$;

ε——路面发射率,沥青路面取 0.82;

σ——Stefan-Boltzmann 常数,$\sigma=5.67\times10^{-8}$W·(m² ·K⁴)$^{-1}$;

$T_1|_{z=0}$——路表温度,℃;

T_a——大气温度,℃;

T_z——绝对零度值,℃,$T_z=-273$℃。

2.1.2 模型建立与验证

根据上述理论,运用Fortran语言编制子程序,通过子程序以代码的形式来扩展有限元主程序的功能,在计算模型中用子程序定义随时间变化的外界温度并进行稳态和瞬态热传导分析,实现对路面结构温度场的有限元模拟。

为了验证计算模型的可靠性,采用文献中所述的江苏沿江高速CRC+AC复合式路面试验路的路面结构形式与热学参数,建立有限元模型并对该CRC+AC复合式路面结构的温度场进行计算,将计算结果与文献中实测的温度资料进行比较,结果如图2-1所示。

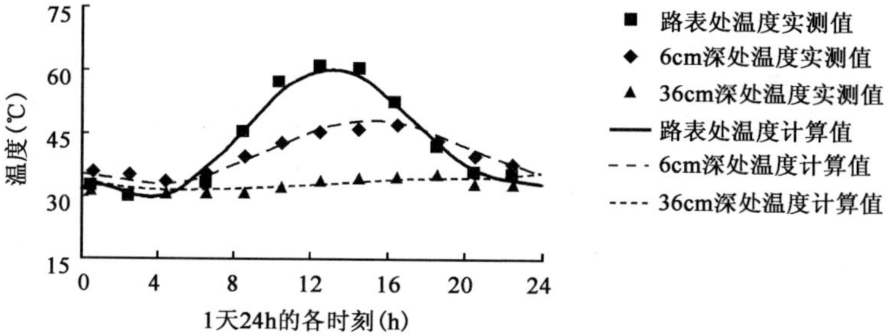

图2-1 不同深度下温度的计算值与实测值比较

Fig. 2-1 Comparisons of calculated valuds and measured values under different depths

对上述计算结果进行比较分析可知,计算值与实测值的差别很小,最大误差为3.7%,表明所建的计算模型具有较高的精度,用该模型计算下文所涉及的温度梯度、一定温度场下的车辙深度、温度裂缝的扩展强度是可行的。

2.1.3 计算模型及参数

CRC+AC复合式路面结构是在弹性半空间地基上的连续配筋混凝土弹性薄板上加铺沥青层的复杂结构,计算中其模型示意及主要参数取值如图2-2所示。

其他参数取值:CRC层线膨胀系数取1.0×10^{-5}℃$^{-1}$;采用ϕ16mm的螺纹钢作为纵筋,配筋率$\rho_1=0.6\%$,采用ϕ10mm螺纹钢作为横向钢筋,配筋率$\rho_2=0.1\%$,钢筋设置在CRC层的1/2处,钢筋模量$E_S=2.0\times10^5$MPa,泊松比$\mu_S=0.28$,线膨胀系数9.5×10^{-6}℃$^{-1}$;温度场参数如表2-1所示。

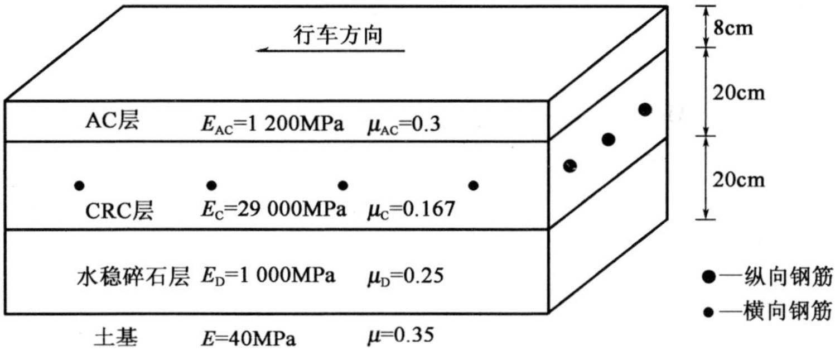

图 2-2　计算模型示意及参数取值

Fig. 2-2　Diagram for calculation model and parameter values

表 2-1　温度场计算参数

Tab. 2-1　Parameters of thermal field

参　　数	AC	CRC	水泥稳定碎石	土基
热传导率 k[W·(m·℃)$^{-1}$]	4 680	6 300	5 620	5 620
密度 ρ(kg·m^{-3})	2 300	2 400	2 200	1 800
热容量 C[J·(kg·℃)$^{-1}$]	925	970	910	1 050
太阳辐射吸收率	0.9	0.65	—	—
路面发射率 ε	0.82	0.88	—	—
绝对零度值 T_Z(℃)	−273			
Stefan-Boltzmann 常数 σ[W·(m^2·K^4)$^{-1}$]	5.67×10^{-8}			

2.2　结构层厚度对温度梯度的影响

2.2.1　沥青层最小厚度

对于 CRC+AC 复合式路面，由于沥青混合料吸收太阳辐射的能力要高于水泥混凝土，所以当 AC 层厚度较小时，CRC 层顶面的温度可能会高于无 AC 层时的温度，也就是说在 CRC+AC 复合式路面中，AC 层存在一个临界厚度。英国学者认为，当 AC 层厚度小于 4cm 时，其隔热作用则可能完全没有；日本学者认为，当沥青加铺层厚度为 5cm 时，有无沥青层混凝土面层顶面的温度几乎相同。

作者运用 ABAQUS 有限元软件建立计算模型，计算某地区高温季节一天内连续变温条件下（表 2-2），沥青层厚度为 0～4cm 时，各时刻 CRC 层顶面温度与 AC 层厚度的关系。

表 2-2 某地区高温季节 1 天 24h 的实测代表性气温

Tab. 2-2 Measured representative temperatures of a certain area during high temperature season within a 24-hour cycle

时刻	气温(℃)	时刻	气温(℃)	时刻	气温(℃)	时刻	气温(℃)
0.5	25.21	6.5	24.62	12.5	34.89	18.5	32.14
1	24.67	7	25.43	13	35.34	19	31.45
1.5	24.22	7.5	26.24	13.5	35.45	19.5	30.89
2	23.71	8	27.21	14	35.56	20	30.33
2.5	23.34	8.5	28.72	14.5	35.52	20.5	29.84
3	23.14	9	29.24	15	35.30	21	29.22
3.5	22.89	9.5	30.22	15.5	35.10	21.5	28.63
4	22.78	10	31.24	16	34.67	22	28.11
4.5	22.89	10.5	32.24	16.5	34.21	22.5	27.54
5	23.13	11	33.01	17	33.67	23	26.89
5.5	23.54	11.5	33.78	17.5	33.21	23.5	26.33
6	24.00	12	34.44	18	32.56	24	25.85

相关理论与方法、模型及参数同上，计算结果如图 2-3 所示。

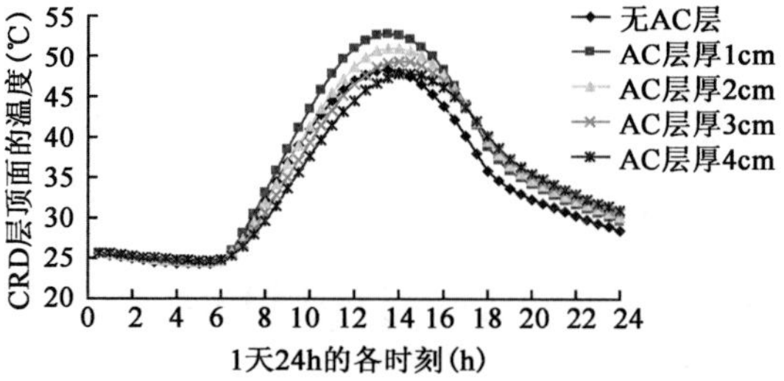

图 2-3 CRC 层顶面温度与 AC 厚度的关系

Fig. 2-3 Relationship of temperature of CRC layer top surface and the thickness of AC layer

计算结果表明：AC 层的厚度一般在不小于 4cm 时才能起到降低 CRC 层顶面最大温度的作用，工程应用中考虑 AC 层的压密及磨耗等因素，建议厚度不小于 5～6cm。下文对 CRC＋AC 复合式路面温度梯度的研究，主要是针对 AC 层厚度为 4cm 以上(含 4cm)的情况。

2.2.2 基于垂直深度的温度梯度

温度梯度(temperature gradient)是温度随深度变化而出现的阶梯式递增或递减的现象。由此可知，结构层厚度是 CRC＋AC 复合式路面结构温度梯度的主要影响因素之一，为深入研究这种影响规律，取某地区高温季节一天的实测代表性温度，如表 2-2 所示。

通过计算不同深度和时间下结构层内部的温度，来确定 CRC 层的最大温度梯度，并建立 CRC 层最大温度梯度与 AC 层和 CRC 层厚度的关系。

1）计算与分析

取 AC 层厚度为 8cm，CRC 层厚度为 20cm，建立有限元模型，计算在不同时刻 CRC+AC 复合式路面结构内温度随深度的变化情况，计算结果如图 2-4 所示。

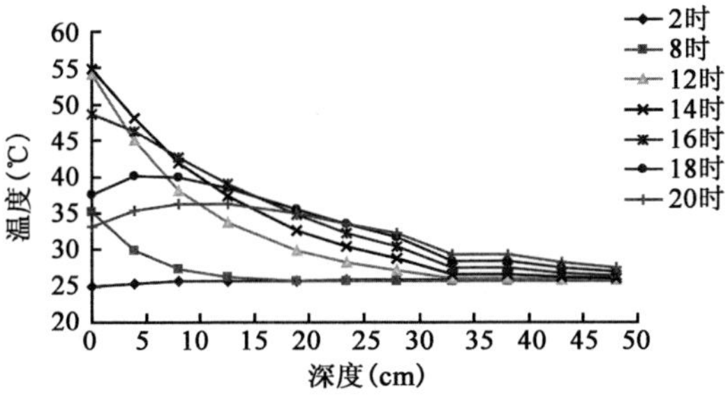

图 2-4　不同时刻路面结构内温度随深度的变化情况

Fig. 2-4　Temperature changes with depth in pavement structure in different time

取 AC 层厚度为 4～12cm，CRC 层厚度为 18cm、20cm、22cm、24cm、26cm，建立 45 个有限元模型，对 CRC+AC 复合式路面的温度场进行模拟，计算 CRC 层最大温度梯度与 AC 和 CRC 层厚度的关系，计算结果如图 2-5 所示。

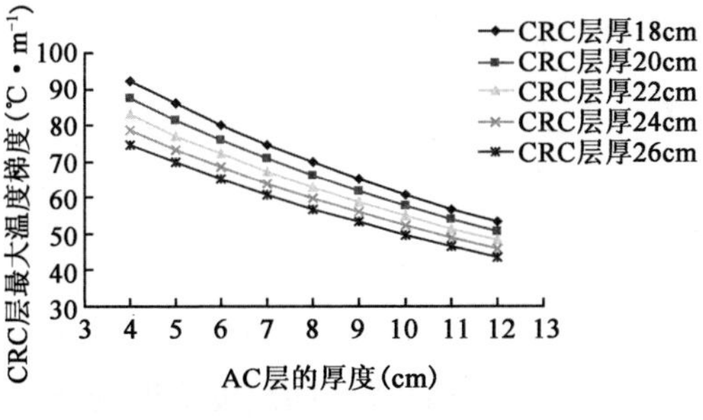

图 2-5　CRC 层最大温度梯度与 AC 和 CRC 层厚度的关系

Fig. 2-5　Relationship of maximum temperature gradient of CRC and the thickness of AC and CRC layer

根据上述计算结果，可确定 CRC 层最大温度梯度的出现时刻与 AC 和 CRC 层厚度的关系，结果如图 2-6 所示。

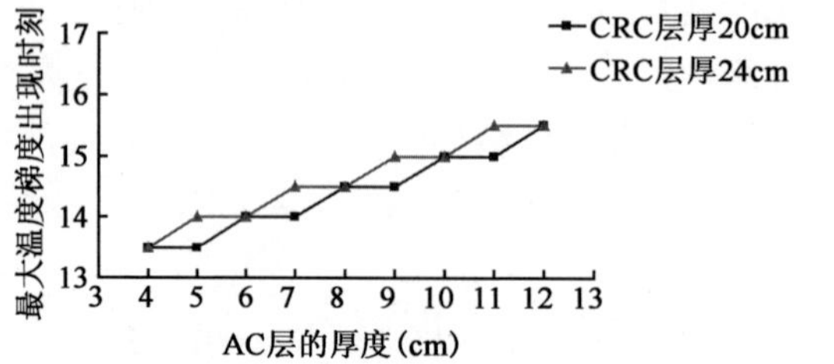

图 2-6 CRC 层最大温度梯度的出现时刻与 AC 和 CRC 层厚度的关系

Fig. 2-6 Relationship of maximum temperature gradient of CRC appearing time and the thickness of AC and CRC layers

上述计算结果显示，增加 AC 层厚度可以有效地降低 CRC 层的温度梯度，AC 层厚度每增加 1cm，CRC 层的最大温度梯度可降低 6.5%左右，CRC 层厚度对层内温度梯度也有着直接影响，但影响程度较 AC 层要小，CRC 层厚度每增加 1cm，CRC 层的最大温度梯度降低 2.5%左右；随着 AC 层和 CRC 层厚度的增加，CRC 层的最大温度梯度在一天中的出现时刻也从下午 13 时 30 分推后到 15 时 30 分，这一特征也体现出 AC 和 CRC 层厚度对 CRC 层最大温度梯度的直接影响。

2）公式回归

由上述分析可得，CRC 层的最大温度 T_{max} 与 AC 层厚度 h_{AC}、CRC 层厚度 h_{CRC}，存在如下关系式：

$$T_{max} = 135.0978 - 4.3416h_{AC} - 1.6438h_{CRC} \tag{2-6}$$

式中的相关系数平方 $R^2=0.9880$，修正的相关系数平方 $R^2=0.9874$。

2.2.3 基于热通量的温度梯度

1）相关理论

根据传热学中的热传导原理，将温度梯度定义为等温面法线方向的温度变化率，根据傅立叶导热定律(Fourier's law of heat conduction)：

$$q = -\lambda \frac{\partial T}{\partial n} n \tag{2-7}$$

式中：λ——导热系数；

T——温度；

n——等温面的法向单位矢量，并指向温度升高的方向；

q——热通量(heat flux)，是指在单位时间内单位界面积上从一个区域通过一个界面传递到另外一个区域的热量。热通量分感热通量和潜热通量，此处计算的热通量属于感热通量。

通过计算 CRC 层表面的热通量进而可以求得对应表面的温度梯度：

$$\frac{\partial T}{\partial n}n = -\frac{q}{\lambda} \tag{2-8}$$

2)计算与分析

取 AC 层厚度为 4～12cm，CRC 层厚度为 18cm、20cm、22cm、24cm、26cm，对 CRC+AC 复合式路面的温度场进行计算与分析，通过研究 AC 层和 CRC 层厚度对 CRC 层表面热通量的影响规律，来确定 CRC 层表面最大温度梯度与 AC 层和 CRC 层厚度的关系，计算结果如图 2-7、图 2-8 所示。

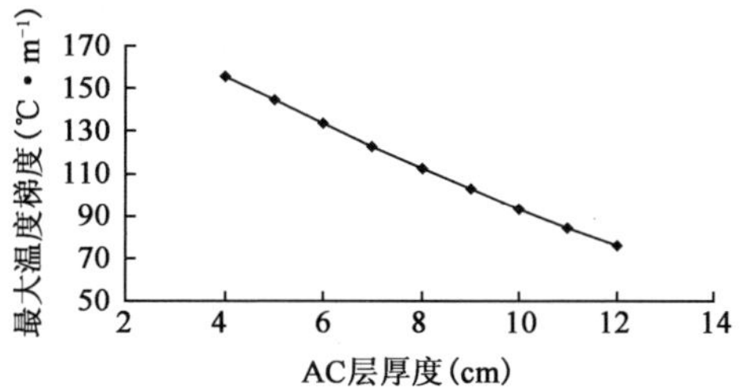

图 2-7　CRC 层上表面最大温度梯度与 AC 层厚度的关系

Fig. 2-7　Relationship of maximum temperature gradient of CRC layer surface and thickness of AC layer

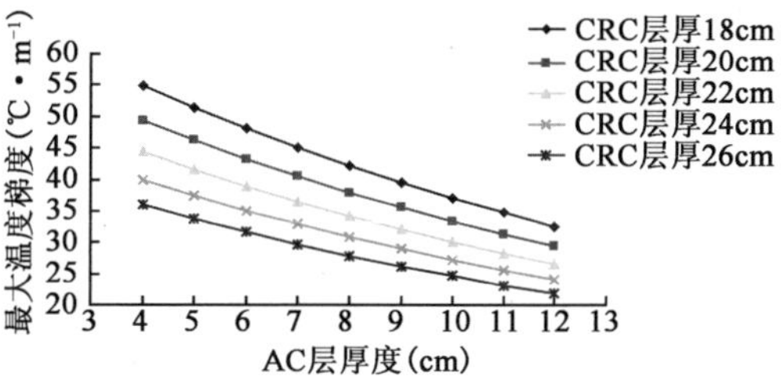

图 2-8　CRC 层下表面最大温度梯度与 AC 和 CRC 层厚度的关系

Fig. 2-8　Relationship of maximum temperature gradient of CRC undersurface and the thickness of AC and CRC layers

上述计算结果显示，AC 层的厚度对 CRC 层表面的最大温度梯度影响很大，增加 AC 层厚度可以有效地降低 CRC 层表面的最大温度梯度。AC 层厚度每增加 1cm，CRC 层上表面的最大温度梯度降低 8％左右，CRC 层下表面的最大温度梯度降低 6％左右，CRC 层厚度对其下表面的温度梯度也有着直接影响，CRC 层厚度每增加 1cm，CRC 层下表面的最大温度梯度降低 5％左右。

3)公式回归

由上述分析可得，CRC 层下表面的最大温度 T_{max} 与 AC 层厚度 h_{AC} 和 CRC 层厚度 h_{CRC} 存在如下关系式：

$$T_{\max} = 92.9798 - 2.2442h_{AC} - 1.8131h_{CRC} \tag{2-9}$$

式中的相关系数平方 $R^2=0.9799$，修正的相关系数平方 $R^2=0.9790$。

2.3 高温环境中沥青层的车辙变形

2.3.1 计算模型及参数

1)基于有限元方法的蠕变模型

有限元用常用时间硬化蠕变模型和应变硬化蠕变模型来描述材料的蠕变特性。一般采用时间硬化蠕变模型进行车辙的计算和分析。

路面材料的蠕变变形 ε_{cr} 可以表示为温度 T、应力 q 和时间 t 的函数，即：

$$\varepsilon_{cr} = f(T,q,t) \tag{2-10}$$

若所受应力保持不变，时间硬化蠕变模型的表达式为：

$$\varepsilon_{cr} = C_1 q^{C_2} t^{C_3} \tag{2-11}$$

式中： q、t——分别表示应力和时间；

C_1、C_2、C_3——依赖于温度的模型参数，可以通过材料试验确定，通常 $C_2 \geqslant 0$，$C_3 \leqslant 1$。

式(2-11)中，假定 q 不随时间 t 变化，则有：

$$\varepsilon_{cr} = \frac{\partial \varepsilon_{cr}}{\partial t} = \frac{\mathrm{d}\varepsilon_{cr}}{\mathrm{d}t} = C_1 C_3 q^{C_2} t^{C_3^{-1}} \tag{2-12}$$

令：

$$\begin{cases} A = C_1 C_3 \\ n = C_2 \\ m = C_3 - 1 \end{cases}$$

则有：

$$\varepsilon_{cr} = A q^n t^m \tag{2-13}$$

式(2-13)即为有限元中时间硬化的蠕变模型（以蠕变率表示），A、n、m 为模型参数。通常 A、$n>0$，$-1<m\leqslant 0$。

2)计算参数

根据相关文献并结合室内试验的线性回归结果，温度场参数取值如表 2-1 所示，1 天 24h 的实测代表性气温取值如表 2-2 所示，不同时段轴载的累积作用次数所占比例取值如表 2-3 所示，沥青混合料弹性参数及蠕变参数取值如表 2-4 所示，其他参数同上所述。

表 2-3　1 天 24h 内不同时段轴载的累积作用次数所占比例

Tab. 2-3　Proportion of the cumulative times of the axle load in the different times within a 24-hour cycle

时刻	1	2	3	4	5	6	7	8
所占比例(%)	1.028	0.817	0.739	0.411	0.596	0.818	1.151	2.053
时刻	9	10	11	12	13	14	15	16
所占比例(%)	2.879	4.523	5.756	7.392	7.804	6.574	7.329	8.624
时刻	17	18	19	20	21	22	23	24
所占比例(%)	9.035	7.801	6.978	4.943	4.114	3.704	2.867	2.045

表 2-4　沥青混合料弹性参数及蠕变参数

Tab. 2-4　Parameters of elastic and creep for asphalt mixture

温度(℃)	回弹模量 E(MPa)	泊松比 μ	A	n	m	R^2
20	1 200	0.25	6.536E-11	0.937 3	−0.591 6	0.932 64
30	1 000	0.3	3.325E-09	0.863 2	−0.587 5	0.945 93
40	700	0.35	1.446E-08	0.792 3	−0.576 7	0.942 04
50	500	0.4	1.390E-06	0.414 3	−0.524 5	0.924 43
60	400	0.45	1.464E-05	0.335 6	−0.502 3	0.904 89

2.3.2　连续变温条件下的车辙模拟方法

在环境因素的影响下，路面结构的温度随路面深度和时间时刻发生着变化，其温度场为瞬态温度场。作为路面材料的沥青混合料，因其黏弹性受温度影响很大，尤其是高温情况下，影响则更为显著。故在路面车辙分析时，应引入路面结构的实际温度场，考虑材料特性随温度的连续变化，建立连续变温条件下的车辙模拟分析方法，以分析路面车辙的变化规律。

此外，由于研究中所采用材料模型分别为蠕变模型和弹性模型，即在计算出的总变形中包括蠕变变形和弹性变形两部分，而车辙深度主要由蠕变变形产生，因此，在计算车辙深度时应将总变形减去弹性变形的部分。

计算过程中，荷载累积作用时间的计算公式如下：

$$t = \frac{0.36NP}{n_w pBv} \tag{2-14}$$

式中：N——轮载作用次数，次；

P——轴重，kN；

n_w——轮数，个；

p——接地压力，MPa；

B——接地宽度,cm;

v——行车速度,km·h^{-1}

通过式(2-14)可以计算出累计标准轴载的作用时间,也就是分析步的时长,获得分析步的时长后,导入与分析步对应的温度场,根据温度插值材料参数进行变温的蠕变分析,对计算结果进行后处理,获得车辙深度的计算值。

2.3.3 AC层厚度对车辙的影响

1)计算与分析

AC层厚度是影响CRC+AC复合式路面车辙深度的决定因素,为了深入分析AC层厚度对车辙深度的影响规律,取AC层厚度为4~16cm,计算作用50万次标准轴载后,CRC+AC复合式路面结构的车辙深度,计算云图如图2-9所示,车辙深度和AC层厚度的关系如图2-10所示。

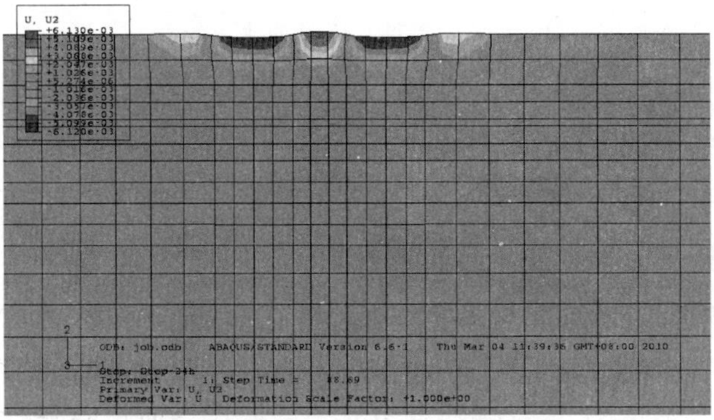

图2-9 CRC+AC复合式路面的车辙计算云图

Fig. 2-9 Contour of rutting calculation of CRC+AC composite pavement

上述计算结果表明:随着AC层厚度的增加,车辙变形不断增加,AC层的厚度越大越容易出现车辙损坏。当AC层的厚度小于等于11cm时,AC层的厚度每增加1cm,车辙深度增加20%左右;当AC层的厚度大于11cm时,AC层的厚度对车辙深度的影响有所减小,AC层的厚度每增加1cm,车辙深度增加3%左右。

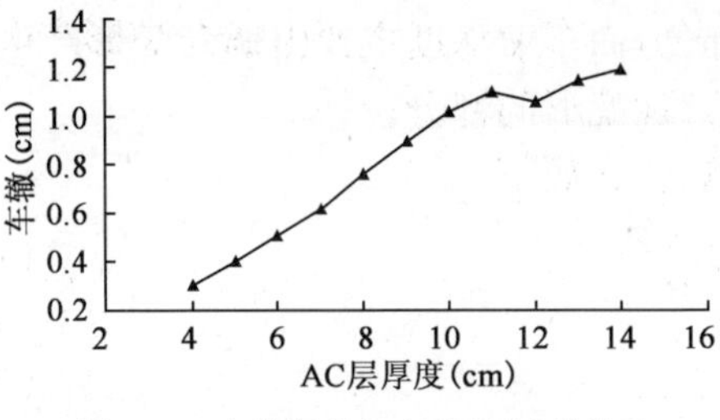

图2-10 车辙深度和AC层厚度的关系

Fig. 2-10 Relationship of rutting depth and thickness of AC layer

2)公式回归

由上述分析可得,车辙深度RD与AC层厚度h_{AC}存在如下关系式:

$$RD = 1.681h_{AC} + 0.080h_{AC}^2 - 0.830h_{AC}^3 \qquad (2\text{-}15)$$

式中的相关系数平方 $R^2=0.988$，修正的相关系数平方 $R^2=0.984$。

2.3.4　荷载作用次数与车辙变形的关系

为分析夏季高温季节下荷载作用次数与车辙变形的关系，计算荷载作用次数为 0～200 万次对应的车辙深度，计算结果如图 2-11 所示。

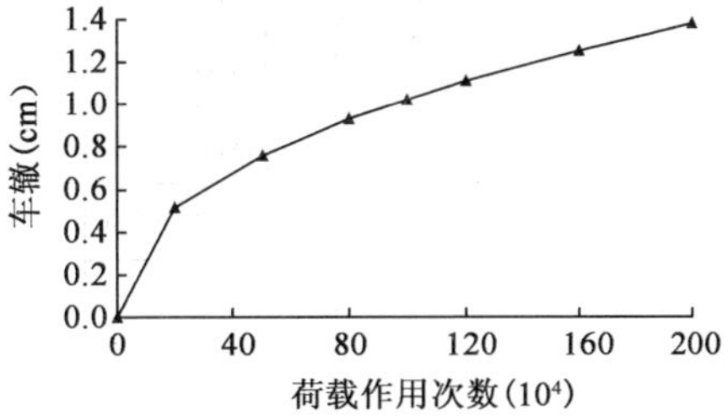

图 2-11　车辙深度和荷载作用次数的关系

Fig. 2-11　Relationship of rutting depth and the times of the axle load

由图 2-11 可知，随着荷载作用次数的不断增加，CRC＋AC 复合式路面的车辙深度不断增加，但增加幅度随作用次数的增加不断减小。

因为此处计算的是夏季高温季节下的车辙变形，所以车辙深度相对较大，实际上刚柔复合式路面的车辙变形并不大。

2.4　车辙现场检测情况

1）常吉高速试验路检测情况

2012 年 2 月 21 日至 2012 年 2 月 22 日，作者带队对湖南省常吉高速公路试验路进行了表面性能的检测（图 2-12），包括平整度、摩擦系数、车辙 3 项具体项目的检测，并对裂缝进行了观测。其中车辙的检测方法采用 T0973—2008，检测数据为最大车辙深度，数据如表 2-5～表 2-8 所示。

图 2-12　车辙现场检测

Fig. 2-12　Rutting surveying

表 2-5　连接线(JPC＋AC 复合式路面)车辙检测结果

Tab. 2.5　Result of rutting of JPC＋AC composite pavement

检测桩号		检测数据(mm)	检测桩号		检测数据(mm)	检测桩号		检测数据(mm)	检测桩号		检测数据(mm)
右幅	AK0＋390	1.0	左幅	AK0＋510	2.5	右幅	AK2＋000	2.0	左幅	AK2＋110	1.5
	AK0＋400	4.0		AK0＋520	1.5		AK2＋010	2.5		AK2＋120	4.5
	AK0＋410	3.5		AK0＋530	2.0		AK2＋020	2.5		AK2＋130	1.0
	AK0＋420	1.5		AK0＋540	2.5		AK2＋030	2.0		AK2＋140	3.0
	AK0＋430	2.0		AK0＋550	1.0		AK2＋040	3.0		AK2＋150	3.0
	AK0＋440	2.0		AK0＋560	1.0		AK2＋050	2.0		AK2＋160	4.0
	AK0＋450	1.0		AK0＋570	1.5		AK2＋060	2.0		AK2＋170	1.0
	AK0＋460	1.0		AK0＋580	0.5		AK2＋070	3.0		AK2＋180	4.5
	AK0＋470	1.0		AK0＋590	3.0		AK2＋080	1.5		AK2＋190	2.0
	AK0＋480	3.0		AK0＋600	1.0		AK2＋090	1.5		AK2＋200	2.0
	AK0＋490	2.0		AK0＋610	1.5		AK2＋100	2.0		AK2＋210	2.0
	AK0＋500	1.5		AK0＋620	2.0						

表 2-6　级配碎石＋水稳碎石基层路段车辙检测结果

Tab. 2.6　Result of rutting of grading macadam and cement stabilized macadam base asphalt pavement

检测桩号		检测数据(mm)	检测桩号		检测数据(mm)	检测桩号		检测数据(mm)
右幅行车道	K1080＋700	5.0	右幅超车道	K1081＋210	1.0	左幅行车道	K1081＋370	7.5
	K1080＋710	6.0		K1081＋215	1.0		K1081＋375	8.0
	K1080＋720	6.5		K1081＋220	1.0		K1081＋380	8.0
	K1080＋730	6.0		K1081＋225	1.0		K1081＋385	8.0
	K1080＋740	5.5		K1081＋230	1.0		K1081＋390	8.0
	K1080＋750	6.0		K1081＋235	1.0		K1081＋395	8.0
	K1080＋760	6.0		K1081＋240	1.5		K1081＋400	8.0
	K1080＋770	5.5		K1081＋245	1.0			
	K1080＋780	6.0		K1081＋250	1.5			
	K1080＋790	5.0		K1081＋255	1.0			

表 2-7 CRC＋AC 复合式路面车辙检测结果

Tab. 2.7 Result of rutting of CRC＋AC composite pavement

检测桩号		检测数据（mm）	检测桩号		检测数据（mm）	检测桩号		检测数据（mm）
右幅行车道	K1081＋710	2.5	右幅超车道	K1082＋120	1.0	左幅行车道	K1082＋570	3.0
	K1081＋715	4.0		K1082＋125	1.0		K1082＋575	3.0
	K1081＋720	4.0		K1082＋130	1.5		K1082＋580	3.5
	K1081＋725	4.0		K1082＋135	1.0		K1082＋585	3.5
	K1081＋730	2.5		K1082＋140	1.0		K1082＋590	3.5
	K1081＋735	3.5		K1082＋145	1.0		K1082＋595	4.0
	K1081＋740	4.0		K1082＋150	1.0		K1082＋600	3.5
	K1081＋745	4.0		K1082＋155	1.0			
	K1081＋750	3.0						
	K1081＋755	3.5						

表 2-8 全柔性基层（沥青稳定碎石基层＋级配碎石基层）路段车辙检测结果

Tab. 2.8 Result of rutting of bituminous stabilized macadam and grading macadam base asphalt pavement

检测桩号		检测数据（mm）	检测桩号		检测数据（mm）	检测桩号		检测数据（mm）
右幅行车道	K1083＋060	6.0	右幅超车道	K1083＋430	1.0	左幅行车道	K1083＋800	4.5
	K1083＋065	6.0		K1083＋435	1.0		K1083＋805	5.0
	K1083＋070	6.0		K1083＋440	1.0		K1083＋815	4.0
	K1083＋075	5.0		K1083＋445	1.5		K1083＋820	4.5
	K1083＋080	5.5		K1083＋450	1.5		K1083＋825	4.0
	K1083＋085	7.0		K1083＋455	1.0		K1083＋830	5.0
	K1083＋090	5.5		K1083＋460	1.0			
	K1083＋100	6.0		K1083＋465	1.5			
	K1083＋105	5.0		K1083＋470	1.5			
	K1083＋110	6.0		K1083＋475	1.0			

从表 2-5～表 2-8 的检测结果可以看出，刚柔复合式路面的车辙深度相对较小，尤其是在行车道上，这种优势与其他路面结构相比体现得更为明显。

2）长潭高速公路检测情况

2011 年 12 月，采用路面激光三维智能检测系统，对长潭高速公路的路面性能进行了检测。并根据《公路技术状况评定标准》(JTJ H20—2007)的规定,用车辙深度指数(RDI)来评价车辙严重程度,RDI用式(2-16)来计算。

$$RDI=\begin{cases}100-a_0RD & RD\leqslant RD_a\\60-a_1(RD-RD_a) & RD_a\leqslant RD\leqslant RD_b\\0 & RD>RD_b\end{cases}\tag{2-16}$$

式中:RD——车辙深度(Rutting Depth,mm);

RD_a——车辙深度参数,采用20mm;

RD_b——车辙深度参数,采用35mm;

a_0——车辙深度参数,采用2.0;

a_1——车辙深度参数,采用4.0。

检测结果如表2-9~表2-12所示。

表2-9 长潭高速公路右幅行车道车辙检测数据

Tab. 2. 9 Result of rutting in right lane width of the Expressway from Changsha to Xiangtan

起点桩号	车辙深度(mm)	车辙深度指数 RDI	起点桩号	车辙深度(mm)	车辙深度指数 RDI
K1493+000	9.57	80.86	K1515+000	7.49	85.01
K1494+000	9.37	81.27	K1516+000	8.50	83.01
K1495+000	8.08	83.85	K1517+000	12.60	74.80
K1496+000	7.57	84.87	K1518+000	11.83	76.35
K1497+000	10.22	79.57	K1519+000	10.75	78.50
K1498+000	13.57	72.86	K1520+000	12.09	75.83
K1499+000	10.24	79.52	K1521+000	12.91	74.18
K1500+000	8.65	82.69	K1522+000	12.14	75.73
K1501+000	10.44	79.13	K1523+000	11.45	77.11
K1502+000	9.28	81.43	K1524+000	11.76	76.48
K1503+000	7.21	85.57	K1525+000	11.84	76.33
K1504+000	11.48	77.04	K1526+000	8.80	82.40
K1505+000	9.81	80.38	K1527+000	10.83	78.35
K1506+000	7.76	84.48	K1528+000	9.02	81.96
K1507+000	8.40	83.21	K1529+000	10.18	79.65
K1508+000	9.11	81.78	K1530+000	11.08	77.85
K1509+000	11.49	77.02	K1531+000	11.99	76.03
K1510+000	11.40	77.21	K1532+000	11.06	77.89
K1511+000	10.71	78.58	K1533+000	10.57	78.86
K1512+000	7.58	84.85	K1534+000	10.89	78.22
K1513+000	12.09	75.82	K1535+000	10.85	78.30
K1514+000	12.23	75.54	K1536+000	8.24	83.51

表 2-10 长潭高速公路右幅超车道车辙检测数据

Tab. 2. 10 Result of rutting in right passing lane width of the Expressway from Changsha to Xiangtan

起点桩号	车辙深度（mm）	车辙深度指数 *RDI*	起点桩号	车辙深度（mm）	车辙深度指数 *RDI*
K1493+000	5.05	89.90	K1507+000	4.72	90.56
K1494+000	5.03	89.95	K1508+000	5.12	89.77
K1495+000	4.27	91.46	K1509+000	5.03	89.95
K1496+000	4.01	91.99	K1510+000	6.52	86.97
K1497+000	4.40	91.21	K1511+000	5.20	89.60
K1498+000	4.13	91.75	K1512+000	5.46	89.08
K1499+000	4.72	90.57	K1513+000	5.84	88.32
K1500+000	4.87	90.27	K1514+000	4.67	90.66
K1501+000	4.89	90.21	K1515+000	4.14	91.73
K1502+000	5.26	89.49	K1516+000	4.04	91.92
K1503+000	4.54	90.93	K1517+000	3.95	92.09
K1504+000	4.13	91.74	K1518+000	3.23	93.55
K1505+000	4.48	91.04	K1519+000	4.57	90.87
K1506+000	4.30	91.39	K1520+000	5.00	90.00

表 2-11 长潭高速公路左幅行车道车辙检测数据

Tab. 2. 11 Result of rutting in left lane width of the Expressway from Changsha to Xiangtan

起点桩号	车辙深度（mm）	车辙深度指数 *RDI*	起点桩号	车辙深度（mm）	车辙深度指数 *RDI*
K1493+000	13.01	73.98	K1515+000	10.42	79.16
K1494+000	13.38	73.24	K1516+000	11.02	77.95
K1495+000	12.59	74.82	K1517+000	10.42	79.17
K1496+000	10.29	79.42	K1518+000	10.23	79.54
K1497+000	9.59	80.82	K1519+000	10.52	78.95
K1498+000	9.22	81.55	K1520+000	9.44	81.12
K1499+000	9.49	81.03	K1521+000	10.45	79.10
K1500+000	10.40	79.20	K1522+000	9.81	80.39
K1501+000	10.06	79.88	K1523+000	9.78	80.45
K1502+000	11.43	77.14	K1524+000	10.25	79.49
K1503+000	11.21	77.59	K1525+000	11.27	77.47

续上表

起点桩号	车辙深度（mm）	车辙深度指数 *RDI*	起点桩号	车辙深度（mm）	车辙深度指数 *RDI*
K1504+000	11.27	77.47	K1526+000	11.16	77.69
K1505+000	11.18	77.65	K1527+000	10.27	79.46
K1506+000	10.61	78.78	K1528+000	10.46	79.09
K1507+000	10.43	79.13	K1529+000	10.51	78.99
K1508+000	11.38	77.24	K1530+000	9.78	80.44
K1509+000	9.06	81.88	K1531+000	8.28	83.43
K1510+000	9.95	80.10	K1532+000	8.19	83.63
K1511+000	10.02	79.96	K1533+000	8.77	82.46
K1512+000	8.79	82.41	K1534+000	8.30	83.40
K1513+000	10.02	79.96	K1535+000	8.87	82.27
K1514+000	11.09	77.81	K1536+000	9.79	80.42

表 2-12　长潭高速公路左幅超车道车辙检测数据

Tab. 2. 12　Result of rutting in left passing lane width of the Expressway from Changsha to Xiangtan

起点桩号	车辙深度（mm）	车辙深度指数 *RDI*	起点桩号	车辙深度（mm）	车辙深度指数 *RDI*
K1493+000	10.10	79.81	K1508+000	5.99	88.02
K1494+000	10.95	78.11	K1509+000	5.36	89.28
K1495+000	10.50	78.99	K1510+000	5.12	89.77
K1496+000	9.79	80.43	K1511+000	5.55	88.89
K1497+000	7.29	85.42	K1512+000	6.69	86.61
K1498+000	10.92	78.16	K1513+000	4.55	90.89
K1499+000	10.71	78.58	K1514+000	3.41	93.17
K1500+000	10.99	78.02	K1515+000	3.34	93.32
K1501+000	10.25	79.50	K1516+000	5.78	88.44
K1502+000	10.50	78.99	K1517+000	4.28	91.45
K1503+000	9.80	80.41	K1518+000	5.91	88.18
K1504+000	9.78	80.43	K1519+000	5.09	89.81
K1505+000	9.13	81.74	K1520+000	4.22	91.56
K1506+000	9.50	81.00	K1521+000	5.96	88.08
K1507+000	12.33	75.34	K1522+000	5.21	89.57

从表 2-9～表 2-12 可以看出，2003 年改建通车的京港澳国家高速公路长潭段，地处南方炎热地区且在交通量大、重车多的运行条件下，车辙深度相对较小。

2.5　本章小结

运用传热学原理和有限元法，对 CRC＋AC 复合式路面结构的温度场和车辙变形进行了计算分析，并对实体工程进行了检测。主要结论如下：

(1)沥青面层的厚度一般在不小于 4cm 时能起到降低 CRC 层顶面最大温度的作用，工程应用中考虑 AC 层的压密及磨耗等因素建议厚度不小于 5～6cm。

(2)CRC 层的最大温度梯度随 AC 层和 CRC 层厚度的增加而减小，可以通过适当增加 AC 层和 CRC 层的厚度来降低 CRC 层的温度梯度，以减小 CRC 层的温度翘曲应力。

(3)随着 AC 层厚度的增加，车辙深度不断增加。

(4)从计算和检测结果可以看出，刚柔复合式路面的车辙深度相对较小。

第3章 层间剪应力分析与层间结合技术

在刚柔复合式路面结构中，沥青面层与刚性基层的层间界面抗剪强度不足会导致层间发生剪切位移，严重时形成拥包、开裂和滑移等病害，导致沥青面层的功能被破坏，这要求沥青面层和刚性基层的层间具有良好的抗剪性能，为提高刚柔复合式路面结构的耐久性需对层间剪应力及结合技术进行研究。

沥青面层厚度对刚柔复合式路面的层间剪应力影响较大，现有行业规范还没有刚柔复合式路面结构沥青面层的厚度设计方法。已有研究指出，沥青面层的厚度设计应以产生层间剪切疲劳失稳为极限状态，即结构的层间剪应力应小于层间容许剪应力，层间容许剪应力需由层间抗剪强度结构系数来确定，抗剪强度结构系数一般通过剪切疲劳试验来确定。目前国内外还没有关于路面层间剪切疲劳的测试装置及方法，也没有提出刚柔复合式路面的层间抗剪强度结构系数，研究刚柔复合式路面的剪切疲劳可为沥青面层的厚度设计提供参考。

3.1 层间剪应力计算与分析

目前相关研究多是基于刚性基层无裂缝的模式，以CRC+AC复合式路面为例，传统的计算方法如BISAR3.0程序无法模拟CRC层横向裂缝的影响，也未能考虑温度场的影响，与实际情况有不小的差别。这里对层间剪应力的分析将考虑CRC层横向裂缝和层间温度的影响，以此来更好地模拟CRC+AC复合式路面的工作状态。

3.1.1 有限元理论及基本假设

1)有限元理论

有限元用较简单的问题代替复杂问题后再求解，是一种近似的计算方法，是将一个固体连续介质分割成若干个有限的离散元素，这些离散元素通过结点而组成整体，在每个元素内，假设位移场或应力场，利用平衡条件，应用变分原理建立代数方程组，以节点处的广义位移或广义应力为未知量进行求解。对于复合式路面结构，为提高计算精度，需采用 8 结点或 20 结点的三维等参元法。

常用的三维等参单元有六面体八节点线性等参单元和六面体二十结点二次等参单元。等参单元的位移模式和坐标变化采用相同的形函数：

$$u=\sum_{i=1}^{n}N_i(\xi,\eta,\zeta)u_i$$
$$v=\sum_{i=1}^{n}N_i(\xi,\eta,\zeta)v_i$$
$$w=\sum_{i=1}^{n}N_i(\xi,\eta,\zeta)w_i \tag{3-1}$$
$$x=\sum_{i=1}^{n}N_i(\xi,\eta,\zeta)x_i$$
$$y=\sum_{i=1}^{n}N_i(\xi,\eta,\zeta)y_i$$
$$z=\sum_{i=1}^{n}N_i(\xi,\eta,\zeta)z_i \tag{3-2}$$

六面体八结点等参单元和六面体二十结点等参单元能更好地适应不规则的形状，计算误差较小，基本单元如图 3-1 所示，其形函数为：

$$N_i=\frac{1}{8}(1+\xi_i\xi)(1+\eta_i\eta)(1+\zeta_i\zeta)$$
$$(\xi_i\xi+\eta_i\eta+\zeta_i\zeta-2)\quad(i=1,2\cdots\cdots8) \tag{3-3}$$
$$N_i=\frac{1}{4}(1-\xi^2)(1+\eta_i\eta)(1+\zeta_i\zeta)\quad(i=9,11,17,19)$$
$$N_i=\frac{1}{4}(1-\eta^2)(1+\zeta_i\zeta)(1+\xi_i\xi)\quad(i=10,12,18,20)$$
$$N_i=\frac{1}{4}(1-\zeta^2)(1+\xi_i\xi)(1+\eta_i\eta)\quad(i=13,14,15,16)$$

式中：ξ_i、η_i、ζ_i——单元结点在局部坐标系中的坐标。

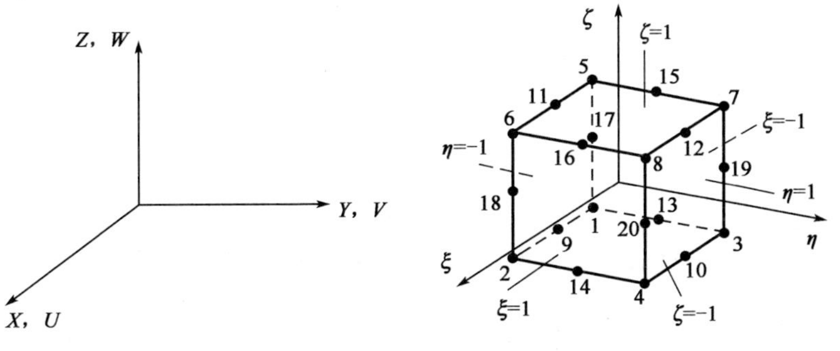

图 3-1　20 结点的三维单元

Fig. 3-1　Three-dimensional unit with 20 nodes

按照等参单元分析的基本步骤可以得到三维单元的单元刚度矩阵为：

$$[K]^e = \iiint [B]^T[D][B]\mathrm{d}x\mathrm{d}y\mathrm{d}z \tag{3-4}$$

其中：

$$[B] = [B_1 B_2 \cdots B_{20}]_{6\times 60} \tag{3-5}$$

$$[B_i] = \begin{bmatrix} \frac{\partial N_i}{\partial x} & 0 & 0 \\ 0 & \frac{\partial Ni}{\partial y} & 0 \\ 0 & 0 & \frac{\partial N_i}{\partial z} \\ \frac{\partial Ni}{\partial y} & 0 & 0 \\ 0 & \frac{\partial N_i}{\partial z} & 0 \\ 0 & 0 & \frac{\partial N_i}{\partial x} \end{bmatrix}_{6\times 3} \quad (i = 1,2,\cdots,20) \tag{3-6}$$

$$[D] = \begin{bmatrix} D_1 & D_2 & D_2 & 0 & 0 & 0 \\ D_2 & D_1 & D_2 & 0 & 0 & 0 \\ D_2 & D_2 & D_1 & 0 & 0 & 0 \\ 0 & 0 & 0 & D_3 & 0 & 0 \\ 0 & 0 & 0 & 0 & D_3 & 0 \\ 0 & 0 & 0 & 0 & 0 & D_3 \end{bmatrix}$$

$$D_1 = \frac{E(1-\mu)}{(1+\mu)(1-2\mu)}, D_2 = \frac{E\mu}{(1+\mu)(1-2\mu)}, D_3 = \frac{E}{2(1+\mu)} \tag{3-7}$$

又雅可比矩阵为：

$$[J] = \begin{bmatrix} \frac{\partial x}{\partial \xi} & \frac{\partial y}{\partial \xi} & \frac{\partial z}{\partial \xi} \\ \frac{\partial x}{\partial \eta} & \frac{\partial y}{\partial \eta} & \frac{\partial z}{\partial \eta} \\ \frac{\partial x}{\partial \zeta} & \frac{\partial y}{\partial \zeta} & \frac{\partial z}{\partial \zeta} \end{bmatrix} \tag{3-8}$$

形函数对整体坐标的偏微分可以用雅可比矩阵表示为形函数对局部坐标的偏微分：

$$\begin{Bmatrix} \dfrac{\partial N_i}{\partial x} \\ \dfrac{\partial N_i}{\partial y} \\ \dfrac{\partial N_i}{\partial z} \end{Bmatrix} = [J]^{-1} \begin{Bmatrix} \dfrac{\partial N_i}{\partial \xi} \\ \dfrac{\partial N_i}{\partial \eta} \\ \dfrac{\partial N_i}{\partial \zeta} \end{Bmatrix} \tag{3-9}$$

将式(3-2)代入式(3-8)可以计算出雅可比矩阵：

$$[J] = \begin{bmatrix} \sum\limits_{i=1}^{n} \dfrac{\partial N_i}{\partial \xi} x_i & \sum\limits_{i=1}^{n} \dfrac{\partial N_i}{\partial \xi} y_i & \sum\limits_{i=1}^{n} \dfrac{\partial N_i}{\partial \xi} z_i \\ \sum\limits_{i=1}^{n} \dfrac{\partial N_i}{\partial \eta} x_i & \sum\limits_{i=1}^{n} \dfrac{\partial N_i}{\partial \eta} y_i & \sum\limits_{i=1}^{n} \dfrac{\partial N_i}{\partial \zeta} z_i \\ \sum\limits_{i=1}^{n} \dfrac{\partial N_i}{\partial \zeta} x_i & \sum\limits_{i=1}^{n} \dfrac{\partial N_i}{\partial \zeta} y_i & \sum\limits_{i=1}^{n} \dfrac{\partial N}{\partial \zeta} z_i \end{bmatrix}$$

$$= \begin{bmatrix} \dfrac{\partial N_1}{\partial \xi} & \dfrac{\partial N_2}{\partial \xi} & \cdots & \dfrac{\partial N_n}{\partial \xi} \\ \dfrac{\partial N_1}{\partial \eta} & \dfrac{\partial N_2}{\partial \eta} & \cdots & \dfrac{\partial N_n}{\partial \eta} \\ \dfrac{\partial N_1}{\partial \zeta} & \dfrac{\partial N_2}{\partial \zeta} & \cdots & \dfrac{\partial N_n}{\partial \zeta} \end{bmatrix} \begin{bmatrix} x_1 & y_1 & z_1 \\ x_2 & y_2 & z_2 \\ \vdots & \vdots & \vdots \\ x_n & y_n & z_n \end{bmatrix} \tag{3-10}$$

利用雅可比矩阵的行列式，将整体坐标系下的积分转换为在局部坐标系下的积分。

在整体坐标系中的体积微元为：

$$\mathrm{d}V = \mathrm{d}\,\vec{x} \cdot (\mathrm{d}\,\vec{y} \times \mathrm{d}\,\vec{z}) = \mathrm{d}x\mathrm{d}y\mathrm{d}z$$

微矢量在局部坐标系中表示为：

$$\mathrm{d}\,\vec{x} = \frac{\partial x}{\partial \xi}\mathrm{d}\xi\,\vec{1} + \frac{\partial x}{\partial \eta}\mathrm{d}\eta\,\vec{2} + \frac{\partial x}{\partial \zeta}\mathrm{d}\zeta\,\vec{3}$$

$$\mathrm{d}\,\vec{y} = \frac{\partial y}{\partial \xi}\mathrm{d}\xi\,\vec{1} + \frac{\partial y}{\partial \eta}\mathrm{d}\eta\,\vec{2} + \frac{\partial y}{\partial \zeta}\mathrm{d}\zeta\,\vec{3}$$

$$\mathrm{d}\,\vec{z} = \frac{\partial z}{\partial \xi}\mathrm{d}\xi\,\vec{1} + \frac{\partial z}{\partial \eta}\mathrm{d}\eta\,\vec{2} + \frac{\partial z}{\partial \zeta}\mathrm{d}\zeta\,\vec{3}$$

其中$\vec{1}$,$\vec{2}$,$\vec{3}$为局部坐标系中 ξ,η,ζ 方向上的单位向量。

$$\mathrm{d}\,\vec{y} \times \mathrm{d}\,\vec{z} = \frac{\partial y}{\partial \xi}\frac{\partial z}{\partial \eta}\mathrm{d}\xi\mathrm{d}\eta\,\vec{3} - \frac{\partial y}{\partial \xi}\frac{\partial z}{\partial \zeta}\mathrm{d}\xi\mathrm{d}\zeta\,\vec{2} - \frac{\partial y}{\partial \eta}\frac{\partial z}{\partial \xi}\mathrm{d}\xi\mathrm{d}\eta\,\vec{3} + \frac{\partial y}{\partial \eta}\frac{\partial z}{\partial \zeta}\mathrm{d}\eta\mathrm{d}\zeta\,\vec{1}$$

$$+\frac{\partial y}{\partial \zeta}\frac{\partial z}{\partial \xi}\mathrm{d}\xi\mathrm{d}\eta\,\vec{2}-\frac{\partial y}{\partial \zeta}\frac{\partial z}{\partial \eta}\mathrm{d}\eta\mathrm{d}\zeta\,\vec{1}$$

$$\mathrm{d}x\mathrm{d}y\mathrm{d}z=\begin{vmatrix}\frac{\partial x}{\partial \xi} & \frac{\partial y}{\partial \xi} & \frac{\partial z}{\partial \xi}\\ \frac{\partial x}{\partial \eta} & \frac{\partial y}{\partial \eta} & \frac{\partial z}{\partial \eta}\\ \frac{\partial x}{\partial \zeta} & \frac{\partial y}{\partial \zeta} & \frac{\partial z}{\partial \zeta}\end{vmatrix}\mathrm{d}\xi\mathrm{d}\eta\mathrm{d}\zeta=|J|\mathrm{d}\xi\mathrm{d}\eta\mathrm{d}\zeta$$

$$[K]^{\mathrm{e}}=\int_{-1}^{1}\int_{-1}^{1}\int_{-1}^{1}[B]^{\mathrm{T}}[D][B]|J|\mathrm{d}\xi\mathrm{d}\eta\mathrm{d}\zeta \tag{3-11}$$

由虚功原理可得：

$$[K]^{\mathrm{e}}\{\delta\}^{\mathrm{e}}=\{R\}^{\mathrm{e}}$$

引入相应的边界约束条件以消除整体刚度矩阵的奇异性，可得到求解荷载的有限元模式：

$$[K]\{\delta\}=\{R\}$$

式中：$[K]$——整体刚度矩阵；

$\{\delta\}$——结点位移列阵；

$\{R\}$——荷载在整个结构中产生的等效结点力列阵。

2)有限元模型及基本假定

对于一般的沥青路面或普通水泥路面，各结构层在有限元中均假设为由均质、弹性、各向同性的材料组成，而 CRC＋AC 复合式路面，由于 CRC 层配置了钢筋，纵横向钢筋传递纵横向荷载应力，其物理和力学特性呈现各向异性的性状，建模时须考虑钢筋对路面性能的影响。此处将钢筋层按实体单元建模，简化等效为正交各向异性薄层单元的多层复合结构模型。为提高计算精度，混凝土采用 8 结点正六面体空间线性或一阶单元，在每一方向上采用线性插值，采用线性减缩积分单元，即 C3D8R，并用足够细划的网格最大限度地减小沙漏问题。

模型的基本假定如下：钢筋与混凝土之间完全黏结，且规则排列、完全成直线；非钢筋所在混凝土层视为各向同性、均质；层间完全连续；忽略横向钢筋的作用(纵向钢筋对混凝土有明显的加强作用，横向钢筋的作用则并不明显，且考虑横向钢筋后，会出现耦合作用)；取多块板计算，横向裂缝间距按相同考虑；横向裂缝贯穿路面的整个宽度，且不考虑裂缝处混凝土集料嵌锁的传荷作用，只考虑钢筋连续；平行于中面的诸截面上的应力与其他应力相比很小，可忽略不计，只考虑平行中面的应变，平行于中面的各平面在变形过程中互不挤压；板的挠度远小于其厚度，即属于小挠度弯曲问题；采用弹性半空间地基，有限元分析中取有限尺寸。

3.1.2 层间剪应力影响因素分析

刚柔复合式路面层间主要靠沥青混合料与水泥混凝土表面间的摩擦力、沥青结合料的黏结力、沥青的内聚力来抵抗剪应力，不像普通沥青混凝土路面层间存在大量集料的嵌挤作用，层间抗剪能力相对较弱，层间界面剪切破坏问题表现突出。水平力系数、长大纵坡、温度对层间剪应力的影响较大。

1)水平力系数对层间剪应力的影响

作用于路表的水平荷载可以用式(3-12)表示：

$$q = f \cdot p \tag{3-12}$$

式中：q——水平荷载，MPa；

f——车轮与路面之间的摩擦系数，也称水平力系数；

p——垂直荷载，MPa。

水平力系数与车辆的行驶状态有关，车辆的行驶状态一般可分为正常行驶、缓慢制动、紧急制动三种，在城市道路中的公交车停靠站、交叉路口，车辆起动、制动频繁；高速公路上的陡下坡段、收费站前，车辆制动也较多。这些路段路面受到的水平荷载较大，都易出现层间剪切疲劳破坏，进行剪应力计算时，应按紧急制动的状态来考虑。此时，水平力系数 f 的取值为 0.5。

车辆在弯道行驶时对路面产生的水平荷载不仅有行车方向的还有垂直于行车方向的，车辆在弯道匀速行驶时所受的离心力与竖向力的比值按式(3-13)进行计算：

$$f = \frac{v^2}{rg} \tag{3-13}$$

式中：f——离心率系数(垂直于行车方向的水平力系数)；

v——车辆行驶速度；

r——弯道半径；

g——重力加速度。

按设计车速为 $120\text{km} \cdot \text{h}^{-1}$，曲线半径取规范的一般值 700m，由式(3-13)计算可知：一般行驶条件下垂直于行车方向的水平力系数为 0.162。如考虑在弯道上行车时出现紧急制动的状态，则路面受到行车方向与垂直于行车方向这两种水平力的合力影响，此时的水平力系数约为 0.53，所以弯道处路面易出现侧向滑移。

2)长大纵坡和行车速度对层间剪应力的影响

车辆在上坡时，行车荷载沿路表方向的分力为作用于路面的水平力。对于高等级公路路面最大纵坡不超过 4%，合成坡度不超过 10%，因此坡度阻力产生的水平力与竖向力的比值一般不超过 0.1，如考虑上坡紧急制动这种特殊情况，相当于水平力系数为 0.6。但上坡紧急制动的情况较少，上坡段出现剪切破坏的原因主要是高温下重车在爬坡时行车速度慢、所需牵引力大、作用时间长造成的。所以目前有研究认为长大纵坡段的层间剪切破坏主要是因为纵坡坡度造成的，或在未考虑材料疲劳效应和路面状况的情况下，认为行车速度小使路面层间产生较大剪应力而造成层间剪切破坏，这些研究并不可信。另外，在重载和超载严重的情况下，坡度对层间剪应力的影响加大，也是长大纵坡层间剪切破坏的主要因素。

3）温度效应对层间剪应力的影响

温度对层间剪应力的影响主要体现在高温季节，为分析在高温季节 AC 层厚度对层间温度的影响效应，运用 ABAQUS 有限元软件建立计算模型，计算某地区高温季节一天内连续变温条件下，沥青层厚度为 4～14cm 时，层间温度与 AC 层厚度的关系，相关理论与方法、模型及参数同第 2 章 2.1 所述，计算结果如图 3-2 所示。

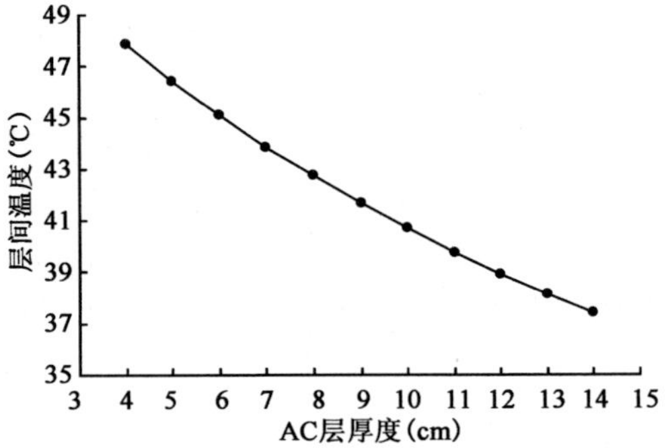

图 3-2　AC 层厚度与层间温度的关系

Fig. 3-2　Relationship of the thickness of AC layer and the interlaminar temperature

上述计算结果表明：AC 层厚度对层间温度的影响效应非常明显，AC 层厚度增加 10cm，层间温度降低 10.5℃，降温幅度达 22%。可见，AC 层可以起到较好的隔热作用，能降低层间的剪应力。

3.1.3　层间剪应力计算分析

本章采用弹性地基上弹性薄板上覆弹性层的理论，运用 ABAQUS 有限元软件进行离散与求解，以 CRC＋AC 复合式路面为例，计算一定温度下层间剪应力的分布状态和变化规律，确定 CRC＋AC 复合式路面层间剪应力的最不利荷位，分析沥青面层厚度与材料参数对层间剪应力的影响规律。

1）临界荷位确定

由于受到 CRC 层横向裂缝处应力集中的影响，层间最大剪应力可能出现在与横向裂缝对应的位置附近。因此，对层间剪应力的分析主要考虑以下3个荷位，如图3-3所示。按紧急制动的状态来计算各荷位的层间最大剪应力，以此来确定最不利荷位。考虑到层间剪应力与层间温度有关，且在夏季高温时层间温度可达到60℃左右，计算时取层间温度为60℃，轮压取0.7MPa。

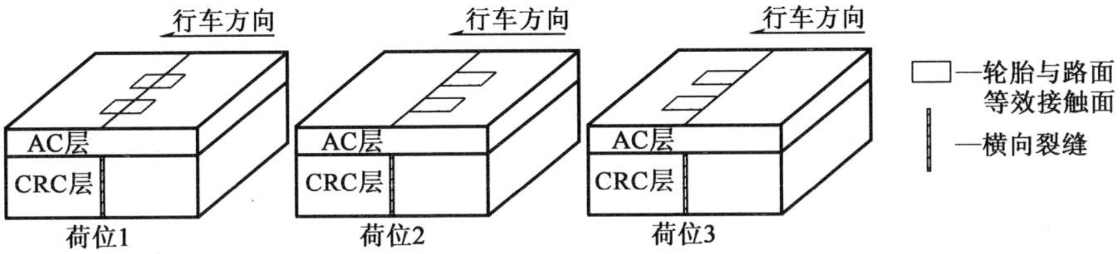

图3-3　荷位示意图

Fig. 3-3　Schematic diagram of load positions

模型计算的主要参数取值：AC层厚度 $h_{AC}=8cm$，60℃的弹性模量 $E_{AC}=400MPa$，泊松比 $\mu_{AC}=0.45$；CRC层厚度 $h_{CRC}=20cm$，混凝土模量 $E_C=2.9\times10^4MPa$，$\mu_C=0.167$；采用 $\phi16mm$ 的螺纹钢筋作为纵筋，配筋率 $\rho_1=0.6\%$，采用 $\phi10mm$ 的螺纹钢筋作为横向钢筋，配筋率 $\rho_2=0.1\%$，钢筋设置在CRC层的1/2处，钢筋模量 $E_S=2.0\times10^5MPa$，$\mu_S=0.28$；基层材料取水泥稳定碎石，厚度 $h_D=20cm$，弹性模量 $E_D=1\,000MPa$，$\mu_D=0.25$；土基模量取50MPa，泊松比取0.4。

荷位1：轮载横向中心线与横向裂缝的横向中心线在同一垂直平面内；

荷位2：轮载上边缘与横向裂缝下边缘在同一垂直平面内；

荷位3：轮载下边缘与横向裂缝上边缘在同一垂直平面内。

上述荷位中所述的上、下边缘是相对于横向中心线和行车方向而言的，从横向中心线向行车方向移动可至上边缘，向相反方向移动则可至下边缘。

运用ABAQUS有限元软件建立三维有限元模型，根据以上参数及荷位进行计算，计算结果如表3-1所示。

表3-1　各荷位的层间最大剪应力

Tab. 3-1　Interlaminar maximum shear stresses of load positions

荷　　位	最大剪应力(MPa)	最大剪应力的位置
荷位1	0.228	轮载中心正下方2/3处对应的位置
荷位2	0.233	同上
荷位3	0.241	轮载下边缘中心对应的位置

由上述计算可见，最不利荷位为荷位3，即轮载下边缘与横向裂缝上边缘在同一垂直平面内，层间最大剪应力出现的位置为轮载下边缘中心对应于层间的位置。

2)层间剪应力计算与分析

(1)沥青层厚度对层间剪应力的影响分析

在 CRC+AC 复合式路面结构中，层间剪应力主要与 AC 层厚度有关，为了分析 AC 层厚度对层间剪应力的影响规律，取 AC 层的厚度为 4～12cm，计算最不利荷位下层间最大剪应力与 AC 层厚度的关系，计算结果如图 3-4 所示。

从图 3-4 可知，AC 层厚度对层间最大剪应力的影响较大，增加 AC 层厚度对减小层间最大剪应力的作用非常明显，厚度每增加 1cm，层间最大剪应力可减小 6%左右。

(2)沥青层模量对层间剪应力的影响分析

从图 3-5 可知，AC 层模量对层间最大剪应力有一定的影响，但影响并不大，考虑到沥青混合料的模量还会随温度的升高而降低，在刚柔复合式路面结构中沥青层的模量不宜太低。

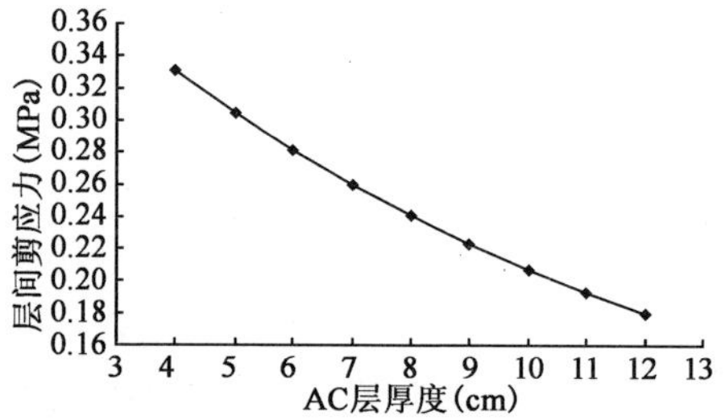

图 3-4　AC 层厚度与层间最大剪应力的关系

Fig. 3-4　Relation between thickness of AC layer and interlaminar maximum shear stress

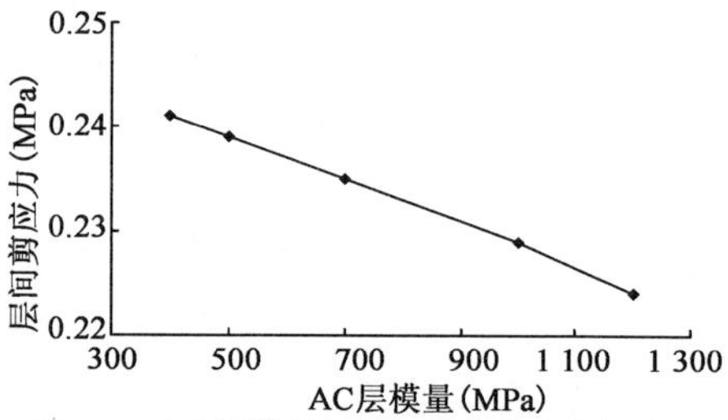

图 3-5　AC 层模量与层间最大剪应力的关系

Fig. 3-5　Relation between modulus of AC layer and interlaminar maximum shear stress

(3)CRC 层厚度对层间剪应力的影响分析

从图 3-6 可知，由于 CRC 层横向裂缝的存在，CRC 层厚度对层间最大剪应力有一定的影响，但影响很小。

(4)层间温度对层间剪应力的影响分析

从图 3-7 可知，层间温度对层间最大剪应力有一定的影响，随着层间温度的增加，层间最大剪应力有所增加。

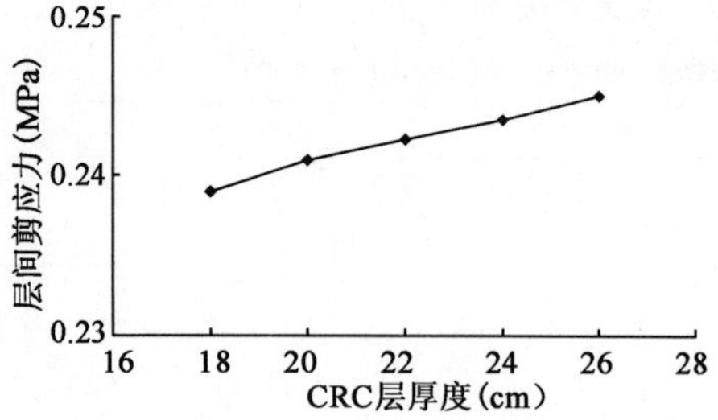

图 3-6　CRC 层厚度与层间最大剪应力的关系

Fig. 3-6　Relation between thickness of CRC layer and interlaminar maximum shear stress

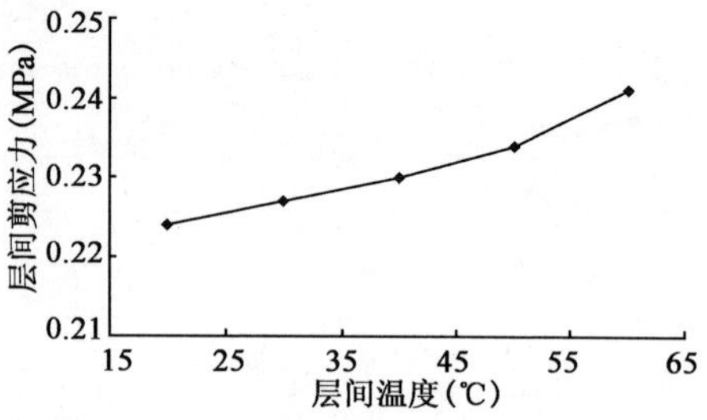

图 3-7　层间温度与层间最大剪应力的关系

Fig. 3-7　Relation between temperature and interlaminar maximum shear stress

3.2　层间结合技术

3.2.1　刚性基层表面处理技术

在刚柔复合式路面结构中，水泥混凝土振捣后表面出现的浮浆使混凝土板比较光滑，为加强沥青面层与混凝土板的黏结，除优选层间界面材料外，还需对混凝土板表面进行清理与处理，以增强水泥混凝土板与沥青混凝土之间的黏结力。一般常用裸化或拉毛技术对混凝土板的表面进行处理。

裸化是一种清除水泥混凝土表面浮浆，使碎石露出的施工技术。拉毛是指将水泥混凝土表面处理得比较粗糙的一种处理形式，一般是在混凝土浇筑完成以后，马上用毛刷将试件表面刷出一定的凹槽，使表面比较粗糙。

1)技术比较

利用已公开的发明专利：铺面结构层间界面剪切仪（专利公开号 CN101598649），如图 3-8 所示，分别测试混凝土层表面为拉毛和裸化两种情况的层间抗剪强度。用该设备试验时试件沿着黏结层也就是与水平面呈 45°角产生位移，可以较好地模拟行车荷载对路面作用的实际状态。

图 3-8　铺面结构层间界面剪切仪

Fig. 3-8　Interlaminar shear apparatus of paving structure

沥青层厚为 6cm，黏结层使用喷洒式结构，喷洒沥青为 SBS 改性沥青，试验温度为 60℃，拉毛与裸化技术效果见表 3-2。

由于混凝土层表面为裸化时的层间抗剪强度明显大于拉毛时的抗剪强度，因此，混凝土层的表面处理建议采用裸化技术。

表 3-2 拉毛与裸化技术效果比较

Tab. 3-2 Compare of rough making and baring

试件序号	拉毛处理(MPa)	裸化处理(MPa)
1	0.522	0.643
2	0.518	0.651
3	0.519	0.644
4	0.524	0.653
平均	0.521	0.648

2)裸化技术要求

在路面摊铺后要及时检查混凝土表面以控制裸化时间,一般在混凝土表面稍硬化后开始裸化,可用带有压力水管的裸露化机进行裸化,在裸化过程中不断冲去水泥砂浆,在冲洗过程中要不断地清扫,不能有水泥浆残留在混凝土表面。施工中应控制裸化过程中裸化机的喷水量和水压力,以免破坏混凝土的强度,并保证面层的平整度,裸化深度控制在 2~3mm,以露出碎石面为准。裸化要均匀、连续,且整个断面都要裸化,不能漏裸。裸化设备及效果如图 3-9 所示。

图 3-9 裸化设备及效果

Fig. 3-9 Equipment and effect of baring

3)裸化技术的应用

由于此前对裸化技术的认识和掌握不够,裸化技术在早几年修筑的实体工程中应用并不多,部分实体工程采用拉毛技术对混凝土板的表面进行处理,大部分实体工程的混凝土板表面并没有进行任何处理。裸化技术在近几年修筑的实体工程得到了重视和应用,如 2012 年湖南省宁道高速公路的玄武岩纤维混凝土复合式沥青路面试验路、2012 年京港澳高速公路潭耒段一期改造工程的 CRC+AC 复合式路面,混凝土板的表面均要求采用裸化技术进行处理。

3.2.2　层间结构

刚柔复合式路面层间一般可采用喷洒式、浸渍沥青土工布、铺装式3种结构。

(1)喷洒式结构一般为用机械喷洒沥青质黏结材料的结构，沥青用量一般为1.4～2.0kg·m^{-2}，过少起不到黏结作用，过多会起到润滑作用，导致黏层材料的黏聚力与嵌挤作用降低。再撒40%～60%的单一粒径碎石，粒径为13.2～16mm，粒径大小的选择主要取决于黏层上沥青层的厚度。

(2)浸渍沥青土工布结构为层间夹层结构，一般喷洒一层沥青，再摊铺一层聚酯长丝无纺土工布，即"一油一布"，也可采用"两油一布"，即摊铺完土工布后，再洒一层沥青。沥青应采用现场材料，结构层厚度一般小于3mm。该结构防水效果较好，并可延缓混凝土层裂缝的反射，但施工较繁杂，造价高。

(3)铺装式结构为机械摊铺一层类似于应力吸收层的薄层结构，如STRATA应力吸收层，采用高弹性、不透水的高等级聚合物改性沥青混合料，或高黏度高沥青用量的细粒式沥青混凝土，一般厚度为2～3cm，目前工程中应用较少，造价较高，施工质量不宜控制。

针对刚柔复合式路面的特点和层间破坏形式，根据已有的工程经验并考虑实际效果，作者推荐采用喷洒式结构对新建刚柔复合式路面的层间进行处理，这种结构施工工艺简单，施工质量易控制，造价低。旧混凝土路面加铺沥青面层的层间建议采用铺装式结构。考虑到层间剪切破坏主要发生在高温季节，要求层间沥青的温度敏感性相对较好，高温下仍能保持较大的黏度和较好的抗剪性能。当然，层间材料的选取需要全面考虑，尤其是在南方湿热地区不仅要考虑沥青的抗剪性能，还要考虑水稳定性和耐老化性。

3.3　层间抗剪强度对结构的影响分析

3.3.1　层间抗剪强度不足的破坏形式

刚柔复合式路面是弹性半空间地基上的刚性混凝土弹性薄板上覆柔性沥青混凝土弹性层的复杂结构体系，并承受交通荷载和环境温度变化等多种因素的作用。由于沥青面层与混凝土层的模量相差较大，体积膨胀收缩时变形协调性差，且刚柔复合式路面沥青层一般不如普通沥青混凝土路面的沥青层厚，有时甚至只有薄薄的几厘米，在高温和荷载的长期作用下，沥青的劲度模量降低，黏聚力减小，抗剪强度也随之减少，沥青层尤其是结合界面容易因为抗剪能力不足而引起滑移、开裂和变形等病害；长大纵坡、弯道处的车辆加速、减速频繁，轮胎对路面会产生较大的水平力，在沥青面层与刚性结构层之间产生较大的水平剪应力，对于长大纵坡段易出现“U”形滑动开裂（上坡路段出现倒“U”形滑动开裂，下坡路段出现正“U”形滑动开裂）、弯道路段易出现侧向滑移、纵向开裂与变形，特别是在夏季高温、汽车超载严重的条件下，极易产生纵向推移和侧向滑移现象，详见图 3-10。因此，研究刚柔复合式路面层间剪应力及结构具有理论意义与实用价值。

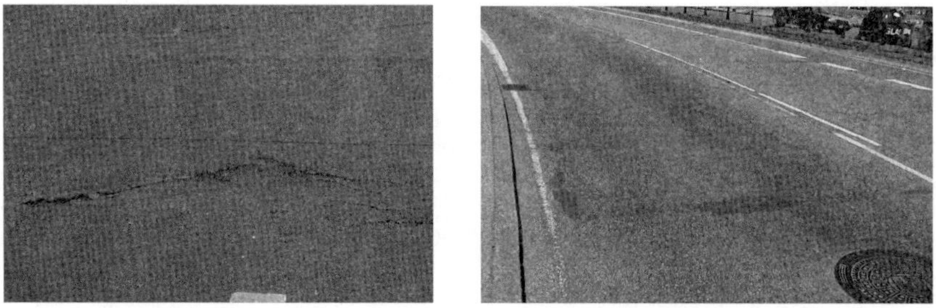

a)　　b)

图 3-10　层间剪切破坏现象

Fig. 3-10　Phenomenon of the interlaminar shear damage

a)爬坡段“U”形滑动开裂；b)弯道处侧向滑移与变形

3.3.2　层间抗剪强度对平整度的影响

1)常吉高速试验路检测情况

2011 年 4 月 28 日至 2011 年 4 月 29 日和 2012 年 2 月 21 日至 2012 年 2 月 22 日，作者与课题组成员对湖南省常吉高速公路（2008 年 12 月通车）试验路进行了表面性能的检测，包括平整度、摩擦系数、构造深度以及渗水系数 4 项具体项目的检测。其中平整度从某种程度可以反应 CRC＋AC 复合式路面沥青层与刚性基层的结合情况。检测方法采用 T0931－95，由 3m 直尺和塞尺测定其最大间隙，测点均分布在行车道轮迹带上，并按最大间隙不大于 3.0mm的标准计算其合格率，检测数据如表 3-3 所示。平整度现场检测示意如图 3-11 所示。

图 3-11　平整度现场检测

Fig. 3-11　Smoothness surveying

表 3-3　常吉高速公路平整度检测结果

Tab. 3-3　Result of smoothness surveying of Changji Expressway

检 测 桩 号	结 构 方 案	合格率	最大值	平均值
K1079+180	混合式基层沥青路面结构（ATB+水稳碎石）	100%	2.4	1.42
K1079+400		100%	2.6	1.65
K1079+800	SBS 改性沥青路面结构（SMA－13）	100%	2.1	1.30
K1080+100		100%	2.0	1.45
K1080+400		100%	2.0	1.41
K1080+700	混合式基层沥青路面结构（级配碎石+水稳碎石）	100%	2.4	1.60
K1081+000		90%	3.0	1.79
K1081+300		100%	2.7	1.57
K1081+600	连续配筋混凝土复合式沥青路面结构（CRC+AC）	60%	6.4	3.37
K1081+900		80%	4.4	2.59
K1082+200		90%	3.2	2.67
K1082+500		90%	3.1	2.26
K1082+800		60%	4.0	2.65
K1083+100	全柔性基层沥青路面结构（SMA－13）	100%	1.9	1.45
K1083+400		100%	1.9	1.27
K1083+700		100%	2.4	1.47
K1084+800	SBS 改性沥青路面结构（SMA－16）	90%	3	1.98
K1084+880		100%	2.9	1.86
K1084+940		100%	2.5	1.77
LK0+310	接缝设传力杆的普通混凝土复合式沥青路面结构（JPC+AC）	90%	3.5	1.55
LK1+000		80%	3.0	2.10
LK1+040		80%	3.5	2.15
LK0+350		50%	6.0	3.35
LK1+080		30%	4.5	3.20
LK2+120		30%	7.0	3.55

2）长潭高速公路检测情况

2011 年 12 月，采用路面激光三维智能检测系统，对长潭高速公路的路面性能进行了检测，并根据《公路技术状况评定标准》（JTG H20—2007），用行使质量指数来评价路面的平整度。行使质量指数（RQI）按式（3-14）计算。

$$RQI = \frac{100}{1 + a_0 \exp(a_1 IRI)} \tag{3-14}$$

式中：IRI——国际平整度指数，$m \cdot km^{-1}$；

a_0——标定系数，高速公路和一级公路采用 0.0265，其他等级公路采用 0.018 5；

a_1——标定系数，高速公路和一级公路采用 0.65，其他等级公路采用 0.58。

长潭高速公路右、左幅行车道平整度检测数据见表 3-4、表 3-5。

表 3-4 长潭高速公路右幅行车道平整度检测数据

Tab. 3-4 Result of smoothness surveying in right lane width of Changtan Expressway

起点桩号	国际平整度指数（$m \cdot km^{-1}$）	行驶质量指数 RQI	起点桩号	国际平整度指数（$m \cdot km^{-1}$）	行驶质量指数 RQI
K1493+000	1.61	93.10	K1515+000	1.77	92.43
K1494+000	1.97	91.43	K1516+000	1.69	92.78
K1495+000	1.50	93.54	K1517+000	1.68	92.81
K1496+000	1.59	93.19	K1518+000	2.10	90.75
K1497+000	1.49	93.59	K1519+000	1.48	93.65
K1498+000	1.60	93.13	K1520+000	1.71	92.70
K1499+000	1.83	92.16	K1521+000	1.47	93.68
K1500+000	2.30	89.59	K1522+000	1.50	93.55
K1501+000	1.68	92.82	K1523+000	1.84	92.09
K1502+000	1.58	93.25	K1524+000	1.46	93.70
K1503+000	1.83	92.12	K1525+000	1.40	93.93
K1504+000	1.33	94.19	K1526+000	1.71	92.67
K1505+000	1.43	93.81	K1527+000	1.47	93.66
K1506+000	1.34	94.14	K1528+000	1.44	93.77
K1507+000	1.49	93.57	K1529+000	1.63	93.00
K1508+000	1.69	92.76	K1530+000	1.24	94.52
K1509+000	2.08	90.86	K1531+000	1.42	93.86
K1510+000	1.47	93.67	K1532+000	1.36	94.07
K1511+000	1.47	93.66	K1533+000	1.60	93.17
K1512+000	2.29	89.69	K1534+000	1.37	94.05
K1513+000	1.66	92.92	K1535+000	1.74	92.56
K1514+000	1.53	93.45	K1536+000	1.44	93.78

表 3-5　长潭高速公路左幅行车道平整度检测数据

Tab. 3-5　Result of smoothness surveying in left lane width of Changtan Expressway

起点桩号	国际平整度指数（$m \cdot km^{-1}$）	行驶质量指数 *RQI*	起点桩号	国际平整度指数（$m \cdot km^{-1}$）	行驶质量指数 *RQI*
K1493＋000	1.59	93.19	K1515＋000	1.64	93.00
K1494＋000	1.34	94.14	K1516＋000	1.56	93.31
K1495＋000	1.49	93.60	K1517＋000	1.62	93.06
K1496＋000	1.50	93.55	K1518＋000	2.29	89.66
K1497＋000	2.04	91.08	K1519＋000	1.62	93.08
K1498＋000	1.89	91.85	K1520＋000	1.74	92.56
K1499＋000	1.86	91.97	K1521＋000	1.72	92.65
K1500＋000	1.95	91.54	K1522＋000	1.60	93.16
K1501＋000	1.56	93.31	K1523＋000	1.63	93.03
K1502＋000	1.82	92.19	K1524＋000	1.52	93.49
K1503＋000	1.69	92.75	K1525＋000	1.53	93.45
K1504＋000	1.46	93.71	K1526＋000	1.75	92.50
K1505＋000	1.55	93.37	K1527＋000	1.77	92.43
K1506＋000	1.40	93.92	K1528＋000	1.75	92.49
K1507＋000	1.35	94.13	K1529＋000	1.81	92.22
K1508＋000	1.71	92.69	K1530＋000	1.46	93.72
K1509＋000	2.36	89.27	K1531＋000	1.47	93.69
K1510＋000	1.55	93.37	K1532＋000	1.61	93.10
K1511＋000	1.79	92.34	K1533＋000	1.69	92.78
K1512＋000	2.10	90.76	K1534＋000	1.57	93.26
K1513＋000	1.45	93.76	K1535＋000	1.85	92.03
K1514＋000	1.56	93.30	K1536＋000	1.34	94.17

从表 3-3～表 3-5 可以看出，湖南省常吉高速公路的 CRC＋AC 复合式路面试验路平整度相对较差，尤其是在起终点处，茶庵铺连接线（JPC＋AC 复合式路面）的平整度也较差，而长潭高速公路经多年的运营平整度仍相对较好。沥青层与刚性基层层间抗剪强度不足、沥青层太薄（6cm）是导致这一问题的主要因素。汽车在平整度较差的路面上行驶时，车轮会对路面产生附加的冲击荷载，这种冲击荷载将加大车轮对路面的剪切破坏，加速路面平整度的衰减和层间剪切疲劳

破坏。可见,层间抗剪强度对刚柔复合式路面结构至关重要。考虑到沥青厚度对层间剪应力的影响程度较大,建议刚柔复合式路面 AC 层的厚度不宜小于 6cm。

3.4　本章小结

刚柔复合式路面沥青面层与刚性基层的层间是薄弱环节,易出现因界面抗剪强度不足而产生拥包、开裂和滑移等病害,导致沥青面层的功能被破坏。本章对层间剪应力、层间结合技术等进行了研究,主要结论如下:

(1)层间最大剪应力与沥青层厚度和模量、温度、层间结构与材料等因素有关,层间最大剪应力随 AC 层厚度和模量的增大而减小,且随 AC 层厚度增加而减小的趋势更为明显。

(2)在刚柔复合式路面 AC 层厚度的设计中,层间剪应力是需要考虑的主要因素,以避免因 AC 层与混凝土层的层间界面抗剪强度不足而发生层间剪切破坏,导致 AC 层的功能被破坏。通过计算分析并结合试验路修筑经验和检测结果,建议刚柔复合式路面 AC 层的厚度不宜小于 6cm。

第4章 层间界面剪切疲劳测试与沥青面层厚度设计

沥青面层厚度对刚柔复合式路面的层间剪应力影响较大，现有行业规范还没有刚柔复合式路面结构沥青面层的厚度设计方法。已有研究指出，沥青面层的厚度设计应以产生层间剪切疲劳失稳为极限状态，即结构的层间剪应力应小于层间容许剪应力，层间容许剪应力需由层间抗剪强度结构系数来确定，抗剪强度结构系数一般通过剪切疲劳试验来确定。目前国内外还没有关于路面层间剪切疲劳的测试装置及方法，也没有提出刚柔复合式路面的层间抗剪强度结构系数，研究刚柔复合式路面的剪切疲劳可为沥青面层的厚度设计提供参考。

4.1 层间剪切疲劳测试装置及方法

层间滑移是刚柔复合式路面结构的主要问题，目前国内外的相关研究虽然取得了一定的成果，但还有一定的局限性，对层间剪切疲劳的研究，主要是针对层间沥青混合料本身的剪切疲劳性能，进行了大量的剪切试验和计算分析，对层间剪切性能的研究主要是分析层间剪应力的分布和进行层间抗剪强度试验，目前还没有适宜的评价路面层间界面剪切疲劳的装置及方法。考虑到刚柔复合式路面沥青面层与刚性基层的层间是薄弱环节，易出现因界面抗剪强度不足而产生拥包、开裂和滑移等病害，导致沥青面层的功能被破坏，研究层间剪切疲劳测试装置及方法有重要意义。

4.1.1 已有测试装置及方法分析

国内外进行疲劳测试的方法主要有3种：一是测试路面结构在真实行车荷载作用下的疲劳性能，以美国AASHTO的试验路为代表；二是通过足尺试验结构来模拟行车荷载作用下路面结构的疲劳性能，如长沙理工大学的室内大型直道系统、重庆公路科学研究所的室内大型环道系统、美国华盛顿州立大学的室外大型环道系统；三是室内小型试件的疲劳试验。前两种方法虽能较好地反映路面结构的实际疲劳性能，但测试成本大、周期长，不易推广。因此，路面结构的疲劳测试要以室内小型试件的疲劳试验为主，并需有针对性地提出适宜的试验方法。

目前国内外还没有专门用于测试路面层间界面剪切疲劳的装置，层间抗剪强度的测试主要是采用直剪法，实际上由于路面结构受到了车轮的水平摩擦力和垂直压力，如果只考虑路面结构的水平面应力而不考虑垂直压应力，显然不符合路面结构的实际受力状态，所以直剪不能准确评价路面结构的层间抗剪强度和剪切疲劳性能，需要研发一种适用于测试路面层间剪切疲劳的装置及方法。

4.1.2 研发的测试装置介绍

试验采用已授权的发明专利：一种复合式沥青路面层间剪切疲劳测试的装置及方法（ZL 201110440697.0，2013 年 12 月 11 日授权，作者为第一发明人）所述的设备及方法进行试验。测试装置示意如图 4-1 所示。

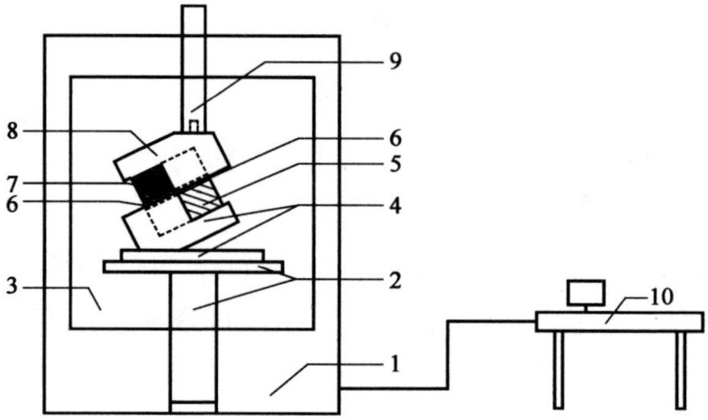

图 4-1 剪切疲劳测试装置示意图

Fig. 4-1 Diagram of shear fatigue test device

1-材料试验机；2-支撑平台；3-环境箱；4-支撑块；5-水泥混凝土基层；6-黏结层；7-沥青混凝土面层；8-压块；9-加载杆（又名升降杆）；10-控制台

1）试验设备介绍

专利技术中所述的设备包括加载杆、荷载测试系统、压块、支撑块和支撑平台；加载杆的下端接压块，支撑块设置在支撑平台上，支撑块和支撑平台之间设有钢珠，钢珠通过保持架进行固定；压块和支撑块均设有一个凹陷部，在加载杆加载时，待测试的试件位于 2 个凹陷部对接形成的空间中，压块水平放置时的三视图如图 4-2 所示；所述的加载杆和荷载测试系统采用材料试验机中的加载杆和荷载测试系统；所述压块的凹陷部和支撑块的凹陷部均向同一方向倾斜 26°34′；所述的试件为圆柱体形，所述的凹陷部的形状为与圆柱体形的试件相适配的半圆柱体形。

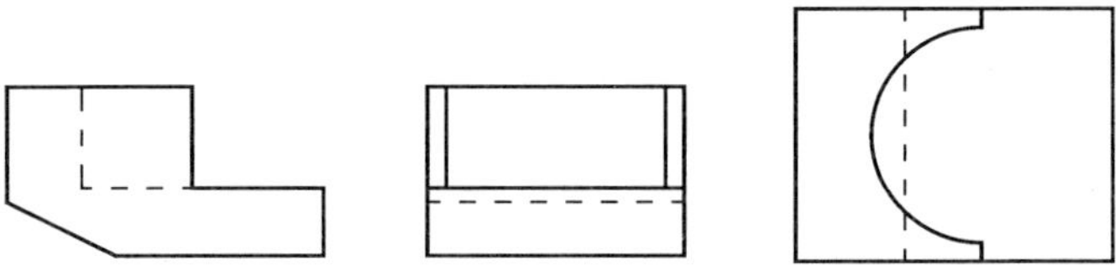

图 4-2　压块三视图

Fig. 4-2　Three view drawing for briquetting

压块和支撑块的凹陷部采用 26°34′，可以更好地模拟行车荷载在最不利条件下对路面结构的剪切破坏状态，因为在城市道路中的公交车停靠站、交叉路口，车辆起动、制动频繁，高速公路上的陡下坡段、收费站前，车辆制动也较多，这些路段的路面受到的水平荷载较大，都易出现层间剪切疲劳破坏。在这些最不利复杂条件下进行剪应力计算时，应按紧急制动的不利状态来考虑。大量的研究及测试结果表明，紧急制动时，水平力系数取 0.5，即路面结构所受的水平力为竖向力的 0.5 倍，通过力的分解和数学计算可知，凹陷部的倾角 $\alpha = \arctan 0.5 = 26°34'$。

材料试验机为从美国进口的 MTS-810（Material Test System-810），如图 4-3所示。该系统采用了 458.20 微处理机，试验控制参数用键盘输入数字显示。

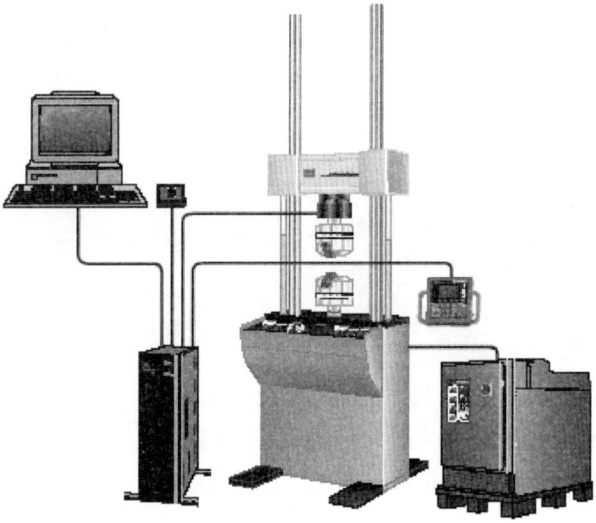

图 4-3　MTS-810 测试系统示意图

Fig. 4-3　Diagram of test system of MTS-810

微处理机柜体积小，功能齐全，可以实现荷载、位移或应变控制，控制方式自动转换，是一种结构简单，操作方便的材料试验系统。可以完成金属材料、复合材料、陶瓷材料、橡胶材料等在不同温度环境下的拉伸、压缩、弯曲等普通试验和疲劳试验，该试验系统是目前国内最先进、配套最齐全的材料试验系统之一。对于疲劳试验，在 MTS-810 的计算机中每个应力周期的力、位移值都由数据采集系统进行自动采集，通过适当的计算可求出对应的应力、应变，数据采集系统的时间间隔可根据具体的试验条件要求进行设定。

2)试验设备的优势

用上述设备对层间结构进行剪切疲劳试验，有以下优势。

(1)可以更真实地模拟路面结构的实际受力状态和剪切破坏模式。

(2)可以进行不同温度条件下的层间剪切疲劳试验。

(3)试验仪器结构简单、操作方便，并充分利用现有的试验设备，便于在科研和实际工程中推广应用。

(4)可以按照试验要求进行不同高度试件的剪切疲劳试验，模拟不同厚度的水泥混凝土基层和沥青混凝土面层的剪切疲劳试验。

4.1.3 试验方法

1)水泥混凝土基层及黏层制作

在自制的车辙板试模中浇筑 C35 水泥混凝土试件，浇筑水泥混凝土时必须振捣密实，然后对水泥混凝土基层的表面进行裸化处理，再将试件置于标准养生室进行养生，使其强度达到设计要求。如图 4-4 所示为混凝土基层制作示意。

图 4-4　混凝土基层制作

Fig. 4-4　Making process of concrete base

将强度达到设计要求的水泥混凝土试件表面清理干净，在其表面均匀地洒上 SBS 改性沥青，然后在沥青温度降低之前在沥青表面撒布 13.2～16mm 单一粒径的碎石，并立刻用力压紧碎石，使碎石表面尽量多地裹覆沥青，洒布量为沥青洒布面积的 50%，在室温下冷却后再进行下一步试验。如图 4-5 所示。

图 4-5　黏层制作

Fig. 4-5　Making process of bonding layer

2）沥青层碾压成型

在黏结层冷却至室温以后，将拌和好的沥青混合料倒入试模中的黏层上，然后用轮碾成型机碾压成型。如图 4-6 所示。

图 4-6　沥青面层碾压成型

Fig. 4-6　RCC molding process of asphalt surface layer

3）钻芯及试件磨平

碾压成型后让试模在室温下冷却，冷却 12h 后进行脱模，脱模后进行钻芯取样，芯样直径为 50mm，整个试件的高度为 100mm。

由于沥青层是通过碾压成型，碾压过程中受设备限制及试模的影响沥青混合料会有一定的推移，钻芯取样后试件表面很难完全平整，而试件的表面平整程度决定了压块与试件能否接触良好，会对试验结果有一定的影响。为了尽可能地消除这种影响，钻芯取样后的试件再通过磨平机进行磨平处理。如图 4-7、图 4-8 所示。

4）试验温度

将已经制作好的试件、支撑块和压块置于环境箱中，然后升温到试验所需温度，保温 5h。试验所需温度一般为夏季高温季节刚柔复合式路面的层间最高可达温度，因为温度会对层间的剪切疲劳寿命产生直接影响，所以，选用层间最高温度进行试验是考虑了最不利气温状况下刚柔复合式路面层间的剪切疲劳寿命，有其合理性。

图 4-7　脱模后的复合试件及芯样

Fig. 4-7　Composite samples after demoulding and core sample

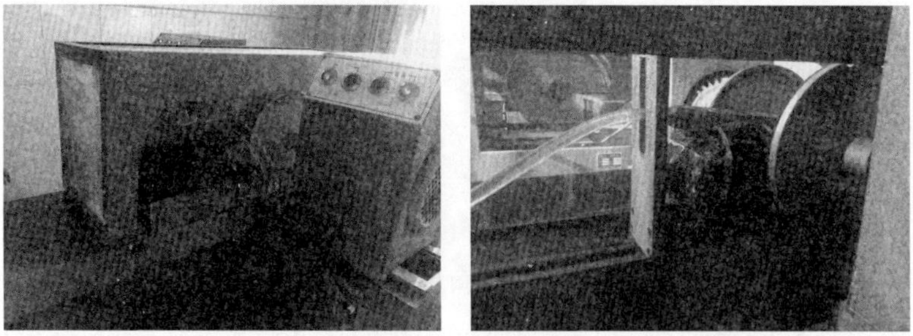

图 4-8　试件磨平

Fig. 4-8　Samples smoothing

根据图 3-2 的研究结果，对层间温度与沥青层厚度的关系进行回归分析，可得到夏季高温季节沥青层厚度与层间最高温度的关系式，如式(4-1)所示，通过这一关系式可确定试验所需的温度。

$$T = 0.0377h^2 - 1.7173h + 54.061 \qquad (R^2 = 0.9999) \tag{4-1}$$

式中：T——层间最高温度，℃；

h——沥青面层厚度，cm。

刚柔复合式路面的沥青面层厚度一般为10cm左右，根据上式可知，层间最高温度为40.688℃，因此，试验温度取41℃。

5)抗剪强度试验方法

先将压块和支撑块之间的间距调整到试件恰好可以放进去的位置，然后将试件置于支撑块和压块中，通过材料试验机启动升降杆，使压块开始以2mm·min^{-1}的速度向下运动，直至试件被剪切破坏，测出最大破坏荷载，再按照公式(4-2)求出刚柔复合式路面的层间抗剪强度。

$$\tau_{max} = \frac{P}{\sqrt{5}A} \tag{4-2}$$

式中：τ_{max}——最大剪应力，MPa，即刚柔复合式路面层间抗剪强度；

P——最大破坏荷载，N；

A——试件的横截面积，mm^2。

重复上述步骤，做4次平行试验，试验结果取平行试验测试结果的平均值。

6)剪切疲劳试验方法

沥青混凝土材料疲劳试验有控制应力与控制应变两种方法，控制应力数据点分散程度小，所需的试件数量较少，精度控制可靠。因此，研究中采用控制应力的方法进行剪切疲劳试验。

分别取最大破坏荷载的0.3～0.9倍进行重复荷载作用下的剪切疲劳试验。先将压块和支撑块之间的间距调整到试件恰好可以放进去的位置，然后将试件置于支撑块和压块的凹陷部中，通过材料试验机设定剪切疲劳试验施加荷载的大小，采用半正弦矢波进行加载，振幅为施加荷载的大小，加载频率为10Hz，试件破坏时的累计作用次数即疲劳寿命。

对于室内试验，加载时间可由$t=1/(2\pi f)$来确定，加载频率为10Hz时，加载时间$t=1/(2\pi f)=0.016$s，0.016s的加载时间对于沥青路面相当于60～65km·h^{-1}的行车速度，可见选择10Hz的加载频率比较合适。

试件的疲劳寿命与加载波形有一定的关系，正弦波的波形比较接近路面实际承受荷载的波形，因此，试验采用正弦波加载，由于荷载波形全部处于压力一侧，所以将加载波形称为半正弦矢波。

4.2 层间剪切疲劳试验及抗剪强度结构系数

现行行业规范还没有刚柔复合式路面结构沥青面层的厚度设计方法。沥青面层的厚度设计应以产生层间剪切疲劳失稳为极限状态，即结构的层间剪应力应小于层间容许剪应力，层间容许剪应力需由层间抗剪强度结构系数来确定，抗剪强度结构系数一般通过剪切疲劳试验来确定。目前国内外还没有关于路面层间剪切疲劳的测试装置及方法，也没有提出刚柔复合式路面的层间抗剪强度结构系数，研究刚柔复合式路面的剪切疲劳可为沥青面层的厚度设计提供参考。

4.2.1 层间喷洒沥青的最佳用量

根据上述研究结果可知，喷洒式结构沥青用量一般为 1.4～2.0kg・m^{-2}，过多会起到润滑作用，过少则起不到黏结作用，导致黏层材料的黏聚力与嵌挤作用降低。

利用上述试验装置测试 SBS 沥青作为黏层材料在室温下，不同用量时刚柔复合式路面层间极限抗剪强度，分析确定层间喷洒沥青的最佳用量。

试验中沥青的用量取 1.2kg・m^{-2}、1.4kg・m^{-2}、1.6kg・m^{-2}、1.8kg・m^{-2}、2.0kg・m^{-2}、2.2kg・m^{-2}，撒 50%的单一粒径碎石，粒径为 13.2～16mm。试验过程如图 4-9 所示。

图 4-9　试验过程

Fig. 4-9　Test process

试验结果如表 4-1 所示。

表 4-1　层间界面抗剪强度与沥青用量的关系

Tab. 4-1　Relationship of interlaminar shear strength and asphalt dosage

序　号	沥青用量($kg\cdot m^{-2}$)	最大破坏荷载平均值(kN)	抗剪强度平均值(MPa)
1	1.2	30.455	1.734
2	1.4	35.130	2.000
3	1.6	31.706	1.805
4	1.8	27.882	1.588
5	2.0	25.457	1.450
6	2.2	23.783	1.354

由表 4-1 可知，刚柔复合式路面层间喷洒式结构沥青的最佳用量为 $1.4kg\cdot m^{-2}$，工程应用中也可根据刚性层表面的裸化及清洁程度适当加大用量。以下层间界面剪切疲劳试验沥青的用量取 $1.4kg\cdot m^{-2}$。

4.2.2　层间界面剪切疲劳试验

1)抗剪强度试验

先将压块和支撑块之间的间距调整到试件恰好可以放进去的位置，然后将试件置于支撑块和压块的凹陷部中，启动升降杆，使压块向下运动，通过压块使得试件产生形变直至试件破坏，试件破坏时对应的荷载值即最大破坏荷载，再求出刚柔复合式路面层间抗剪强度。重复上述步骤，做 4 次平行试验，试验结果取平行试验结果的平均值。试验结果如表 4-2 所示。

表 4-2　层间界面抗剪强度

Tab. 4-2　Interlaminar shear strength

序号	最大破坏荷载(kN)	抗剪强度(MPa)	平均值(MPa)	标准差	变异系数
1	25.413	1.447	1.424	0.018	1.26%
2	24.832	1.414			
3	24.687	1.406			
4	25.122	1.430			

2)剪切疲劳试验

从表 4-3 可以看出，随着应力比的增大，刚柔复合式路面层间剪切疲劳寿命显著下降。

表 4-3 层间剪切疲劳寿命试验结果

Tab. 4-3 Test results of interlaminar shear fatigue life

应力比	0.3	0.4	0.5	0.6	0.7	0.8	0.9
剪切疲劳寿命(次)	247 233	73 052	6 016	454	154	121	63
标准差	0.110	0.057	0.045	0.028	0.036	0.027	0.014
试件个数	4	4	4	4	4	4	4

注:应力比=疲劳试验施加的荷载/最大破坏荷载

4.2.3 层间抗剪强度结构系数确定

绘制 τ-N 曲线,τ 为层间界面受到的剪应力,N_f 为疲劳寿命,得到层间剪切疲劳寿命与剪应力的关系曲线,如图 4-10 所示。

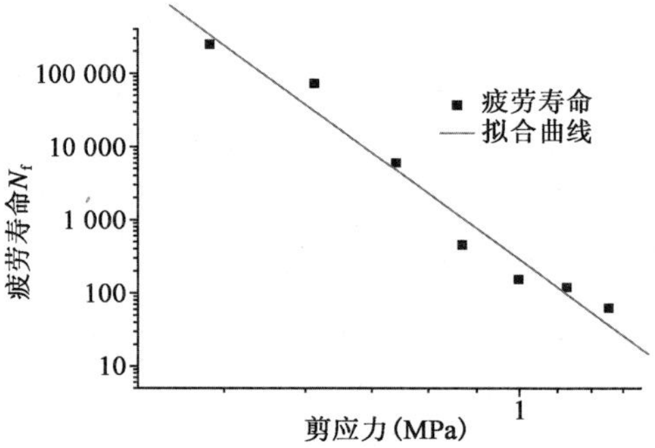

图 4-10 层间剪切疲劳寿命试验结果及曲线拟合

Fig. 4-10 Test results and curve fitting of interlaminar shear fatigue life

由上述结果可知,与其他疲劳试验结果一样,剪切疲劳寿命与剪应力呈对数线性关系,可表示为下式:

$$N_f = K\left(\frac{1}{\tau}\right)^n \qquad (R^2 = 0.963\ 9) \tag{4-3}$$

式中:K——疲劳寿命对数曲线的截距;

n——疲劳寿命对数曲线的斜率。

由图 4-10 可知:

$$N_f = 289.40\tau^{-8.298} \tag{4-4}$$

由式(4-4)可得:

$$\tau = \left(\frac{289.40}{N_f}\right)^{\frac{1}{8.298}} = 1.97N_f^{-0.12} \tag{4-5}$$

当 N_f=1 时,一次荷载作用下的层间抗剪强度 τ_f=1.97。

层间抗剪强度结构系数：

$$K_T = \frac{\tau_f}{\tau_R} = \frac{1.97}{1.97N_f^{-0.12}} = N_f^{0.12} \tag{4-6}$$

根据国内外已有研究可知，室内疲劳试验的荷载脉冲没有设置时间间歇，与路面结构实际受到的荷载作用相比，无间歇的作用不利于沥青材料的疲劳恢复，无间歇时间会导致试件疲劳寿命减少 1/5。

路面结构为三维受力，试验中的试件是一维受力，致使试件的疲劳寿命为路面实际寿命 1/3～1/7，文中取 1/5。

车辆轮迹分布系数取 0.5，对于层间剪切破坏，夏季高温是不利季节。一般以每年 60d 计，则室内试验荷载作用次数 N_f 与行车荷载产生的轴载累计作用次数 N_e 的关系为：

$$N_f = \frac{1}{5} \times \frac{1}{5} \times 0.5 \times \frac{60}{365} N_e = 3.29 \times 10^{-3} N_e \tag{4-7}$$

根据式(4-6)和式(4-7)，层间抗剪强度结构系数可修正为：

$$K_T = N_f^{0.12} = 0.50 N_e^{0.12} \tag{4-8}$$

4.3　基于层间剪切疲劳的沥青层厚度设计

国内外目前没有刚柔复合式路面沥青面层的设计方法，对层间剪切疲劳考虑得也很少，层间抗剪强度结构系数一直沿用城市道路路面设计方法中的计算公式，需要提出层间剪切疲劳状态下沥青面层的合理厚度和基于层间剪切疲劳的沥青面层厚度设计方法。

交通行业标准《公路水泥混凝土路面设计规范》(JTG D40—2011)在新建水泥混凝土路面中提到了复合式路面，指出刚性基层可采用连续配筋混凝土和接缝设传力杆的普通混凝土，沥青面层厚度不宜小于 4cm，但没有具体的设计方法；《公路水泥混凝土路面设计规范》(JTG D40—2011)和《公路沥青路面设计规范》(JTG D50—2006)指出在旧水泥混凝土路面改造中，可加铺沥青面层，沥青面层的厚度可按减缓反射裂缝的要求确定，高速公路和一级公路的最小厚度宜为 10cm，其他等级公路的最小厚度宜为 7cm，但没有提出设计方法，也没有考虑刚柔复合式路面的层间剪切疲劳问题。因此，目前的行业设计规范关于刚柔复合式路面的层间滑移与剪切破坏问题考虑不够，沥青面层厚度的设计指标与方法还很不完善。

1)层间容许剪应力的确定

层间界面容许剪应力 τ_R 由层间抗剪强度 τ_f 与层间抗剪强度结构系数 K_T 确定：

$$\tau_R = \frac{\tau_f}{K_T} \tag{4-9}$$

式中：τ_f——一次荷载作用下层间抗剪强度，由室内试验确定；

K_T——层间界面抗剪强度结构系数，表征层间材料的抗剪强度因疲劳而降低的系数，可由室内试验根据达到剪切疲劳破坏临界状态的荷载作用次数和荷载作用产生剪切应力的疲劳方程表示，也可由现场调查出现剪切疲劳破坏的路段与交通量之间的关系表示。此处由室内试验确定，具体如式(4-8)所示。

2)层间剪应力与沥青面层厚度的关系

根据图3-4可知，沥青面层的厚度对层间剪应力的影响较大，若只考虑沥青面层厚度对剪应力的影响时，可得到汽车紧急制动时沥青面层厚度h(cm)与层间最大剪应力τ_α(MPa)的回归公式：

$$\tau_\alpha = 0.0009h^2 - 0.0336h + 0.4501 \qquad (R^2 = 0.9999) \tag{4-10}$$

3)沥青面层厚度的确定

由层间最大剪应力与层间界面容许剪应力的关系：

$$\tau_a \leqslant \tau_R \tag{4-11}$$

可确定设计的沥青面层厚度能否满足设计要求。

结合已有研究成果和工程实践经验，推荐刚柔复合式路面沥青面层的厚度范围为6～12cm，结构设计中宜分两层，上面层为4cm，下面层为4～8cm。

4.4 本章小结

目前国内外对刚柔复合式路面层间剪切破坏的问题研究较少，且不够系统，本章对层间剪切疲劳等进行了研究，主要结论如下：

(1)根据室内试验和工程经验，建议采用喷洒式结构对新建刚柔复合式路面的层间进行处理，采用裸化技术对刚性基层表面进行处理。通过层间抗剪强度测试可知，层间喷洒沥青的最佳用量为1.4kg·m^{-2}，工程应用中也可根据刚性层表面的裸化及清洁程度适当加大用量。

(2)利用自行研发的装置进行层间界面剪切疲劳试验，通过测试和研究分析提出刚柔复合式路面的层间抗剪强度结构系数为$K_T=0.50N_e^{0.12}$。

本章的研究成果可为刚柔复合式路面的耐久性设计和推广应用提供理论依据，也可为研究钢桥面、混凝土桥面的沥青铺装结构，半刚性基层沥青路面结构的层间剪切破坏问题提供参考。

第 5 章　黏层及抗裂夹层沥青新材料与性能评价

传统路面结构对层间材料要求不高，刚柔复合式路面由于沥青面层与刚性基层的模量相差较大且沥青面层较薄，层间材料抗剪强度不足会导致层间发生剪切推移，严重时形成拥包、开裂等病害，导致沥青面层的功能被破坏，层间剪切破坏主要发生在高温季节，要求层间沥青材料具有良好的高温性能、黏度、力学性能和疲劳性能，根据层间沥青材料的性能提出适宜的层间沥青材料。

目前新建的贫混凝土、碾压混凝土、普通水泥混凝土等有接缝的刚性混凝土基层复合式沥青路面，以及旧水泥混凝土路面加铺沥青面层改造的路面结构都易出现反射裂缝，极大地影响路面的使用品质和寿命。研发一种适用于刚柔复合式路面结构抗裂夹层的沥青材料具有十分重要的意义。

5.1　黏层沥青材料路用性能评价

目前对刚柔复合式路面层间沥青材料的研究还不够系统和全面，还需对层间沥青材料的高温剪切性能、黏度、力学性能及老化后的疲劳性能等进行系统的试验研究，并提出适宜的层间黏结材料。

5.1.1　试验设备介绍

美国战略性公路研究计划 SHRP(Strategie Highway Research Program)开发的用于评价沥青路用性能的 PG(Performance Grade)分级试验设备，其中用于测试老化或未老化沥青在 5～85℃内线黏弹性性质的设备为剪切流变仪，试验过程中所用流变仪为长沙理工大学公路工程实验中心的智能型高级旋转流变仪 Physica MCR301。试验方法参照美国国家公路与运输协会标准 AASHTO T315—08。

本设备由奥地利安东帕公司(Anton Paar)生产，是 SHRP 的核心设备，除了能满足 PG 分级的试验还能获得应力－应变、剪切速率－黏度、剪切应力－剪切速率、温度—黏度、剪切速率—温度—黏度、时间—应变(应力)、时间—模量、应变—模量、频率—模量、温度—模量 、法向应力曲线、熔体拉伸流变曲线等数据。Physica MCR301 性能参数见表 5-1,试验所用设备见图 5-1。

表 5-1 Physica MCR301 性能参数

Tab. 5-1 Performance parameters of Physica MCR301

名称	参数	名称	参数
发动机轴承	扩散式空气轴承	发动机	无刷直流同步发动机
旋转模式最小扭矩	0.05μNm	振荡模式最小扭矩	0.01μNm
最大扭矩	200mNm	扭矩分辨率	0.1nNm
角位移分辨率	10nrad	最小应变角度	0.1μrad
最小转速	10^{-7} rpm	最大转速	3000rpm
频率范围	10^{-5}～628rad · s^{-1}	法向应力范围 N	±0.01～±50 N

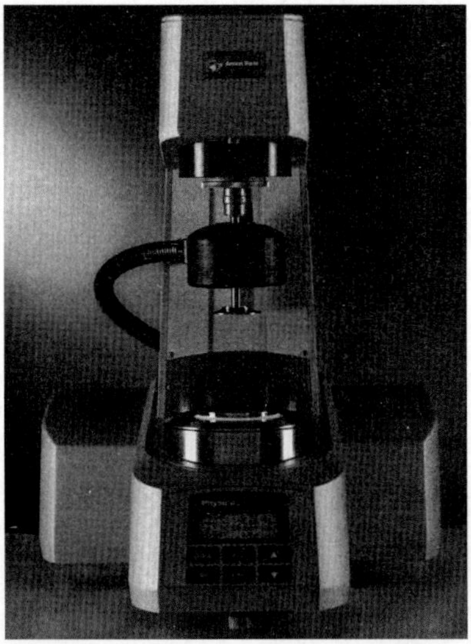

图 5-1 试验所用设备 Physica MCR301

Fig. 5-1 Test equipment Physica MCR301

5.1.2 高温剪切性能试验

通过对原样沥青及旋转薄膜烘箱试验(RTFOT)老化后残留的沥青试样分别进行动态剪切试验,以 $G^* \cdot \sin\delta^{-1}$ 作为评价指标,评价沥青的高温性能,为确定适宜的层间沥青材料提供参考依据。

沥青材料为普通重交沥青 A－70、A－50、SBS 改性沥青、橡胶沥青（AR：Asphalt Rubber），橡胶沥青中胶粉（CR：Crumb Rubber）为 40 目货车胎粉，胶粉掺量为沥青用量的 15％，三种胶粉与 SBS 复合式改性沥青：CR（8％）＋SBS（3.5％）、CR（10％）＋SBS（3％）、CR（12％）＋SBS（2.5％），复合改性沥青的改性剂掺量是以经济成本基本相当为依据确定的，即 3 种复合改性沥青的经济成本相当，且与 SBS 改性沥青的成本也基本相当。用 SBS 与胶粉复合改性沥青作粘层材料是以自有国家发明专利（ZL 200910043656.0：热塑性丁苯橡胶＋轮胎胶粉复合改性沥青及其制备方法，2011 年 9 月 14 日获国家发明专利，作者排名第三）为依据的。

复合改性沥青的制备过程：将基质沥青加热到 180℃，然后将改性剂加入基质沥青中，人工搅拌，然后用高速剪切仪以 5 000$r \cdot min^{-1}$的转速对复合改性沥青进行剪切，然后通过发育、剪切、融胀的过程，完成复合改性沥青的制备。

试验过程中，试样直径为 25mm，厚度为 1mm，采用应变控制模式，剪切速率为 10$rad \cdot s^{-1}$；原样沥青、RTFOT 老化后残留沥青的 $G^* \cdot \sin\delta^{-1}$分别不得小于 1.0 kPa 和 2.2 kPa；从 58℃开始，合格则提高一级，至不合格为止，$G^* \cdot \sin\delta^{-1}$大，则高温抗永久变形能力大。按照美国 SHRP 计划 PG 分级方法对沥青试样进行评价，试验结果如表 5-2～表 5-8 所示。

表 5-2　A—50 高温剪切试验结果

Tab. 5-2　Test results of high temperature shear of A—50

试验项目		试验结果	技术要求
原样沥青	动态剪切 64℃，$G^* \cdot \sin\delta^{-1}$，kPa	1.95	≥1.0
	动态剪切 70℃，$G^* \cdot \sin\delta^{-1}$，kPa	0.927	
	失效温度分析，℃	69.4	
RTFOT 老化后残留沥青	动态剪切 64℃，$G^* \cdot \sin\delta^{-1}$，kPa	5.83	≥2.2
	动态剪切 70℃，$G^* \cdot \sin\delta^{-1}$，kPa	2.64	
	动态剪切 76℃，$G^* \cdot \sin\delta^{-1}$，kPa	1.26	
	失效温度分析，℃	71.5	

表 5-3 A—70 高温剪切试验结果

Tab. 5-3 Test results of high temperature shear of A-70

试验项目		试验结果	技术要求
原样沥青	动态剪切 64℃, $G^* \cdot \sin\delta^{-1}$, kPa	1.43	≥1.0
	动态剪切 70℃, $G^* \cdot \sin\delta^{-1}$, kPa	0.685	
	失效温度分析, ℃	66.9	
RTFOT 老化后残留沥青	动态剪切 64℃, $G^* \cdot \sin\delta^{-1}$, kPa	2.99	≥2.2
	动态剪切 70℃, $G^* \cdot \sin\delta^{-1}$, kPa	0.685	
	失效温度分析, ℃	66.4	

表 5-4 SBS 改性沥青高温剪切试验结果

Tab. 5-4 Test results of high temperature shear of SBS modified asphalt

试验项目		试验结果	技术要求
原样沥青	动态剪切 70℃, $G^* \cdot \sin\delta^{-1}$, kPa	1.98	≥1.0
	动态剪切 76℃, $G^* \cdot \sin\delta^{-1}$, kPa	1.1	
	动态剪切 82℃, $G^* \cdot \sin\delta^{-1}$, kPa	0.658	
	失效温度分析, ℃	77.1	
RTFOT 老化后残留沥青	动态剪切 70℃, $G^* \cdot \sin\delta^{-1}$, kPa	3.4	≥2.2
	动态剪切 76℃, $G^* \cdot \sin\delta^{-1}$, kPa	1.65	
	失效温度分析, ℃	73.6	

表 5-5 橡胶沥青高温剪切试验结果

Tab. 5-5 Test results of high temperature shear of Asphalt Rubber

试验项目		试验结果	技术要求
原样沥青	动态剪切 70℃, $G^* \cdot \sin\delta^{-1}$, kPa	2.01	≥1.0
	动态剪切 76℃, $G^* \cdot \sin\delta^{-1}$, kPa	1.01	
	动态剪切 82℃, $G^* \cdot \sin\delta^{-1}$, kPa	0.539	
	失效温度分析, ℃	76.1	
RTFOT 老化后残留沥青	动态剪切 70℃, $G^* \cdot \sin\delta^{-1}$, kPa	7.17	≥2.2
	动态剪切 76℃, $G^* \cdot \sin\delta^{-1}$, kPa	3.93	
	动态剪切 82℃, $G^* \cdot \sin\delta^{-1}$, kPa	2.09	
	失效温度分析, ℃	81.5	

表 5-6　CR(8%)+SBS(3.5%)复合改性沥青高温剪切试验结果

Tab. 5-6　Test results of high temperature shear of modified asphalt of CR(8%)+SBS(3.5%)

试 验 项 目		试验结果	技术要求
原样沥青	动态剪切 76℃，$G^* \cdot \sin\delta^{-1}$，kPa	1.89	≥1.0
	动态剪切 82℃，$G^* \cdot \sin\delta^{-1}$，kPa	1.04	
	动态剪切 88℃，$G^* \cdot \sin\delta^{-1}$，kPa	0.602	
	失效温度分析，℃	82.4	
RTFOT 老化后残留沥青	动态剪切 76℃，$G^* \cdot \sin\delta^{-1}$，kPa	4.12	≥2.2
	动态剪切 82℃，$G^* \cdot \sin\delta^{-1}$，kPa	2.22	
	动态剪切 88℃，$G^* \cdot \sin\delta^{-1}$，kPa	1.24	
	失效温度分析，℃	82.1	

表 5-7　CR(10%)+SBS(3%)复合改性沥青高温剪切试验结果

Tab. 5-7　Test results of high temperature shear of modified asphalt of CR(10%)+SBS(3%)

试 验 项 目		试验结果	技术要求
原样沥青	动态剪切 76℃，$G^* \cdot \sin\delta^{-1}$，kPa	2.16	≥1.0
	动态剪切 82℃，$G^* \cdot \sin\delta^{-1}$，kPa	1.2	
	动态剪切 88℃，$G^* \cdot \sin\delta^{-1}$，kPa	0.717	
	失效温度分析，℃	84.1	
RTFOT 老化后残留沥青	动态剪切 76℃，$G^* \cdot \sin\delta^{-1}$，kPa	4.67	≥2.2
	动态剪切 82℃，$G^* \cdot \sin\delta^{-1}$，kPa	2.51	
	动态剪切 88℃，$G^* \cdot \sin\delta^{-1}$，kPa	1.41	
	失效温度分析，℃	83.4	

动态剪切流变仪是 SUPERPAVE 体系中用以测定沥青胶结料高温稳定性和中等温度条件下疲劳特性的仪器。它属于平板式的流变仪，沥青试样被置于平行金属板之间，以一定速率旋转剪切，测定结合料的复数剪切模量 G^* 和相位角 δ，表征其黏弹性质。PG 规范中用车辙因子 $G^* \cdot \sin\delta^{-1}$ 来表征结合料抗永久变形的能力，在最高路面设计温度下，$G^* \cdot \sin\delta^{-1}$ 越大越好，因抗车辙因子越大，越能同时反映出 G^* 较大与 δ 较小的综合影响。规范要求测定原样沥青以及 RTFOT 残留物的车辙因子，分别不小于 1.0kPa 和 2.2kPa。

表 5-8　CR(12%)+SBS(2.5%)复合改性沥青高温剪切试验结果

Tab. 5-8　Test results of high temperature shear of modified asphalt of CR(12%)+SBS(2.5%)

试验项目		试验结果	技术要求
原样沥青	动态剪切 76℃, $G^* \cdot \sin\delta^{-1}$, kPa	2.66	≥1.0
	动态剪切 82℃, $G^* \cdot \sin\delta^{-1}$, kPa	1.62	
	动态剪切 88℃, $G^* \cdot \sin\delta^{-1}$, kPa	1.03	
	动态剪切 94℃, $G^* \cdot \sin\delta^{-1}$, kPa	0.66	
	失效温度分析,℃	88.3	
RTFOT 老化后残留沥青	动态剪切 76℃, $G^* \cdot \sin\delta^{-1}$, kPa	5.76	≥2.2
	动态剪切 82℃, $G^* \cdot \sin\delta^{-1}$, kPa	3.31	
	动态剪切 88℃, $G^* \cdot \sin\delta^{-1}$, kPa	1.85	
	失效温度分析,℃	86.7	

从表 5-2～表 5-8 可看出,按美国 PG 分级的概念,三种复合改性沥青的高温等级最好,高温等级为 PG82,其次是 SBS 改性沥青和 AR,高温等级为 PG76,然后是 A－50,高温等级基本上可定为 PG70,最后是 A－70,高温等级为 PG64。

从上述测试结果也可以看出,SBS 改性沥青在测试中表现为 RTFOT 前的 PG 等级高于 RTFOT 后适用的 PG 等级,造成这一状况的根本原因在于 SBS 改性沥青的抗短期老化性能比基质沥青要好。SBS 改性沥青虽然在 PG 分级中适应温度等级下降,但正因为其抗老化能力增强,因此 PG 分级评价中 RTFOT 后 $G^* \cdot \sin\delta^{-1}$ 值增加得量较小,不像基质沥青经 RTFOT 后 $G^* \cdot \sin\delta^{-1}$ 值增加得那么明显,所以 SBS 改性沥青 RTFOT 后难以满足与老化前同一等级对 $G^* \cdot \sin\delta^{-1}$ 值的要求,只能满足低一个等级的要求。加入胶粉后这一现象则并不明显,这与胶粉改性沥青的自身特点和制备过程中胶粉很难与基质沥青完全相溶有关,而且在高温下(RTFOT 老化的温度为 165℃,老化时间为 16h)胶粉易发生裂解,也会影响其抗老化性能。

5.1.3　黏度试验

黏度是评价沥青性能优劣的关键参数之一,是流体流变特性的一种度量,用以表征沥青抗剪切变形能力的大小,沥青黏度的提高可以显著地增加沥青混合料的抗剪强度,也可大幅提高层间的黏结能力。通过温度扫描,研究沥青结合料黏度随温度的变化特征,以此来全面评价黏层沥青材料的黏度,为确定适宜的黏层沥青材料提供参考。试验过程示意如图 5-2 所示。

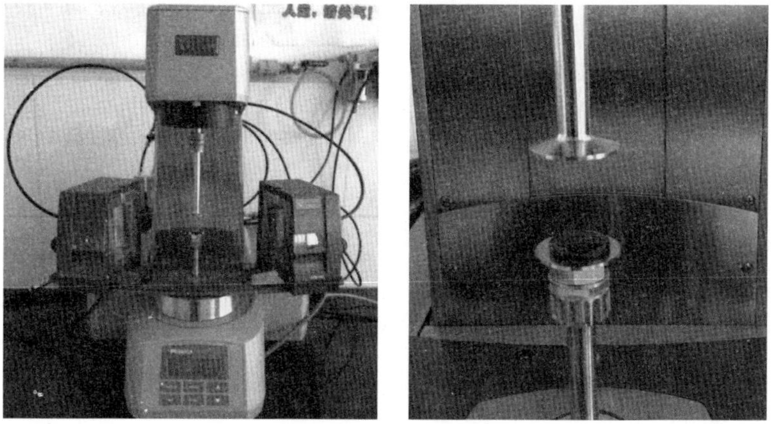

图 5-2　试验过程

Fig. 5-2　During the test

试验过程中采用 Rotation 模式进行温度扫描(50～170℃)，试验条件为剪切速率 $10s^{-1}$，升温速率 2℃ · min^{-1}，测试系统为 PP25－SN27488。绘制黏温曲线，并从评价沥青材料的高温稳定性出发，重点分析沥青试样老化后 60℃和 135℃的黏度。沥青材料同上所述，并为 RTFOT 老化后的残留沥青试样。试验结果如图 5-3 所示。

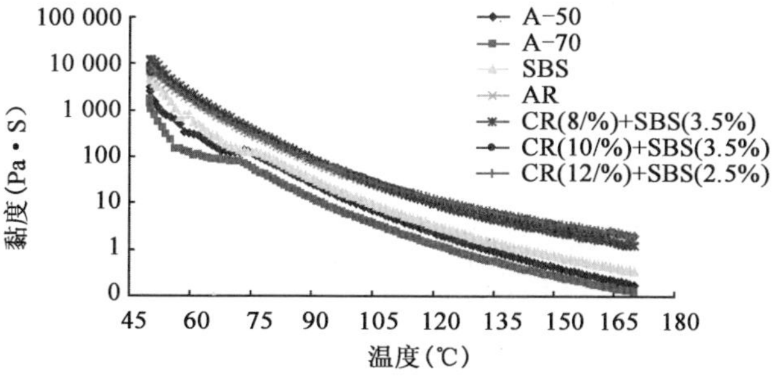

图 5-3　黏度与温度的关系

Fig. 5-3　Relationship of viscosity and temperature

沥青路面是以沥青作为胶结料，将松散的砂石材料黏结起来形成具有一定强度的结构物，故沥青的黏结性能非常重要，现在的很多研究表明，沥青的黏度对其路用性能有很大的影响，与沥青路面的抗车辙性能有很好的相关性，沥青黏度大，黏结力强，所拌制的沥青混合料强度高，稳定性和耐久性好。而作为层间材料，沥青的黏度大，有利于提高层间结构的黏结强度和抗剪强度。图 5-3 表明，随着温度升高，各沥青材料的黏度值均降低，且掺了胶粉的改性沥青黏度值明显要高于其他沥青材料，而 SBS 改性沥青的黏度也高于基质沥青，说明胶粉和 SBS 的加入可增大沥青的黏度值，有利于提高沥青的高温性能。

60℃可以很好地反映夏季路面的高温特性，为使沥青混合料具有良好的抗流动变形能力，希望沥青胶结料在此温度下具有很高的黏度，因此，60℃黏度指标常作为反映沥青在盛夏季节耐热性的指标，测定 60℃黏度可真实反映路面的实际使用情况，很多国家采用 60℃黏度作为沥青的分级指标。评价施工性能还需测定 135℃或更高温度的黏度，表 5-9 列出了这几种沥青材料 60℃、135℃、165℃的黏度。

表 5-9　黏度试验结果（单位：Pa・s）

Tab. 5-9　Test results of viscosity（unit：Pa・s）

沥青品种	60℃	135℃	165℃
A—50	317	0.913	0.268
A—70	122	0.549	0.179
SBS 改性沥青	846	1.41	0.489
橡胶沥青(AR)	1 700	5.12	2.16
CR(8%)+SBS(3.5%)复合改性沥青	2 450	4.46	1.72
CR(10%)+SBS(3%)复合改性沥青	2 090	6.16	2.51
CR(12%)+SBS(2.5%)复合改性沥青	1 770	6.44	2.72

表 5-9 的试验结果表明，掺加胶粉的改性沥青 60℃的黏度值较高，是普通沥青的十几倍之多，表现出很好的高温性能和黏结能力。不利的是，掺加胶粉的改性沥青 135℃时黏度均大于 3Pa・s，沥青的泵送、喷洒难度相对较大。CR(8%)+SBS(3.5%)复合改性沥青 60℃黏度最好，在掺加胶粉的改性沥青中 135℃的黏度也较理想，施工难度相对其他胶粉改性沥青较小。SBS 改性沥青 60℃的黏度明显高于基质沥青，135℃的黏度为 1.41 Pa・s，施工性能较好，是一种比较理想的层间黏结材料。

5.1.4　动态力学温度扫描

通过对沥青试样进行温度扫描，研究沥青结合料动态力学性能随温度的变化特征，以此来系统评价层间沥青材料的力学性能，为确定适宜的层间沥青材料提供参考依据。

1)试验内容

绘制温度与存储模量 G'、损失模量 G''、损失因子 $\tan\delta$ 的关系曲线，并从评价沥青结合料的高温稳定性出发,重点分析沥青试样老化后存储模量 G' 随温度的变化规律,沥青材料同上所述,并为 RTFOT 老化后的残留沥青试样。

2)试验过程及结果

采用 Oscillation 模式进行温度扫描(50～80℃),试验条件为角频率 10rad · s^{-1},振幅 12%,升温速率 2℃ · min^{-1},测试系统为 PP25—SN27488。试验结果如图 5-4～图 5-12 所示。

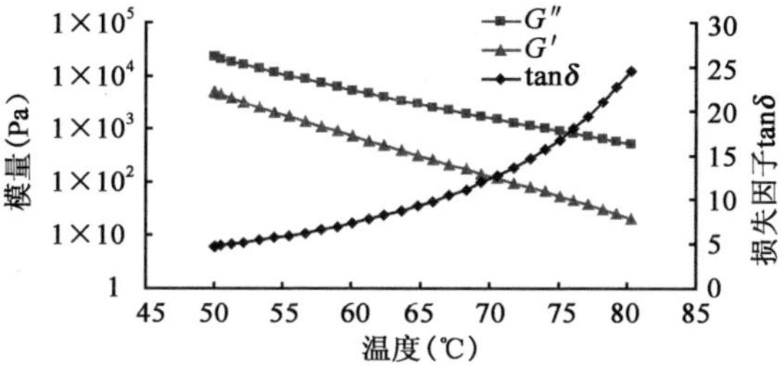

图 5-4　A—50 温度扫描

Fig. 5-4　A—50 temperature scanning

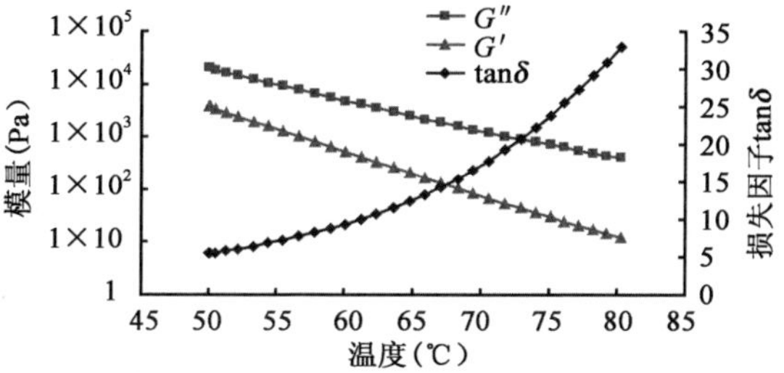

图 5-5　A—70 温度扫描

Fig. 5-5　A—70 temperature scanning

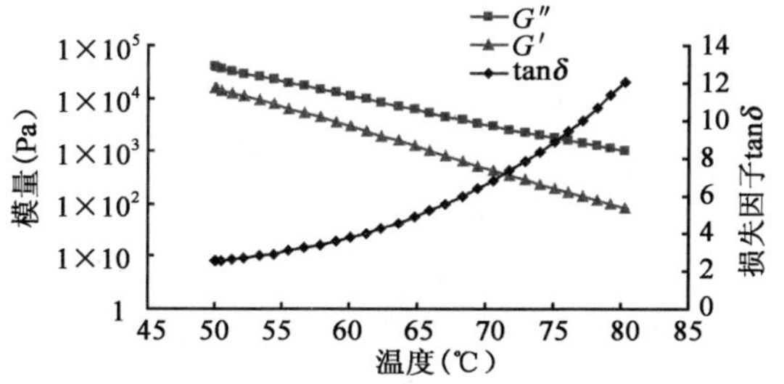

图 5-6　SBS 改性沥青温度扫描

Fig. 5-6　SBS modified asphalt temperature scanning

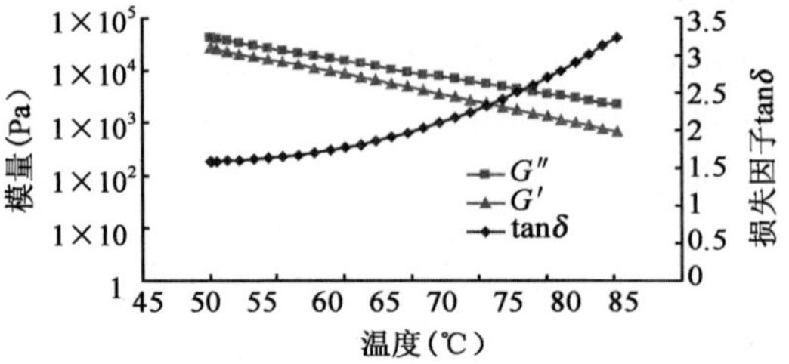

图 5-7　橡胶沥青温度扫描

Fig. 5-7　Asphalt Rubber temperature scanning

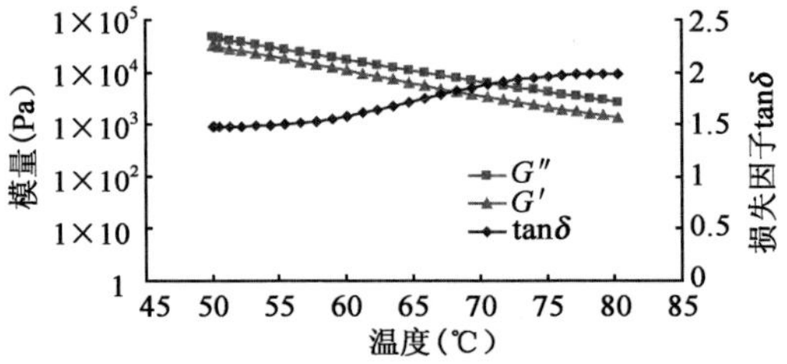

图 5-8　CR(8%)+SBS(3.5%)复合改性沥青温度扫描

Fig. 5-8　Co-modified asphalt of CR(8%)+SBS(3.5%) temperature scanning

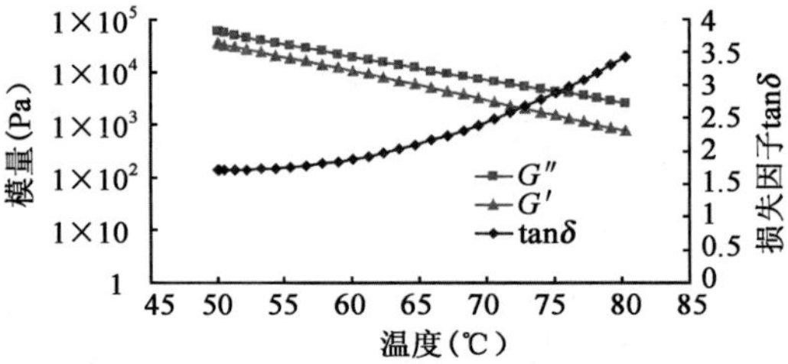

图 5-9　CR(10%)+SBS(3%)复合改性沥青温度扫描

Fig. 5-9　Co-modified asphalt of CR(10%)+SBS(3%) temperature scanning

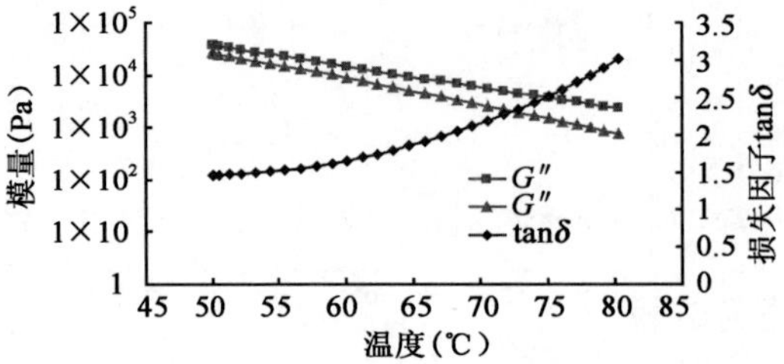

图 5-10　CR(12%)+SBS(2.5%)复合改性沥青温度扫描

Fig. 5-10　Co-modified asphalt of CR(12%)+SBS(2.5%)temperature scanning

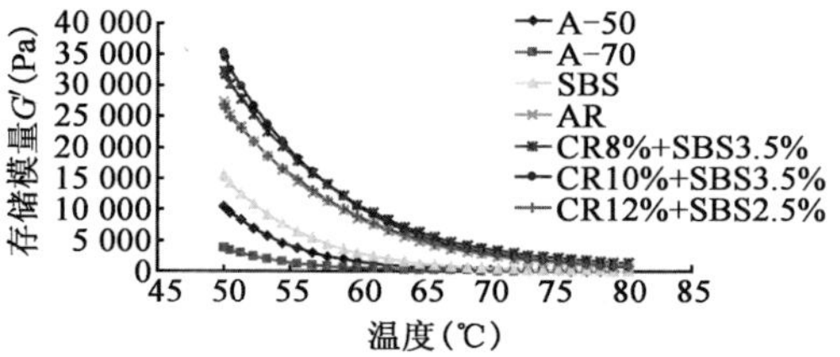

图 5-11　存储模量与温度的关系

Fig. 5-11　Relationship of storage modulus and temperature

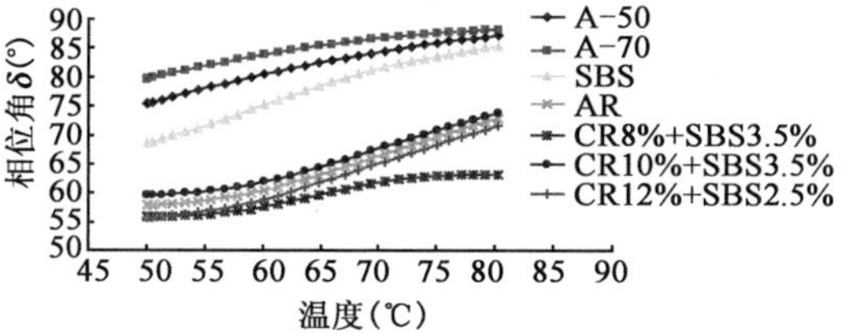

图 5-12　相位角与温度的关系

Fig. 5-12　Relationship of phase angle and temperature

3)试验结果分析

G^* 是材料重复剪切变形时总阻力的度量，它由存储模量 G'（弹性部分）和损失模量 G''（黏性部分）组成，而相位角 δ 是弹性和黏性变形数量的相对指标。在高温条件下，δ 越小，材料越接近于弹性体，利于形变恢复，即有好的抵抗高温变形的能力。

从图 5-4～图 5-11 可以看出，温度从 50℃升高到 80℃，存储模量 G' 与损失模量 G'' 无交点，存储模量 G' 的下降幅度较大。在 65℃后，损失因子 $\tan\delta$ 迅速增大，即外力所做的功基本上以热的形式逸散，沥青不断向黏流态转变。加入 SBS 和胶粉后，损失因子 $\tan\delta$ 的值大幅减小，尤其是加入胶粉后这一现象更为明显，说明 SBS 和胶粉有效地提高了共混物的模量，而且对弹性模量的改善幅度较损失模量的要大。

从图 5-12 中相位角 δ 与温度的关系可以看出，加了胶粉的几种改性沥青相位角 δ 相对较小，材料的高温抗变形能力较好，最好的为 CR(8%)＋SBS(3.5%)复合改性沥青，而 SBS 改性沥青较 A—50、A—70 也有较明显的优势。

5.1.5　剪切疲劳试验

通过对先 RTFOT 老化再压力老化仪(PAV)老化后残留的沥青试样进行动态剪切试验，以 $G^* \cdot \sin\delta$ 作为评价指标，评价层间沥青材料的疲劳性能，为确定适宜的层间沥青材料提供参考依据。

试验过程中剪切速率为 10rad・s^{-1}，测试系统为 PP08-SN27217；试样直径为 8mm，厚度为 2mm；沥青材料同上所述，要求 PAV 老化后残留沥青的 $G^{*}\cdot\sin\delta$ 不得大于 5 000 kPa；所选择的试验温度一般是中等温度（4～40℃），试验从较高温度开始，逐渐降低试验温度，试验方法参照 AASHTO T315-08，试验结果如表 5-10 所示。

表 5-10　沥青结合料剪切疲劳试验结果

Tab. 5-10　Test results of shear fatigue of asphalt binder

试　　样	温度(℃)	复数剪切模量 G^{*}(kPa)	相位角 δ(°)	$G^{*}\cdot\sin\delta$(kPa)
A-70	28	3 420	45.5	2 440
	25	5 030	42.6	4 351
	22	7 730	40.8	4 790
	19	10 060	38.3	6 600
A-50	28	5 730	42.8	3 890
	25	8 160	40.7	5 310
SBS 改性沥青	28	7 360	35.3	4 250
	25	9 790	33.5	5 400
橡胶沥青(AR)	28	2 730	42.4	1 840
	25	3 940	40.1	2 540
	22	5 700	37.9	3 500
CR(8%)+SBS(3.5%)复合改性沥青	28	4 410	38.4	2 740
	25	6 140	35.0	3 530
	22	8 950	32.8	4 850
CR(10%)+SBS(3%)复合改性沥青	28	4 550	38.4	2 820
	25	6 410	36.3	3 790
	22	8 930	34.2	5 020
CR(12%)+SBS(2.5%)复合改性沥青	28	3 078	41.4	2 035
	25	4 350	39.9	2 790
	22	6 180	37.6	3 800

对南方湿热地区而言，除高温破坏外，路面疲劳破坏也普遍存在。而在沥青胶结料的各种路用性能中，疲劳性能属于我们最不熟悉的内容，直到美国 SHRP 引进动态剪切试验测定沥青胶结料的疲劳性能，我国才开始引进动态剪切流变

仪,并对沥青胶结料的疲劳性能开始广泛重视。

针对沥青胶结料疲劳性能所进行的动态剪切试验与评价沥青胶结料高温等级时所进行的动态剪切试验在原理上完全相同,所不同的是评价指标和试验方法,在 SHRP 路用性能规范中,中等温度条件下胶结料疲劳性能的评价指标采用 $G^* \cdot \sin\delta$,$G^* \cdot \sin\delta$ 的值越小沥青的抗疲劳性能越好,从表 5-10 可知,掺加胶粉的改性沥青有较好的疲劳性能。

实际上,掺加改性剂后,改性沥青长期老化后的疲劳性能与基质沥青的性能直接相关,因为掺加改性剂后,改性剂会吸收部分软沥青质,出现分子间距增大、分子链内旋增加等性质发生改变的现象,剩余沥青各个组分的比例也发生了较大改变。因此,对于老化后的疲劳性能,不同的改性剂需确定适宜的基质沥青以提高改性剂与基质沥青的相容性,从而获得疲劳性能良好的改性沥青。试验中选用的基质沥青为 SK—70,从长期老化后的疲劳性能来看,该基质沥青体现出与胶粉良好的相容性,但与 SBS 的相容性则不太理想,也说明用动态剪切试验评价改性沥青长期老化后的疲劳性能有一定的局限性,其科学性也值得在今后进行深入研究。所以,本试验结果仅供进行对比分析时参考。

通过上述试验可知,层间采用喷洒式结构时,改性沥青作为层间黏结材料的性能明显要优于基质沥青,其高温性能、力学性能、黏度和疲劳性能均优于 A—50 和 A—70。采用单一改性沥青时,层间黏结材料推荐 SBS 改性沥青,该材料高温性能良好,易喷洒。采用复合改性沥青时,推荐 CR(8%)+SBS(3.5%)复合改性沥青,该沥青材料在 60℃时黏度最好,135℃时黏度也较理想,施工难度相对较小,且高温等级和力学性能良好。

5.2　抗裂夹层沥青新材料研发

为了解决反射裂缝的问题,目前国内外主要采取设置应力吸收层和加筋类材料的方法,但应力吸收层对沥青材料的路用性能要求很高,普通的复合改性沥青材料难以满足要求,施工条件和要求也较高。加筋类材料对应力有一定的消散作用,但防止反射裂缝的能力有限,而且这些材料如果摊铺不平整或原有的刚性基层不平整,会造成沥青面层的混合料出现压实度不足等问题,影响路面结构的使用品质和寿命。因此,研发一种适用于刚柔复合式路面结构抗裂夹层的沥青材料具有十分重要的意义。

通过在沥青面层与混凝土基层之间设置变形能力强的抗裂夹层,可消除裂缝尖端上部沥青面层应力的奇异性,且抗裂夹层沥青材料的延性越高、弹性恢复功能越强，其抗剪切开裂的性能就越好。因此，抗裂夹层的沥青材料需按防治反射裂缝的原则进行科学合理的选择与设计。

5.2.1 传统抗裂方法及材料存在的不足

欧洲和美国的大部分高等级公路在20世纪80年代进行翻修与改造过程中，开始尝试采用旧混凝土路面上加铺沥青面层的结构。美国率先在沥青加铺层结构设计理论、旧路处治技术、施工机械、设置防裂夹层、加铺层材料等方面进行了一定的研究。主要研究内容包括：加铺层厚度、沥青的稠度、沥青混合料中的外掺剂、加铺前对原来路面的处理及应力消解层等。

美国沥青协会认为以下3种方法对减少反射裂缝行之有效：在加铺前对断裂的水泥混凝土路面板进行稳固、设置应力吸收夹层、沥青混合料外掺橡胶粉。夹层可分为应力吸收类和加筋类，应力吸收薄膜夹层（SAMI）采用薄层改性沥青或橡胶沥青底层，可以在一定程度上延缓裂缝的产生，但此种加铺方案只适用于接缝竖向相对位移量小于0.06mm的路段。加筋类材料主要为玻纤格栅、土工布、沥青油毡等，铺设玻纤格栅虽然具有消散应力，阻止反射裂缝出现的能力，但实际效果并不理想，且在玻纤格栅铺装时，由于其变形受温度变化的影响较大，会给施工带来诸多不便。铺设土工布对于消散加铺层中的温度应力能起到一定的作用，但对于裂缝两侧相邻板块产生竖向位移差而出现的较大剪切应力却很难起到消散作用。加铺改性沥青油毡，对消散水平方向的应力和传递竖向荷载可以起到一定的作用，但随着时间的推移，油毡本身的黏性下降以及材料老化将导致其性能下降。尽管加筋类材料有其自身的优点，但其弊端也是不可忽略的：若水泥混凝土路面错台较严重，铺设加筋类材料，也会由于材料受力不均造成沥青路面反射裂缝的出现；若在交通繁忙路段施工，车辆的通行会使加筋类材料受到破坏；土工合成材料摊铺不平整，会造成沥青面层的混合料出现压实度不足等问题。

5.2.2 抗裂夹层沥青结合料路用性能要求

国内已有研究表明，应力吸收层或抗裂夹层沥青用量会达到9%左右，而一般沥青混合料沥青用量只有4%～5%，所以抗裂夹层沥青结合料的路用性能就显得尤为重要。由于普通改性沥青难以满足要求，所以需研制一种新型的复合改性沥青材料用于抗裂夹层，以起到延缓反射裂缝产生及扩展的作用，并能延长路面结构的使用寿命。这要求沥青结合料必须具备较好的延展性、优良的弹性恢复性能、较高的黏性、较好的疲劳性，同时还要有良好的高低温性能。

1)基质沥青主要技术指标

基质沥青采用中海油生产的 A—70 沥青,通过室内试验,确定其主要技术指标如表 5-11 所示。

表 5-11 中海油 A—70 沥青性能指标

Tab. 5-11 Qualification of CNOOC A—70 asphalt

设计指标		单位	检测结果
针入度(25 ℃,100g,5s)		0.1mm	71.5
软化点($T_{R\&B}$)		℃	47.8
延度(15℃,5cm·min^{-1})		cm	>100
延度(10℃,5cm·min^{-1})		cm	>100
延度(5℃,5cm·min^{-1})		cm	—
密度		g·cm^{-3}	1.042
RTFOT 后残留物	质量损失	%	−0.10
	延度(15℃,5cm·min^{-1})	cm	54.8
	针入度比	%	69.3

2)改性剂的选择

热塑性丁苯橡胶(SBS)是一种新型"第三代合成弹性体",它兼有塑料和橡胶的特性,同时具备橡胶的高弹性和塑料的高强度及易加工性,具有良好的透气性、抗湿滑性和耐低温性。SBS 改性沥青可明显改善沥青的弹性性能、高低温性能、内聚附着性能,同时能改善沥青混合料的稳定性能、抗老化性能,但由于目前 SBS 的价格比较昂贵,从而在一定程度上限制了 SBS 改性沥青的发展与应用。

我国的汽车工业发展迅速,2005 年全国汽车保有量为 3 300 万辆,废旧轮胎产生量约为 1.2 亿条,并以每年 12%的速度增加,到 2010 年已达到 2.5 亿条左右,回收利用率仅为 50%左右。2012 年 9 月 2 日国家发改委、中国社会科学院就我国废旧轮胎的产生与回收利用等内容,在京召开"废旧轮胎回收利用国家政策研讨",这也是 2012 年我国第二次就废旧轮胎的产生与回收问题在国家层面的政策研讨召开专门会议,大会提出 6 项政策建议并希望纳入国家层面的政策研究中,其中就有加大废旧轮胎回收利用和与大专院校联合开发使其服务于行业建设等建议。将胶粉作为改性剂加入沥青中制成的橡胶沥青,不仅具有良好的高温性能、抗老化性能和弹性性能,还能有效减少环境中的"黑色污染"。

SBS与胶粉复合改性沥青，不但可以增加沥青的弹性恢复，改善沥青的高、低温性能，扩大沥青使用的温度范围，还可以减少SBS的用量，同时废胶粉资源丰富、价格低廉、加工工艺简单，又不污染环境，还能实现废弃轮胎的循环利用。综上可以看出，SBS与胶粉复合改性沥青的研究与应用具有重要的经济价值和环保价值，符合可持续发展的原则。

基于以上原因，并考虑到抗裂夹层沥青材料对延度要求较高，刚柔复合式路面层间抗裂夹层沥青材料的改性剂主要确定为：SBS、胶粉、增塑剂，其中SBS可以改善基质沥青的高低温稳定性能，脱硫橡胶粉可以提高复合改性沥青的弹性恢复能力、抗老化性能和高低温性能，增塑剂的加入可显著提高复合改性沥青的低温延度和变形能力。研究中SBS采用线型SBS，相对分子量为8万～12万，胶粉采用40目废轮胎脱硫胶粉，增塑剂为邻苯二甲酸二丁酯(DBP)。

3)沥青结合料主要技术指标要求

根据抗裂夹层的特点及对其对沥青材料路用性能的要求，结合已有研究，推荐的抗裂夹层沥青结合料主要技术指标如表5-12所示。

表5-12　抗裂夹层沥青结合料主要技术指标

Tab. 5-12　Qualification of asphalt binder of cracking resistant layer

指标		单位	技术要求
针入度(25℃,100g,5s)		0.1mm	≥50
延度(5℃,5cm·min^{-1})		cm	≥50
软化点$T_{R\&B}$		℃	≥60
60℃黏度		Pa·s	≥800
弹性恢复(25℃)		%	≥90
PG分级不小于		—	PG76-16
旋转薄膜烘箱试验(RTFOT)的残留物	延度(5℃,5 cm·min^{-1})	cm	≥35
	弹性恢复(25℃)	%	≥85
	质量损失	%	≤1.0

5.2.3　沥青新材料的制备

结合已有研究和抗裂夹层复合改性沥青的特点，适用于路面结构抗裂夹层的复合改性沥青材料制备工艺，主要包括以下步骤：将基质沥青熔化后，加入SBS和胶粉并混合均匀，再加入增塑剂；经第一次剪切、发育、第二次剪切、溶胀后得到复合改性沥青材料，以上制备过程的温度均控制在170～185℃。

(1)基质沥青放入 175～185℃的烘箱中，并恒温 1h。

(2)在温度为 170～180℃的条件下，向步骤(1)所述的基质沥青中加入 SBS 和胶粉，并均匀搅拌 15～20min。

(3)在 170～180℃的温度范围内，向步骤(2)所述的基质沥青、SBS 和胶粉的混合物中加入增塑剂，并将混合物在高速剪切仪中高速剪切 30～40min，转速为 6 000r · min^{-1}，剪切完成后将混合物放入 175～185℃的烘箱中发育 20～30min。

(4)在温度为 170～180℃的条件下，将步骤(3) 所述的发育完成的混合物在高速剪切仪中继续高速剪切 30～40min，转速为 5 000r · min^{-1}，剪切完成后将混合物放入 175～185℃的烘箱溶胀 1h，得到适用于抗裂夹层的复合改性沥青。

5.2.4 改性剂掺量确定

为了防止反射裂缝的产生和扩展，抗裂夹层的沥青结合料对延度和弹性恢复这两项指标要求极高，我国现行规范也以 5℃延度作为沥青低温抗裂性能的评价指标，且在基质沥青中加入 SBS 和胶粉后，一般都可以获得较好的高温稳定性，因此，5℃延度和弹性恢复两项指标对抗裂夹层的性能极为关键，可用来确定改性剂的掺量。

1)SBS 掺量确定

低温延度反映沥青在低温下的变形能力，用延度测试仪在 5℃下进行试验，拉伸速率为 5cm · min^{-1}；弹性恢复用于评价沥青的变形恢复能力，用延度测试仪将试样拉长 10cm 后，测定试样可恢复变形的百分率，拉伸速率为 5cm · mm^{-1} ±0. 25cm · min^{-1}，试验温度为 25℃；针入度反映沥青的稠度，通过 100 g 标准圆锥体在 5s 内沉入保温在 25℃时的润滑脂试样中的深度来确定；软化点是沥青的一项基本指标，反映沥青的高温性能，采用环球法测试。试验结果如表 5-13 所示。

表 5-13 SBS 掺量对改性沥青性能的影响

Tab. 5-13 Influence of SBS dosage on the performance of modified asphalt

SBS 掺量	4%	5%	6%
5℃延度	12. 3	22. 6	28. 4
针入度(0. 1mm)	33. 7	34. 5	36. 4
软化点(℃)	64. 9	65. 4	69. 7
弹性恢复(%)	82	88	93

从上表可以看出，在基质沥青中掺入不同剂量的 SBS 对改性沥青的三大指标及弹性恢复均有较大影响。随着 SBS 掺量的增加，改性沥青 5℃ 延度有明显提高，且 SBS 掺量为 5%时的延度值相比 4%时增长 84%，而当掺量增加至 6%时，延度的增长率为 25.6%；弹性恢复也随 SBS 掺量的增加而不断提高，SBS 掺量为 5%时的弹性恢复相比 4%时增长 7.3%，而当掺量增加至 6%时，弹性恢复的增长率为 5.7%；而针入度和软化点的变化率则不大，随着 SBS 掺量的增加略有提高。综合上述试验结果，并考虑到 SBS 的成本较高，建议 SBS 改性剂的掺加量以 5%为宜。

2)增塑剂掺量确定

掺入 SBS 后改性沥青的低温延度值仍然偏低，作为抗裂夹层的沥青材料还不够理想，需加入增塑剂来提高复合改性沥青的低温延度和变形能力，试验中采用的增塑剂为邻苯二甲酸二丁酯(DBP)，为确定其合理掺量，在 SBS 掺量为 5%的改性沥青中加入不同剂量的增塑剂，测定其 3 大指标及弹性恢复性能，研究增塑剂掺量对 SBS 改性沥青性能的影响规律。试验结果如表 5-14 所示。

表 5-14　增塑剂掺量对改性沥青性能的影响

Tab. 5-14　Influence of plasticizer dosage on the performance of modified asphalt

增塑剂掺量	2%	4%	6%
5℃延度	54.2	77.6	67.0
针入度(0.1mm)	44.8	57.8	80.0
软化点(℃)	67.5	58.8	58.4
弹性恢复(%)	90	92	91

由表 5-14 可知，增塑剂的加入使得改性沥青的 5℃低温延度有了明显提高。增塑剂掺量为 4%时延度值最高，达到了 77.6。此外，增塑剂对针入度的影响也较大，可以提高改性沥青的针入度，增塑剂的加入对软化点和弹性恢复的影响并不大。从提高低温延度值的角度来看，增塑剂掺量为 4%比较合理。

3)胶粉掺量确定

增塑剂的加入对改性沥青的低温延度有较大的提高，但对改性沥青的高温性能有所影响，为了提高改性沥青的高温性能、抗老化性能和弹性性能，在基质沥青中加入 5%SBS 和 4%增塑剂后，再加入一定剂量的胶粉，因为胶粉在沥青中难以完全溶解，延度试件受拉时，沥青比胶粉颗粒的模量低，在拉伸方向会产生较大的应变，于是在胶粉颗粒和沥青界面处易产生应力集中，导致试件提前被拉断。考虑到胶粉对低温延度的影响较大，胶粉掺量不宜过大。试验结果如表 5-15所示。

表 5-15　胶粉掺量对改性沥青性能的影响

Tab. 5-15　Influence of crumb rubber dosage on the performance of modified asphalt

胶粉掺量	2%	4%	6%
5℃延度	54.8	52.8	48.7
针入度(0.1mm)	50.7	56.7	51.1
软化点(℃)	61.6	66.8	70.6
弹性恢复(%)	93	94	95

从表 5-15 可以看出，在加入一定量的胶粉以后，低温延度有所下降，为控制低温延度值的下降幅度，胶粉的掺量不宜过高。加入胶粉后复合改性沥青的软化点有了较大的提高，表明复合改性沥青的高温性能有了较明显的提高，这是由于沥青中与胶粉结构相似的轻组分经过渗透，逐渐扩散到橡胶网络，使胶粉颗粒溶胀，显著减少了沥青中游离蜡的含量，含蜡较高的沥青向融凝胶结构发育，使得沥青感温性下降，高温性能和耐老化性能得到了改善。从上述试验结果可以看出胶粉掺量不宜高于 4%。

5.3　抗裂夹层沥青新材料路用性能评价

为进一步评价 SBS(4%)+胶粉(2%或 4%)+增塑剂(4%)复合式改性沥青的高低温性能和疲劳性能，运用智能型高级旋转流变仪 Physica MCR301 进行试验，对其进行高温分级、黏度测试、动态力学扫描、疲劳试验。运用弯曲梁流变仪测试其低温性能，并进行温度分级。

5.3.1　高温性能试验评价

通过对原样沥青及薄膜老化后残留的沥青试样分别进行动态剪切试验，以 $G^* \cdot \sin\delta^{-1}$ 作为评价指标，评价沥青的高温性能，剪切速率为 10rad · s^{-1}，试样直径为 25mm，厚度为 1mm，原样沥青、RTFOT 老化后残留沥青的 $G^* \cdot \sin\delta^{-1}$ 分别不得小于 1.0 kPa 和 2.2 kPa，合格则提高一级，至不合格为止，$G^* \cdot \sin\delta^{-1}$ 大，则高温抗永久变形能力大。试验结果见表 5-16、表 5-17。

表 5-16　复合改性沥青高温剪切试验结果(2%胶粉)

Tab. 5-16　Test results of high temperature shear of composite modified asphalt(2%crumb rubber)

试验项目		试验结果	技术要求
原样沥青	动态剪切 70℃,$G^* \cdot \sin\delta^{-1}$,kPa	2.99	≥1.0
	动态剪切 76℃,$G^* \cdot \sin\delta^{-1}$,kPa	1.72	
	动态剪切 82℃,$G^* \cdot \sin\delta^{-1}$,kPa	1.05	
	动态剪切 88℃,$G^* \cdot \sin\delta^{-1}$,kPa	0.684	
	失效温度分析,℃	82.7	
RTFOT 老化后残留沥青	动态剪切 70℃,$G^* \cdot \sin\delta^{-1}$,kPa	4.61	≥2.2
	动态剪切 76℃,$G^* \cdot \sin\delta^{-1}$,kPa	2.85	
	动态剪切 82℃,$G^* \cdot \sin\delta^{-1}$,kPa	1.48	
	失效温度分析,℃	77.7	

表 5-17　复合改性沥青高温剪切试验结果(4%胶粉)

Tab. 5-17　Test results of high temperature shear of composite modified asphalt(4%crumb rubber)

试验项目		试验结果	技术要求
原样沥青	动态剪切 70℃,$G^* \cdot \sin\delta^{-1}$,kPa	3.61	≥1.0
	动态剪切 76℃,$G^* \cdot \sin\delta^{-1}$,kPa	1.98	
	动态剪切 82℃,$G^* \cdot \sin\delta^{-1}$,kPa	1.13	
	动态剪切 88℃,$G^* \cdot \sin\delta^{-1}$,kPa	0.679	
	失效温度分析,℃	83.4	
RTFOT 老化后残留沥青	动态剪切 70℃,$G^* \cdot \sin\delta^{-1}$,kPa	6.48	≥2.2
	动态剪切 76℃,$G^* \cdot \sin\delta^{-1}$,kPa	3.77	
	动态剪切 82℃,$G^* \cdot \sin\delta^{-1}$,kPa	2.24	
	动态剪切 88℃,$G^* \cdot \sin\delta^{-1}$,kPa	1.37	
	失效温度分析,℃	82.2	

由表 5-16 和表 5-17 可知,两种原样沥青的高温性能相当,均可以达到 PG82,但经过 RTFOT 老化后,胶粉掺量为 4%的复合改性沥青仍可以达到 PG82,而掺量为 2%的复合改性沥青只能达到 PG76。

5.3.2　黏度试验评价

沥青作为胶结料,其黏度对路用性能有很大的影响,与沥青路面的抗车辙性能有很好的相关性,作为层间材料,沥青的黏度大,有利于提高层间结构的黏结强度和抗剪强度,达到抗裂效果。

试验中采用 Rotation 模式,剪切速率为 $10s^{-1}$,进行温度扫描(50～200℃),升温速率为 2℃ · min^{-1},测试系统为 PP25－SN27488。绘制黏温曲线,并从评价沥青材料的高温稳定性出发,重点分析 SBS(4%)＋胶粉(2%或 4%)＋增塑剂(4%)复合式改性沥青试样 RTFOT 老化后 60℃和 135℃的黏度。试验结果如图 5-13 所示。

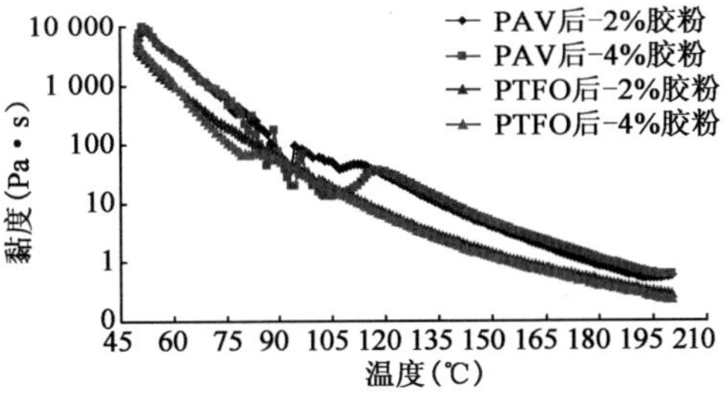

图 5-13　黏度与温度的关系

Fig. 5-13　Relationship of viscosity and temperature

表 5-18 列出了这两种沥青材料 60℃、135℃、175℃的黏度,上述两种复合改性沥青 60℃和 135℃的黏度均比较理想,且黏度值相差不大。

表 5-18　黏度试验结果(单位:Pa · s)

Tab. 5-18　Test results of viscosity(unit: Pa · s)

沥 青 类 型	60℃	135℃	175℃
RTFOT 后 SBS(4%)＋增塑剂(4%)＋胶粉(2%)	1 030	2.86	0.56
RTFOT 后 SBS(4%)＋增塑剂(4%)＋胶粉(4%)	1 190	2.45	0.49
PAV　后 SBS(4%)＋增塑剂(4%)＋胶粉(2%)	3 390	9.84	1.08
PAV　后 SBS(4%)＋增塑剂(4%)＋胶粉(4%)	3 140	12.3	1.4

5.3.3　动态力学性能评价

将 RTFOT 老化后的 SBS(4%)＋胶粉(2%或 4%)＋增塑剂(4%)复合式改性沥青进行温度扫描(50～80℃),升温速率为 2℃ · min^{-1},采用 Oscillation 模式,角频率为 10rad · s^{-1},振幅为 12%,测试系统为 PP25－SN27488。绘制温度与存储模量 G'、损失模量 G''、损失因子 $\tan\delta$ 的关系曲线,并从评价沥青结合料的高温稳定性出发,重点分析沥青试样老化后存储模量 G' 随温度的变化规律。试验结果如图 5-14～图 5-17 所示。

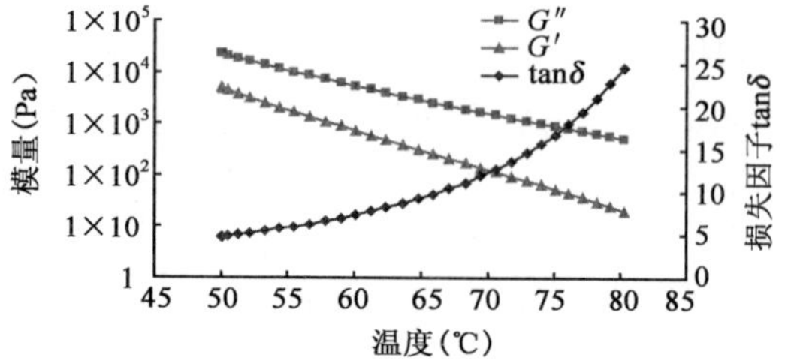

图 5-14 复合改性沥青温度扫描(2%胶粉)

Fig. 5-14 Temperature scanning of composite modified asphalt(2%crumb rubber)

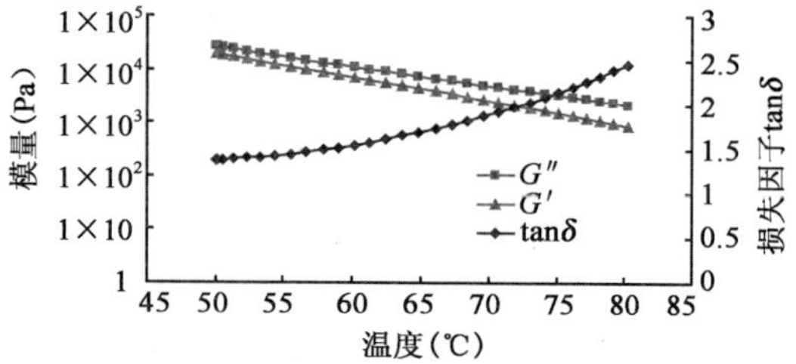

图 5-15 复合改性沥青温度扫描(4%胶粉)

Fig. 5-15 Temperature scanning of composite modified asphalt(4%crumb rubber)

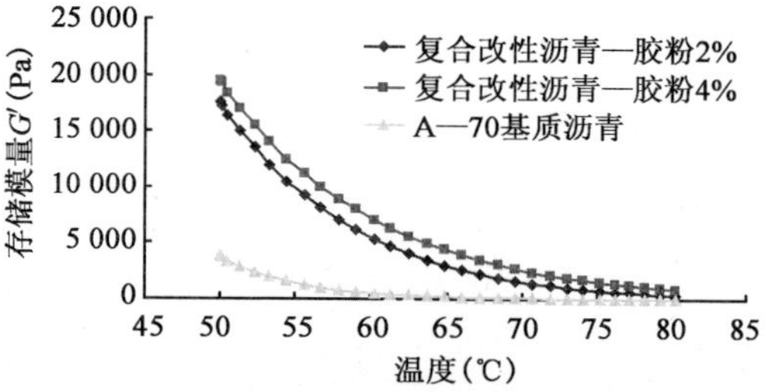

图 5-16 存储模量与温度的关系

Fig. 5-16 Relationship of storage modulus and temperature

从图 5-14～图 5-16 可以看出,温度从 50℃升高到 80℃,存储模量 G' 与损失模量 G'' 无交点,存储模量 G' 的下降幅度较大。在 65℃后,损失因子 $\tan\delta$ 迅速增大,即外力所做的功基本上以热的形式逸散,沥青不断向黏流态转变。随胶粉掺量的增加,复合改性沥青的存储模量 G'(弹性部分)不断增加,损失因子 $\tan\delta$ 的值大幅减小,说明胶粉有效地提高了共混物的模量,而且对弹性模量的改善幅度较损失模量的要大。

从图 5-17 中相位角 δ 与温度的关系可以看出,随着胶粉掺量的增加,复合

改性沥青的相位角 δ 大幅减小，材料的高温抗变形能力不断增加。从动态力学温度扫描的结果来看，胶粉掺量为 4%时的力学性能要略好于掺量为 2%时的力学性能。

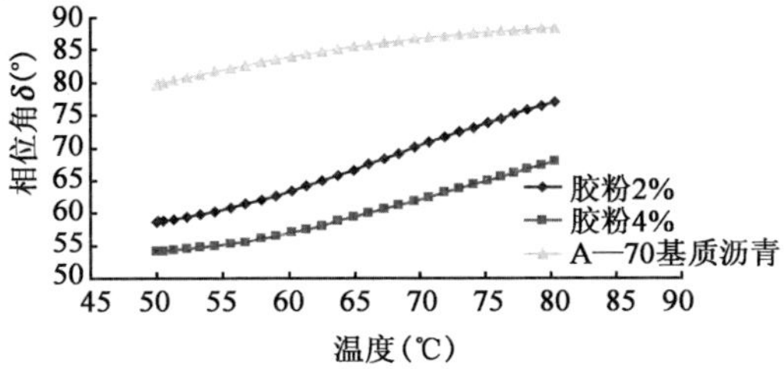

图 5-17　相位角与温度的关系

Fig. 5-17　Relationship of phase angle and temperature

5.3.4　疲劳性能试验评价

通过对先 RTFOT 老化再压力老化后残留的 SBS(4%)＋胶粉(2%或 4%)＋增塑剂(4%)复合式改性沥青试样进行动态剪切试验，以 $G^* \cdot \sin\delta$ 作为评价指标，评价沥青的疲劳性能，为确定适宜的抗裂夹层沥青材料提供参考依据。

剪切速率为 10rad・s^{-1}，测试系统为 PP08－SN27217，试样直径为 8mm，厚度为 2mm，要求 PAV 老化后残留沥青的 $G^* \cdot \sin\delta$ 不大于 5 000 kPa，$G^* \cdot \sin\delta$ 值越小沥青的抗疲劳性能越好，释放应力和裂缝自愈能力越好。试验结果如表 5-19所示。

表 5-19　剪切疲劳试验结果

Tab. 5-19　Test results of shear fatigue

试　　样	温度(℃)	复数剪切模量 G^*(kPa)	相位角 δ(°)	$G^* \cdot \sin\delta$(kPa)
复合改性沥青(2%胶粉)	28	1 220	40.5	792
	25	1 690	39.9	1 080
	22	2 260	39.4	1 430
复合改性沥青(4%胶粉)	28	957	38.7	599
	25	1 320	37.8	807
	22	1 760	37.1	1 060
A—70 基质沥青	28	3 420	45.5	2 440
	25	5 030	42.6	4 351
	22	7 730	40.8	4 790

掺加改性剂后，改性沥青压力老化后的疲劳性能与基质沥青的性能直接相关，因掺加改性剂后，改性剂会吸收部分软沥青质，出现分子间距增大、分子链内旋增加等性质发生改变的现象，剩余沥青相的各个组分比例也发生了较大改变。因此，对于老化后的疲劳性能，不同的改性剂需确定适宜的基质沥青以提高改性剂与基质沥青的相容性，从而获得疲劳性能良好的改性沥青。试验中的基质沥青为中海油生产的 A—70 沥青，从长期老化后的疲劳性能来看，该基质沥青体现出与胶粉、SBS、增塑剂有良好的相容性。从表 5-19 可知，SBS（4%）＋胶粉（2%或 4%）＋增塑剂（4%）复合式改性沥青有较好的疲劳性能，且随着胶粉掺量的增加，复合改性沥青的疲劳性能有所提高。

综上，SBS（4%）＋胶粉（2%或 4%）＋增塑剂（4%）复合式改性沥青均具有较好的高温性能（高温等级、黏度、力学性能）和疲劳性能，总体上看胶粉掺量为 4%时的高温和疲劳性能要略好于掺量为 2%时的高温和疲劳性能。

5.3.5 低温性能试验评价

美国 SHRP 沥青结合料路用性能规范为评价沥青胶结料的低温性能，提出了用弯曲流变仪（Bending Beam Rheometer，简称 BBR）进行小梁弯曲蠕变试验。试验所用沥青需先经过薄膜老化，再经过压力老化。BBR 主要由简支梁弯曲蠕变装置、加载设施、计算机控制及数据采集系统、保温槽 4 个单元组成。小梁试件需用的专门的试模制作，尺寸为 101.6mm（长）×12.7mm（宽）×6.4mm（高）。在 BBR 试验中，有两个重要参数值，即蠕变劲度 S 和蠕变速率 m，蠕变劲度 S 是测量沥青抵抗恒载的能力，是反映其低温抗裂性能得重要指标；蠕变速率 m 是测量加载后沥青劲度变化的速率。SHRP 胶结料规范和 Superpave 设计体系要求 60s 的蠕变劲度不超过 300MPa，同时劲度变化的速率 m 值要求不小于 0.3。试验结果如表 5-20、表 5-21 所示。

表 5-20　复合改性沥青弯曲蠕变试验结果（2%胶粉）

Tab. 5-20　Test results of bending creep of composite modified asphalt（2%crumb rubber）

温度（℃）	时间（s）	竖向应力（mN）	蠕变劲度（MPa）	蠕变速率
−10	60	1015	37.8	0.424
−16	60	991	182	0.379
−22	60	995	315	0.278

SHRP 研究认为，若沥青材料的劲度太大，则呈现脆性，路面容易开裂破坏，m 值越大，意味着温度下降时使路面产生收缩时的拉应力越小，低温开裂的可

能性也就随越小。从表5-20和表5-21可知，按美国SHRP计划中PG分级评价标准，SBS(4%)+胶粉(2%)+增塑剂(4%)复合式改性沥青的低温等级为PG-16℃，SBS(4%)+胶粉(4%)+增塑剂(4%)复合式改性沥青的低温等级为PG-22℃。

表5-21 复合改性沥青弯曲蠕变试验结果(4%胶粉)

Tab.5-21 Test results of bending creep of composite modified asphalt(4%crumb rubber)

温度(℃)	时间(s)	竖向应力(mN)	蠕变劲度(MPa)	蠕变速率
−10	60	996	109	0.535
−16	60	984	168	0.415
−22	60	990	291	0.320

由动态剪切试验和小梁弯曲蠕变试验结果综合分析可知，推荐的抗裂夹层沥青材料为SBS(4%)+胶粉(4%)+增塑剂(4%)复合改性沥青，且根据美国SHRP计划中PG分级评价标准，该复合改性沥青为PG82−22，这一等级足以保证其应用于南方湿热地区的可靠性，且考虑到抗裂夹层材料一般用在层间，−22℃的低温性能也可以满足北方大部分寒冷地区。

5.4 抗裂夹层材料组成设计

矿料级配设计是抗裂夹层材料设计的重要部分，合理的矿料级配对提高抗裂夹层材料的路用性能具有重要意义。目前国内外没有一套完整的抗裂夹层材料级配设计方法，因此，研究抗裂夹层材料级配设计方法具有十分重要的意义。

5.4.1 粗、细集料分界筛孔及级配范围确定

抗裂夹层材料粗集料应采用碱性石灰岩、玄武岩或辉绿岩等，集料性能应参照高速公路和一级公路表面层粗集料的性能要求，抗裂夹层材料细集料应采用洁净、干燥、无风化和无杂质的天然砂、机制砂或石屑等，矿粉应采用干燥、洁净，且能自由从矿粉仓流出的石灰岩或岩浆岩矿粉。

抗裂夹层的级配设计可参照沙庆林院士提出的SAC级配设计方法，并结合抗裂夹层材料的特点进行优化。SAC级配设计方法中粗、细集料的分界筛孔为4.75mm，其粗集料(即粒径>4.75mm)含量占60%以上，SAC级配包括用于基层、下面层、中面层和上面层的SAC-30、SAC-25、SAC-16、SAC-13和SAC-10，可有效提高路面的高温抗永久变形能力。抗裂夹层材料最大公称粒径一般为

9.5mm,因此继续选用4.75mm作为粗、细集料分界筛孔不科学。在沥青混合料中,粗集料是指粒径大于2.36mm的碎石,且贝雷法规定以0.22倍最大公称粒径作为粗、细集料分界筛孔,即0.22×9.5≈2.36mm,因此选用2.36mm作为抗裂夹层级配粗、细集料分界筛孔更合理(即大于2.36mm的颗粒称粗集料,小于2.36mm的颗粒称细集料)。粗集料可以筛分成9.5～4.75mm和4.75～2.36mm共2个等级,细集料可以筛分成2.36～1.18mm、1.18～0.6mm、0.6～0.3mm、0.3～0.15mm和0.15～0.075mm共5个等级。

长安大学综合考虑我国道路工程的特点,借鉴我国AC-5和美国KOCH材料公司提出的应力吸收层级配范围,并根据我国已建工程的实际经验,确定了适用于我国抗裂夹层材料的级配范围,抗裂夹层材料级配范围如表5-22所示,可供参考。

表5-22 抗裂夹层材料级配范围

Tab. 5-22 Gradation scope of cracking resistant layer

粒径(mm)	9.5	4.75	2.36	1.18	0.6	0.3	0.15	0.075
通过率(%)	100	80～100	65～85	45～65	30～50	15～30	8～18	7～12

5.4.2 路面抗裂夹层材料级配设计方法

参照沙庆林院士提出的SAC级配设计方法,抗裂夹层材料矿料级配设计分粗集料和细集料各个筛孔通过率的设计,所用的基本方程如式(5-1)所示。

$$P_{di} = A\left(\frac{d_i}{D_{max}}\right)^B \tag{5-1}$$

式中:D_{max}——公称最大粒径或实际最大粒径,mm;

d_i——某筛孔尺寸,mm;

P_{di}——筛孔尺寸d_i的通过率,%;

A、B——未知数。

由于式(5-1)中有两个未知数,要解这两个未知数必须建立两个联立方程。设计抗裂夹层材料粗、细集料各个筛孔的通过率需要有3个控制点:一个是D_{max}的通过率为100%,第二个是2.36mm的通过率,第三个是0.075mm的通过率。

1)粗集料通过率设计

抗裂夹层材料矿料级配粗集料设计中,其最大公称粒径D_{max}=9.5mm,第一个控制点D_{max}通过率为100%,取第二个控制点2.36mm通过率为70%,根据式(5-1)联立两个方程为式(5-2)和式(5-3)。

$$100 = A\left(\frac{9.5}{9.5}\right)^B \tag{5-2}$$

$$70 = A\left(\frac{2.36}{9.5}\right)^B \tag{5-3}$$

根据式(5-2)和式(5-3)得：

$$\left.\begin{array}{l} B = 0.2561 \\ A = 100 \end{array}\right\}$$

由此得计算粗集料各个筛孔通过率的方程式(5-4)。

$$P_{di} = 100\left(\frac{d_i}{9.5}\right)^{0.2561} \tag{5-4}$$

2)细集料通过率设计

抗裂夹层材料矿料级配细集料设计中，$D_{max}=2.36$mm，第一个控制点 2.36mm的通过率与粗集料的第二个控制点 2.36mm 的通过率相同，为 70%；第二个控制点 0.075mm 通过率取 8%，根据式(5-1)联立两个方程为式(5-5)和式(5-6)。

$$70 = A\left(\frac{2.36}{2.36}\right)^B \tag{5-5}$$

$$8 = A\left(\frac{0.075}{2.36}\right)^B \tag{5-6}$$

根据式(5-5)和式(5-6)得：

$$\left.\begin{array}{l} B = 0.6289 \\ A = 70 \end{array}\right\}$$

由此可得计算细集料各个筛孔通过率的方程式为式(5-7)。

$$P_{di} = 70\left(\frac{d_i}{2.36}\right)^{0.6289} \tag{5-7}$$

用上述公式可计算得抗裂夹层材料粗集料和细集料各个筛孔的通过率，结果如表 5-23 所示。

表 5-23　抗裂夹层材料级配设计

Tab. 5-23　Gradation design of cracking resistant layer

粒径(mm)	9.5	4.75	2.36	1.18	0.6	0.3	0.15	0.075
通过率(%)	100	83	70	45	30	19	12	8

由表 5-23 中数据可知，抗裂夹层材料的矿料级配满足表 5-22 的要求，可以作为抗裂夹层材料级配使用。在抗裂夹层材料矿料级配设计过程中，可根据实际工程需要，调整 3 个关键筛孔的通过率，设计出满足工程需要的矿料级配。

5.4.3 抗裂夹层材料级配检验方法

抗裂夹层材料的级配检验方法可采用贝雷法和 VCA_{DRF} 法，VCA_{DRF} 级配检验方法的基本原理是粗集料骨架间的空隙恰好被细集料、填料和沥青填满，同时保留部分孔隙率(抗裂夹层材料孔隙率一般为 0.5%～1.5%)；贝雷法是美国伊利诺州交通部 Robert Bailey 发明的一套完整的级配设计和检验的方法，贝雷法级配检验不仅适用于采用贝雷法设计出的级配，而且还可用于非贝雷法级配设计的验证。以下主要介绍采用贝雷法对表 5-23 所述抗裂夹层材料设计级配的合理性进行验证。

检验的 3 个参数，即 CA 比、FA_c 比和 FA_f 比，贝雷法 3 个参数计算过程中，D 表示公称最大粒径；PCS 为第一控制筛孔，一般取 0.22 倍公称最大粒径最接近筛孔，即 $PCS=D\times0.22$；SCS 为第二控制筛孔，$SCS=PCS\times0.22$；TCS 为第三控制筛孔，$TCS=SCS\times0.22$。

1)CA 比

CA 比是表征粗集料内比例组成的参数，反映了粗集料中大粒径颗粒与 $D/2$～PCS 粒径颗粒之间的均衡关系，这种均衡关系将影响沥青混合料的压实性能和路用性能。当 CA 比在 0.4～0.8 时，粗集料可以形成嵌挤或骨架。CA 比的计算见式(5-8)。

$$CA=\frac{P_{D/2}-P_{PCS}}{100-P_{D/2}} \tag{5-8}$$

式中：$P_{D/2}$——$D/2$ 粒径的通过百分率(D 为公称最大粒径)；

P_{PCS}——第一控制筛孔的通过百分率。

抗裂夹层材料设计级配中，公称最大粒径 $D=9.5\text{mm}$，$D/2=4.75\text{mm}$，$PCS=9.5\times0.22\approx2.36\text{mm}$，查表 5-23 得 $P_{D/2}=83\%$，$P_{PCS}=70\%$，由此计算得到 CA 比为：

$$CA=\frac{83-70}{100-83}=0.765\in(0.4,0.8)$$

2)FA_c 比

贝雷法把细集料重新看成一种混合料，将其分成粗、细两部分集料，粗集料形成的空隙由细集料进行填充。FA_c 比反映了这部分集料中粗集料与细集料的嵌挤和填充情况，贝雷法要求 FA_c 比介于 0.3～0.5。FA_c 比的计算见式(5-9)。

$$FA_c=\frac{P_{SCS}}{P_{PCS}} \tag{5-9}$$

式中：P_{SCS}——第二控制筛孔通过百分率。

由上述可知，$PCS=2.36\text{mm}$，$SCS=0.22\times2.36\approx0.6\text{mm}$，查表 5-23 可知，$P_{PCS}=70\%$，$P_{SCS}=30\%$，由此计算得到 FA_c 比为：

$$FA_c=\frac{30}{70}=0.428\in(0.3,0.5)$$

3）FA_f 比

FA_f 比表征合成级配中最细一级料的嵌挤情况，与 FA_c 相似，其值的大小影响沥青混合料的体积特性，对于一般密集配沥青混合料而言，FA_f 比应小于 0.5。FA_f 比计算见式（5-10）。

$$FA_f=\frac{P_{TCS}}{P_{SCS}} \tag{5-10}$$

式中：P_{TCS}——第三控制筛孔的通过百分率。

由上述可知，$SCS=0.6\text{mm}$，$TCS=0.22\times0.6\approx0.15\text{mm}$，查表 5-23 可知，$P_{SCS}=30\%$，$P_{TCS}=12\%$，由此计算得到 FA_f 比为：

$$FA_f=\frac{12}{30}=0.4\in(0,0.5)$$

由上述贝雷法计算结果可知，设计的抗裂夹层材料级配满足要求，可以作为抗裂夹层材料矿料级配使用。当设计级配不满足要求时，可以采用设计→验证→修正→设计的方法进行级配调整，以期得到满足工程需要的合理级配。

5.4.4　抗裂夹层材料沥青用量分析

抗裂夹层材料最佳油石比确定试验主要为美国 Superpave 旋转压实（SGC）试验方法，一般不采用马歇尔（Marshall）试验方法。抗裂夹层材料最佳油石比也可通过调整目标孔隙率等体积指标，归纳出适用于抗裂夹层材料最佳油石比计算的经验公式，以期用数学计算方法得到抗裂夹层材料最佳油石比。这里主要介绍采用旋转压实试验方法如何确定最佳油石比。

1）SGC 试验设备

Superpave 旋转压实仪，主要包括以下几个部分：反力架、旋转基座和电动机、加载系统、加载压头和压力表、高度测量和记录系统、试模和基座，如图 5-18 所示。

反力架是一个刚性构件，压实试件时，推动加载压头；旋转压实机底座可以旋转，安装在加载框架上，压实时支撑试模；旋转压实仪使用的试模，内径为 150mm，高度为 250mm，试模安装在基座上，在压实时基座对试模起限制作用；反力轴承把试模的压实角控制在 1.25°，电动机以 30r/min 的恒定速率驱动旋转基座；由液压或机械系统给加载压头施加 600kPa 的压力，加载压头将压力传递

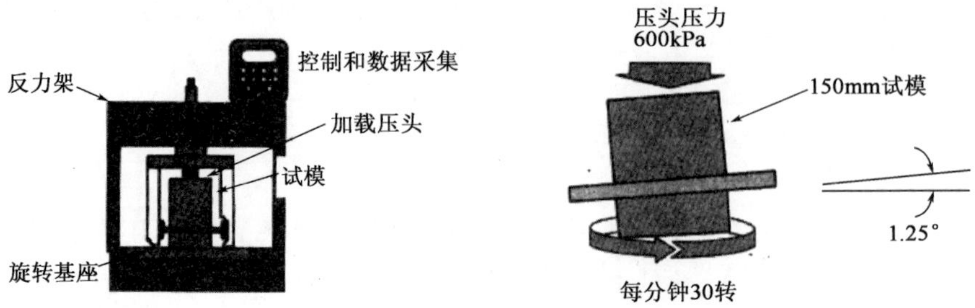

图 5-18 旋转压实仪工作参数示意图

Fig. 5-18 Diagram for running parameters of Superpave gyratory compactor

到试件上，压实试件。

2）抗裂夹层材料技术指标

抗裂夹层材料设计压实次数选择为 $N_{设计}=50$ 次，测定在设计压实次数下试件的体积性能，抗裂夹层材料技术指标如表 5-24 所示。

表 5-24 抗裂夹层材料技术指标

Tab. 5-24 Qualification of cracking resistant layer

技术指标	沥青含量(%)	孔隙率(%)	矿料间隙率(%)	沥青饱和度(%)
指标范围	$N_{设计}=50$	$N_{设计}=50$	$N_{设计}=50$	$N_{设计}=50$
	≥7.0	0.5～1.5	≥18	≥85

3）抗裂夹层胶结料拌和与压实温度确定

抗裂夹层材料油石比较大，一般大于 7.0%，研发的抗裂夹层复合改性沥青材料，其流变特性随温度变化很敏感。因此，采用布氏旋转黏度仪测试复合改性沥青的黏度，测试温度分别为 135℃、145℃、155℃、165℃、175℃，试验结果如表 5-25 所示，建立黏度—温度坐标系，两者的线性关系回归关系为：$y=-0.0474x+8.5741$，相关系数 $R^2=0.9152$。

表 5-25 布氏旋转黏度仪测试结果

Tab. 5-25 Result of brinell rotating viscometer

温度(℃)	135	145	155	165	175
黏度(Pa·s)	2.45	1.51	1.01	0.69	0.491

《公路工程沥青及沥青混合料试验规程》(JTG E-20—2011)中注明，当使用石油沥青时，宜以黏度为 0.17Pa·s±0.02Pa·s 时的温度作为拌和温度范围；以 0.28Pa·s±0.03Pa·s 时的温度作为压实成型温度范围，利用黏度和温度的

线性关系计算，沥青胶结料拌和与压实温度温度范围如表 5-26 所示。抗裂夹层材料拌和温度宜选择 177℃，压实温度宜选择 175℃。

表 5-26　沥青胶结料拌和与压实温度温度范围

Tab. 5-26　Range of mixing and compaction temperatures for asphalt binder

参　数	拌和温度范围			压实温度范围		
黏度(Pa·s)	0.15	0.17	0.19	0.25	0.28	0.31
温度(℃)	177.7	177.3	176.9	175.6	175.0	174.3

4）SGC 最佳油石比确定

（1）试验准备

根据美国 SHRP 沥青混合料设计指南和抗裂夹层材料油石比数学计算方法结果，选择 4 组油石比：6.5%、7.0%、7.5%、8.0%，每组沥青混合料配料 3 份，每份重约 4 800g。

（2）试验步骤

①将各档集料分开盛放，并置于温度为 105℃±5℃烘箱中烘 4～6h，直至恒重。

②将烘干的各档集料，按计算结果称取质量，在金属容器中混合均匀，矿粉单独放置，然后分别将集料置于 180℃，沥青置于 177℃的烘箱中备用。

③将加热至试验温度的集料置于沥青混合料拌和机中，用小铲适当混合，然后加入沥青，开动拌和机拌和 1～1.5min，暂停拌和，加入矿粉，继续拌和至均匀，拌和总时间为 3min。

④将拌好的沥青混合料，用小铲适当拌和均匀，加入已预热的试模中，应在试模底部和顶部分别放入一张吸油性小的纸，并用插刀沿周边插捣 15 次，中间插捣 10 次，将表面整平后置于旋转压实仪上。

⑤将旋转压实仪旋转角、垂直压力、旋转速率和旋转次数设置至设计值，开启旋转压实仪成型试件。

⑥刚制作完成的热试件不宜马上脱模，需在室温下适当冷却，冷却时间一般为 5～10min，脱模后将试件静置 24h 即可进行性能试验。

（3）SGC 最佳油石比确定

抗裂夹层材料设计压实次数为 $N_{设计}=50$ 次，测定在压实次数下试件的体积性能，从而确定最佳油石比。四种不同油石比下抗裂夹层材料的压实特性和体积特性如表 5-27 所示。

表 5-27 不同油石比下抗裂夹层材料体积特性

Tab. 5-27 Volume features of cracking resistant layer under different asphalt-aggregate ratio

油石比(%)	旋转压实 50 次		
	空隙率(%)	矿料间隙率(%)	沥青饱和度(%)
6.5	2.1	18.4	88.6
7.0	1.4	19.6	92.9
7.5	1.1	20.2	94.6
8.0	0.6	20.9	97.1

分析表 5-26 可知，在不同沥青含量下，矿料间隙率和沥青饱和度均满足抗裂夹层材料技术指标要求，在 $N_{设计}$ 下孔隙率技术要求为：0.5%～1.5%，抗裂夹层材料目标空隙率按技术要求取中值，即按 1.0%进行设计，确定最佳油石比为 7.6%。确定最佳油石比后，还需对最佳油石比条件下的抗裂夹层材料开展高低温性能、水稳定性的验证，如果各项性能指标满足要求，则确定其为最佳油石比，否则重新调整级配进行设计。

5.5 主要指标性能及经济效益分析

1)主要指标性能

根据上述试验结果，研发的抗裂夹层沥青材料主要指标性能以及与科氏 STRATA 应力吸收层沥青材料技术要求的比较如表 5-28 所示。

表 5-28 抗裂夹层沥青结合料主要指标性能

Tab. 5-28 Qualification of asphalt binder of cracking resistant layer

指标		单位	技术指标性能	科氏 STRATA 应力吸收层技术要求
针入度(25℃,100g,5s)		0.1mm	56.7	≥70
延度(5℃,5cm·min^{-1})		cm	52.8	≥50
软化点 $T_{R\&B}$		℃	66.8	≥65
60℃黏度		Pa·s	1 190	—
弹性恢复(25℃)		%	94	≥80
PG 分级不小于		—	PG82-22	PG76-28
旋转薄膜烘箱试验(RTFOT)的残留物	延度(5℃,5cm·min^{-1})	cm	39.7	≥35
	弹性恢复(25℃)	%	90	≥75
	质量损失	%	0.70	≤1.0

从表5-28可以看出，研发的抗裂夹层沥青材料路用性能优于美国科氏公司的STRATA应力吸收层特种沥青材料，尤其是高温性能、弹性恢复、黏度等指标，只是由于研发材料采用的基质沥青是A－70，美国科氏公司的STRATA应力吸收层特种沥青一般采用90号或110号沥青进行改性，所以研发的沥青材料针入度和低温等级略低于STRATA应力吸收层的沥青材料，但这并不影响研发材料的应用及总体上的技术优势。

2)经济效益分析及应用前景

目前国内使用的抗裂夹层沥青主要是美国科氏公司的STRATA应力吸收层特种沥青，但其价格昂贵，在一定程度上限制了抗裂夹层技术的推广和应用，研发的复合改性沥青材料具有明显的价格优势，按目前改性剂及改性沥青加工的市场价估算，每吨价格约为6 400元，较国内使用的STRATA应力吸收层特种沥青可节约成本约15%，有一定的价格优势。对研发的抗裂夹层沥青材料进行级配设计，以旋转压实方法成型试件，以孔隙率、矿料间隙率、沥青饱和度等作为评价指标，抗裂夹层沥青混合料的最佳油石比为7.6%，而STRATA应力吸收层沥青混合料最佳油石比为9%左右，油石比可减少15.6%，可大大节约成本。

研发的适用于刚柔复合式路面抗裂夹层的复合改性沥青材料，已列入应用和研究计划，并申请了2012年湖南省交通科技项目：高速公路路面改扩建设计与施工控制技术研究(项目合同编号：201253)，该项目依托国家863计划—现代交通技术领域—交通基础设施建养技术项目：南方高速公路改扩建技术开发与应用示范课题任务(课题编号：2012AA112504)，是第3子题“高速公路路面改扩建设计与施工控制技术研究”中“水泥路面改建设计与施工控制技术”的主要内容。拟通过上述应用和研究，在湖南省耒宜、潭邵、衡枣、邵怀、益常等多条高速公路旧水泥路面的改造工程中进行推广。

未来15年，我国还将新建130万公里普通公路，近4万公里国家高速公路和数万公里地方高速公路，且每年还有近万公里高速公路的大中修改造。因此，该材料的应用前景广阔，潜在的社会、经济效益显著。

5.6　本章小结

目前对刚柔复合式路面层间沥青材料的研究还不够系统和全面，对层间沥青材料的路用性能进行系统研究，提出适宜的层间沥青材料有重要意义。本章的主要结论如下：

(1)作为层间黏结材料改性沥青的性能明显要优于基质沥青,改性沥青用做层间材料时,其长期老化后的疲劳性能与基质沥青的性能直接相关,不同的改性剂需确定适宜的基质沥青以提高改性剂与基质沥青的相容性,以便获得良好的疲劳性能。

(2)对于层间喷洒式结构,采用单一改性沥青时,层间黏结材料推荐 SBS 改性沥青,采用胶粉(CR)与 SBS 复合改性沥青时,推荐 CR(8%)+SBS(3.5%)复合改性沥青。

(3)针对刚柔复合式路面易出现反射裂缝的问题,研发了一种适用于刚柔复合式路面层间抗裂夹层的复合改性沥青材料,改性剂由 SBS、胶粉、增塑剂组成。

(4)由室内试验结果及研究分析可知,推荐的抗裂夹层沥青材料为 SBS(4%)+胶粉(4%)+增塑剂(4%)复合改性沥青,该材料具备低温延度高、高温性能好、弹性恢复功能强等优势(2014 年 6 月获国家发明专利,专利号:ZL 2012 10330641.4,作者为第一发明人)。

(5)以旋转压实方法成型试件,以孔隙率、矿料间隙率、沥青饱和度等作为评价指标,确定出抗裂夹层沥青混合料的最佳油石比为 7.6%。

第6章　CRC+AC复合式路面纵向配筋设计与施工技术

CRC+AC复合式路面结构具有耐久性好、行车舒适平顺、施工进度快和极少养护等优点，从长期使用性能来看，经济性也很好。CRC+AC复合式路面能充分满足重载交通条件下路面结构的耐久性要求，是我国重载交通长寿命路面结构的发展方向。修筑CRC+AC复合式路面也能充分利用我国相对丰富的水泥、粉煤灰、砂石等材料，促进当地经济发展并减少对石油资源的依赖。纵向配筋是修筑CRC+AC复合式路面的关键技术，也是CRC+AC复合式路面前期投资成本较高和制约其在我国推广应用的主要原因，进行CRC+AC复合式路面配筋率的研究与分析，对CRC+AC复合式路面的推广应用和合理设计有一定的意义，也可为公路水泥混凝土路面设计规范的重新修订提供参考。

6.1　现行方法存在的问题及控制指标分析

6.1.1　存在的问题

2011年12月1日开始实施的《公路水泥混凝土路面设计规范》(JTG D40—2011)相比原规范在连续配筋混凝土路面纵向配筋率设计的相关内容上做了较大修改，但仍然没有CRC+AC复合式路面的配筋设计方法。

CRC+AC复合式路面的配筋设计是保证其使用寿命的重要因素之一，配筋率主要与气候环境和材料特性等因素有关。目前的应用研究和规范一直按CRCP(连续配筋混凝土路面)的配筋设计方法对CRC+AC复合式路面进行配筋设计，未考虑AC层的影响，其结果必定与实际情况存在着一定的偏差。实际上，由于AC层的影响，CRC+AC复合式路面的配筋率可低于普通连续配筋混凝土路面，但低多少还需要进一步研究。

6.1.2　控制指标分析

CRC+AC复合式路面是连续配筋混凝土弹性薄板上加铺沥青混合料弹性

层的复杂结构，目前，国内外对 CRC＋AC 复合式路面配筋率的研究还不够完善，现行规范只有连续配筋混凝土路面的配筋设计方法，规范指出：CRCP 的纵向钢筋应采用螺纹钢筋，其直径宜为 12～20mm，距面层顶面不应小于 90mm；间距不大于 250mm，不小于集料最大粒径的 2.5 倍，边缘钢筋至纵缝或自由边的距离一般为 100～150mm；横向裂缝的平均间距不大于 1.8m，钢筋埋置深度处缝隙平均宽度不大于 0.5mm；纵向配筋率根据交通等级宜为 0.6%～1.0%，冰冻地区路面的配筋率宜高于一般地区 0.1%。

纵向钢筋配筋率设计，主要考虑对横向裂缝缝隙宽度、横向裂缝间距、裂缝传荷能力、钢筋所承受的拉应力以及板边冲断进行控制，最主要是对裂缝缝隙宽度的控制。规范中连续配筋混凝土路面纵向配筋的设计指标实际上是参照了美国 AASHTO 的极限准则，限制裂缝间距是为了减小剥落与冲断破坏发生的可能性；限制裂缝宽度是为了防止剥落和渗水；限制钢筋应力是为了防止钢筋被拉断破坏。

CRCP 允许产生横向随机裂缝，是一种有初始缺陷的结构，CRC 板的主要破坏形式为横向裂缝和冲断（Pounchout），可以通过合理的配筋设计来控制横向裂缝和冲断破坏。冲断破坏是在横向裂缝间距较小的情况下，位于裂缝两侧的混凝土板在裂缝间隙逐渐扩大并丧失传荷能力后形成窄板，在行车荷载和温度的综合作用下，窄板受到较大的弯曲应力，弯曲应力的重复作用引起窄板的纵向疲劳断裂。CRC 板横向裂缝间距过小和冲断破坏示意如图 6-1 所示。

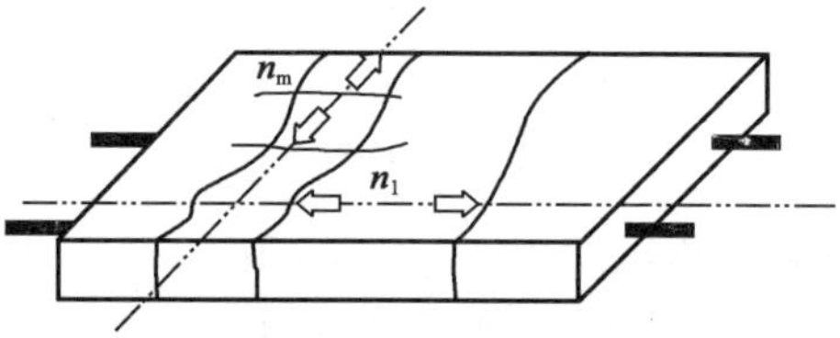

图 6-1　CRC 板横向裂缝间距过小和冲断破坏示意图

Fig. 6-1　Transverse crack spacing being too small and pounchout damage

连续配筋混凝土路面由于混凝土的收缩变形为钢筋所约束，会产生微小裂纹，这种微小的裂缝不至于破坏路面的整体连续性和行车的平稳性，如同无缝的路面一样，路表雨水也不易渗入。对于 CRC＋AC 复合式路面，连续配筋混凝土层与沥青层之间一般会喷洒沥青质黏结材料，再撒 40%～60%的单一粒径碎石，粒径为 13.2～16mm，沥青层厚度一般为 6～12cm。黏层结构和沥青层的存在决定了 CRC+AC 复合式路面不需要考虑剥落和渗水。

由于沥青层的存在，CRC 层的荷载应力和温度翘曲应力有一定的减小，所以在配筋率不大幅减少的情况下，出现冲断破坏的可能性较小。目前已通车的实体工程在运行过程中，也未见冲断破坏的迹象。可见，对于 CRC+AC 复合路面结构，纵向配筋设计重点考虑钢筋的拉断破坏。

6.2　规范设计方法分析及实例

6.2.1　现行规范设计方法分析

1）计算实例

以京港澳国家高速公路（G4）湘潭至耒阳段提质改造工程为例，路面结构层设计参数如表 6-1 所示，其他参数如下：纵向钢筋使用 ϕ16mm 的 HRB335，弹性模量 $E_S=2.0\times10^5$MPa，屈服强度 $f_{sy}=335$MPa，线膨胀系数 $\alpha_s=9.0\times10^{-6}$℃$^{-1}$，钢筋埋置深度 $\zeta=0.09$m；所用混凝土弯拉强度 $f_r=5.0$MPa，混凝土抗压强度 $f_c=42$MPa，混凝土抗拉强度 $f_t=3.22$MPa，混凝土重度 $\gamma_c=24$kN·m^{-3}，弹性模量 $E_C=3.1\times10^4$MPa，线膨胀系数 $\alpha_c=1.1\times10^{-5}$℃$^{-1}$，混凝土面层与基层摩阻系数 $\mu=8.9$；所在地区一年中最热月份日最高气温的月平均值与最冷月份日最低气温月平均值之差 $\Delta T_\zeta=30$℃。由《公路水泥混凝土路面设计规范》

表 6-1　路面结构层设计参数

Tab. 6-1　Design parameters of structure layer

路面结构层名称	20℃抗压模量（MPa）	15℃抗压模量（MPa）	劈裂强度（MPa）	回弹模量（MPa）	弯拉强度（MPa）	当量回弹模量（MPa）
SMA-13	1 400	1 800	1.6	—	—	—
AC-20C	1 200	1 700	1.0	—	—	—
连续配筋混凝土	—	—	—	—	—	—
旧水泥混凝土换板灌浆综合处治	—	—	—	23 000	3.0	800
旧水稳基层	1 000	1 000	—	—	—	150
旧水稳底基层	800	800	—	—	—	—
土基	—	—	—	—	—	40

(JTG D40—2011)表 3. 0. 10,取公路自然区划 IV 区的最大正温度梯度为 $T_g=88℃\cdot m^{-1}$,最大负温度梯度按 1/3 正温度梯度取值,$T_g=-88/3=-29.3℃\cdot m^{-1}$,公路自然区划 IV,$k_1=0.4$。年平均空气相对湿度 $\varphi_a=80\%$,混凝土水灰比 $W/C=0.4$,混凝土单位用水量 $\omega_0=1\,400N\cdot m^{-3}$。采用麻布养生,$a_1=1.0$,CRC 板厚 $h_c=0.18m$。

按现行规范的方法进行纵向配筋设计。

(1)计算横向裂缝间距

$$\varepsilon_{\infty}=a_1(1.51\times10^{-4}\omega_0^{2.1}f_c^{-0.28}+270)\times10^{-6}=4.845\times10^{-4}$$

$$\varepsilon_{sh}=\varepsilon_{\infty}(1-\varphi_a^3)=4.845\times10^{-4}(1-0.8^3)=2.364\times10^{-4}$$

$$\varepsilon_{t\zeta}=\alpha_c\Delta T_{\zeta}+\varepsilon_{sh}=1.1\times10^{-5}\times30+2.364\times10^{-4}=5.664\times10^{-4}$$

$$\beta_h=4.81h_c^2-5.42h_c+1.96=4.81\times0.18^2-5.42\times0.18+1.96=1.140$$

$$\varepsilon_{td}=-\alpha_c h_c\beta_h T_g+\varepsilon_{\infty}(0.245e^{-5.3k_1h_c})=1.472\times10^{-4}$$

$$\sigma_0=\frac{E_c\varepsilon_{td}}{2(1-\nu_c)}=\frac{31\,000\times1.472\times10^{-4}}{2(1-0.15)}=2.684MPa$$

混凝土板相对刚度半径 r:

$$D_c=\frac{E_ch_c^3}{12(1-\nu_c^2)}=\frac{31\,000\times0.18^3}{12(1-0.15^2)}=\frac{544.856}{11.73}=15.413MN\cdot m$$

$$r=1.21\left(\frac{D_c}{E_t}\right)^{1/3}=1.21\left(\frac{15.413}{800}\right)^{1/3}=0.324$$

$$t=\frac{1.29}{r}=3.981$$

$$\sinh(3.981)=\frac{\exp(3.981)-\exp(-3.981)}{2}=26.776$$

$$\cosh(3.981)=\frac{\exp(3.981)+\exp(-3.981)}{2}=26.795$$

$$C_L=1-\frac{\sinh t\cos t+\cosh t\sin t}{\cos t\sin t+\sinh t\cosh t}=0.960$$

初拟配筋率 0. 9%,先设 $L_d=0.736m$

$$c_1=0.577-9.50\times10^{-9}\frac{\ln\varepsilon_{t\zeta}}{\varepsilon_{t\zeta}^2}+0.198L_d\times(\ln L_d+3.67)=1.288$$

$$L_d=\frac{f_t-C\sigma_0\left(1-\frac{2\zeta}{h_c}\right)}{\frac{\mu\gamma_c}{2}+\frac{\sigma_{cg}\rho}{c_1d_s}}=0.732$$

$|L_d-L_{ds}|\leqslant 0.005$，满足要求。

(2)计算裂缝缝隙宽度

$$b_j=1000L_d\left(\varepsilon_{sh}+\alpha_c\Delta T_\zeta-\frac{c_2f_t}{E_c}\right)=0.456\leqslant 0.5\text{mm}$$

(3)纵向钢筋应力 σ_s 计算

$$\sigma_s=2f_t\frac{E_s}{E_c}-E_s[\Delta T_\zeta(\alpha_c-\alpha_s)+\varepsilon_{sh}]+\frac{0.234f_cL_d}{d_sc_1}$$
$$=331.34\text{MPa}\leqslant 335\text{MPa}$$

因此，初拟的纵向配筋率是合适的。

当 $\Delta T_\zeta=20$℃，其他参数不变，进行配筋设计，方法同上。

初拟配筋率 0.9%，先设 $L_d=0.860$m

$$c_1=0.577-9.50\times10^{-9}\frac{\ln\varepsilon_{t\zeta}}{\varepsilon_{t\zeta}^2}+0.198L_d\times(\ln L_d+3.67)=1.527$$

$$L_d=\frac{f_t-C_1\sigma_0\left(1-\frac{2\zeta}{h_c}\right)}{\frac{\mu\gamma_c}{2}+\frac{\sigma_{cg}\rho}{c_1d_s}}=0.864\text{m}$$

$|L_d-L_{ds}|\leqslant 0.005$，满足要求。

$$b_j=1\,000L_d\left(\varepsilon_{sh}+\alpha_c\Delta T_\zeta-\frac{c_2f_t}{E_c}\right)=0.463\leqslant 0.5\text{mm}$$

$$\sigma_s=2f_t\frac{E_s}{E_c}-E_s[\Delta T_\zeta(\alpha_c-\alpha_s)+\varepsilon_{sh}]+\frac{0.234f_cL_d}{d_sc_1}$$
$$=333.77\text{MPa}\leqslant 335\text{MPa}$$

因此，初拟的纵向配筋率是合适的。

2)存在的问题

(1)通过上述计算可知，为使钢筋应力和裂缝宽度满足要求，裂缝平均间距必须在 0.8m 左右，现行规范附录 D 的算例也存在同样的问题，算例中裂缝平均间距为 0.72m 时，缝隙平均宽度为 0.45mm，通过反复迭代和试算可知，为了使缝隙平均宽度满足要求(不超过 0.5mm)，裂缝平均间距不能超过 0.8m，这意味着有相当一部分横向裂缝的间距较小。而 AASHTO—2002 中 Pounchout 相关因素的统计结果表明：Pounchout 发生在横向裂缝间距为 30～60cm 的占了 65%。

说明现行规范中缝隙平均宽度的计算公式不够科学和合理。

(2)通过上述计算可知，最大温差(ΔT_{ζ})为 30℃和 20℃时，纵向配筋率没有变化。可见，现行规范的配筋设计对温度效应考虑不够全面，与实际不符。

(3)规范指出：CRCP 的纵向钢筋距面层顶面不应小于 90mm，最大深度不应大于 1/2 面层厚度，当面层厚度为 18cm 时，纵向钢筋的埋置深度 ζ 只能为 9cm，此时横向裂缝间距的计算公式中 $C_1\sigma_0(1-2\zeta/h_C)$ 部分将为 0，通过试算该部分的值对计算结果影响很大。上述算例中如果埋置深度从 9cm 变为 8.2cm，配筋率将从 0.9%减为 0.83%，因此，现行规范中横向裂缝间距的计算公式存在问题。

(4)通过上述计算可知，纵向配筋率需达到 0.9%才能满足要求，而路面结构和气候条件基本相同的情况下，京港澳国家高速公路(G4)长沙至湘潭段改造时纵向配筋率为 0.6%，从 2003 年完成改造以来使用效果良好。可见，现行规范的设计过于保守。

考虑到京港澳国家高速公路(G4)长沙至湘潭段改造时是按旧规范(02 版)为依据进行的纵向配筋设计，且该路通车以来交通量大、重车多，但实际使用效果良好，也受到了社会各界的广泛好评和关注，建议仍按旧规范(02 版)为依据进行纵向配筋设计。

6.2.2 旧规范(02 版)设计方法分析

按旧规范(02 版)的方法进行京港澳国家高速公路(G4)湘潭至耒阳段提质改造工程的纵向配筋设计，参数同上，按规范式(E.0.2-3)，混凝土温缩应力系数为：

$$\lambda_c = \frac{f_t}{E_c(\alpha_c \Delta T + \varepsilon_{sh})} = 0.196$$

初拟配筋率 $\rho=0.6\%$，按规范式(E.0.2-2)，计算钢筋贡献率 φ：

$$\varphi = \rho \frac{E_s}{E_c} = 0.0387$$

由 $\lambda_c=0.196$ 和 $\varphi=0.0387$，查规范图 E.0.2(图 6-2)，得 $b=6.18$。

根据 $\varphi=0.0387$，$b=6.18$，查规范图 E.0.4(图 6-3)，得钢筋温度应力系数 $\lambda_{st}=4.11$。

按规范式(E.0.4)计算钢筋应力为：

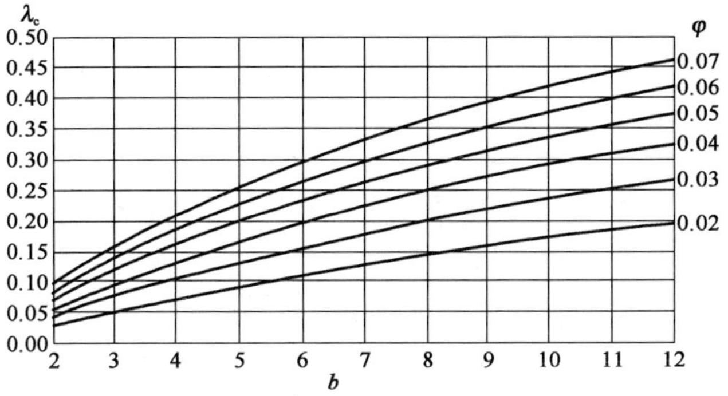

图 6-2　不同 φ 值时系数 b 与 λ_c 的关系曲线

Fig. 6-2　Relation curve of b and λ_c under different φ

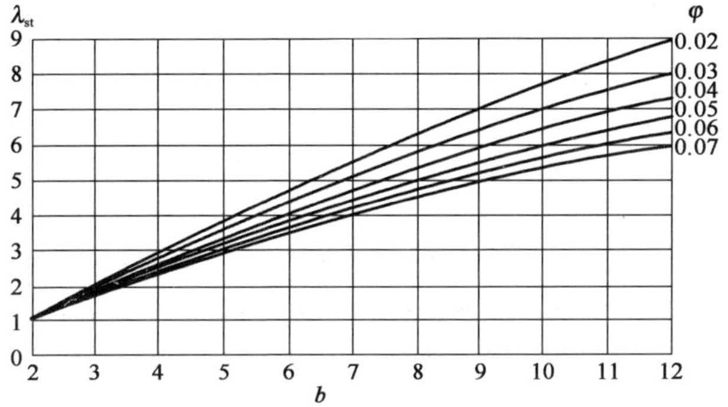

图 6-3 不同 φ 值时系数 b 与 λ_{st} 的关系曲线

Fig. 6-3　Relation curve of b and λ_{st} under different φ

$$\sigma_s = E_s(\alpha_c \Delta T \lambda_{st} + \alpha_s \Delta T) = 325.26\text{MPa} < f_{sy} = 335\text{MPa}$$

按规范式(E. 0. 2-1)，横向裂缝平均间距为：

$$L_d = \frac{2b}{\sqrt{\frac{4k_s}{d_s E_s}(1+\varphi)}} = 1.918\text{m}$$

满足横向裂缝间距 1. 0～2. 5m 的要求。

根据 φ=0. 038 7，b=6. 18，查规范图 E. 0. 3，得裂缝宽度系数 λ_b=0. 83。

按规范式(E. 0. 3)，裂缝缝隙宽度为：

$$b_j = (\alpha_c \Delta T + \varepsilon_{sh})\lambda_b L_d = 0.844\text{mm} < 1\text{mm}$$

因此，初拟的纵向配筋率是合适的。

从上述计算过程可知，纵向配筋的设计主要取决于钢筋和混凝土的材料参数及所在地区的日平均最高气温与最低气温之差 ΔT，CRC＋AC 复合路面结构与 CRCP 结构的纵向配筋设计因 ΔT 的存在会有所不同。由于 AC 层的存在，ΔT 相应减少，CRC 层的配筋率也可以相应减少。

6.3 基于沥青层温度效应的纵向配筋设计方法

CRC＋AC 复合式路面的配筋设计是保证其使用寿命的重要因素之一。由于 AC 层的温度效应会使 CRC＋AC 复合式路面结构与 CRCP 结构的配筋设计有所不同，需要研究 AC 层的温度效应对配筋率的影响规律。

CRC＋AC 复合式路面结构的计算模型示意及主要参数取值如第二章 2.1 节所述，温度场参数同表 2-1 所示。

6.3.1 AC 层的温度效应

取某地区高温季节和低温季节 1 天 24h 的实测代表性气温，如表 6-2、表6-3 所示。

表 6-2 某地区高温季节 1 天 24h 的实测代表性气温

Tab. 6-2 Measured representative temperatures of a certain area during high temperature season within a 24-hour cycle

时刻	气温(℃)	时刻	气温(℃)	时刻	气温(℃)	时刻	气温(℃)
0.5	28.2	6.5	27.6	12.5	37.8	18.5	35.1
1.0	27.6	7.0	28.4	13.0	38.3	19.0	34.4
1.5	27.2	7.5	29.2	13.5	38.4	19.5	33.8
2.0	26.7	8.0	30.2	14.0	38.6	20.0	33.3
2.5	26.3	8.5	31.7	14.5	38.5	20.5	32.8
3.0	26.1	9.0	32.2	15.0	38.3	21.0	32.2
3.5	25.8	9.5	33.2	15.5	38.1	21.5	31.6
4.0	25.7	10.0	34.2	16.0	37.6	22.0	31.1
4.5	25.8	10.5	35.2	16.5	37.2	22.5	30.5
5.0	26.1	11.0	36.0	17.0	36.6	23.0	29.8
5.5	26.5	11.5	36.7	17.5	36.2	23.5	29.3
6.0	27.0	12.0	37.4	18.0	35.5	24.0	28.8

表 6-3　某地区低温季节 1 天 24h 的实测代表性气温

Tab. 6-3　Measured representative temperatures of a certain area during low temperature season within a 24-hour cycle

时刻	气温(℃)	时刻	气温(℃)	时刻	气温(℃)	时刻	气温(℃)
0.5	−0.9	6.5	−2.6	12.5	0.2	18.5	−0.5
1.0	−1.0	7.0	−2.4	13.0	0.6	19.0	−0.5
1.5	−1.0	7.5	−2.2	13.5	1.0	19.5	−0.6
2.0	−1.1	8.0	−2.2	14.0	0.7	20.0	−0.6
2.5	−1.3	8.5	−1.7	14.5	0.6	20.5	−0.6
3.0	−1.5	9.0	−1.5	15.0	0.5	21.0	−0.7
3.5	−1.8	9.5	−1.2	15.5	0.3	21.5	−0.7
4.0	−2.3	10.0	−1.1	16.0	0.3	22.0	−0.8
4.5	−2.8	10.5	−1.0	16.5	0.0	22.5	−0.8
5.0	−3.1	11.0	−0.6	17.0	−0.2	23.0	−0.8
5.5	−3.5	11.5	−0.2	17.5	−0.4	23.5	−0.9
6.0	−3.4	12.0	0.0	18.0	−0.4	24.0	−0.9

1)AC 层在高温季节的影响效应

为分析 AC 层在高温季节的影响效应，计算连续变温条件下(表 6-2)，沥青层厚度对 CRC 层顶面最高温度的影响效应，计算云图如图 6-4 所示，无沥青层时，CRC 层顶面最高温度为 51.0℃，沥青层厚度为 4～14cm 时，CRC 层顶面的最高温度与 AC 层厚度的关系如图 6-5 所示。

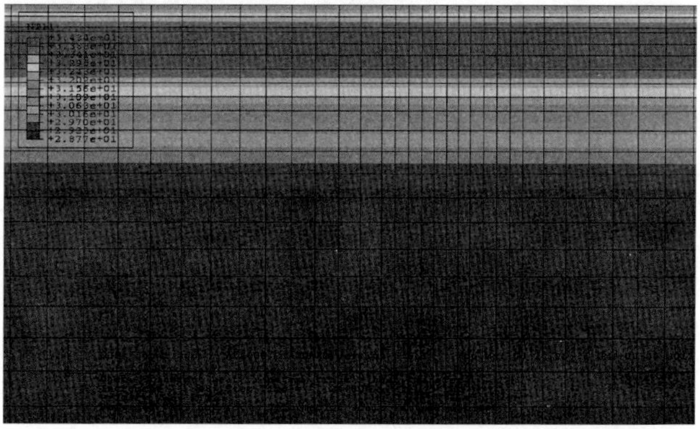

图 6-4　高温季节计算结果云图

Fig. 6-4　Contour of calculation in high temperature season

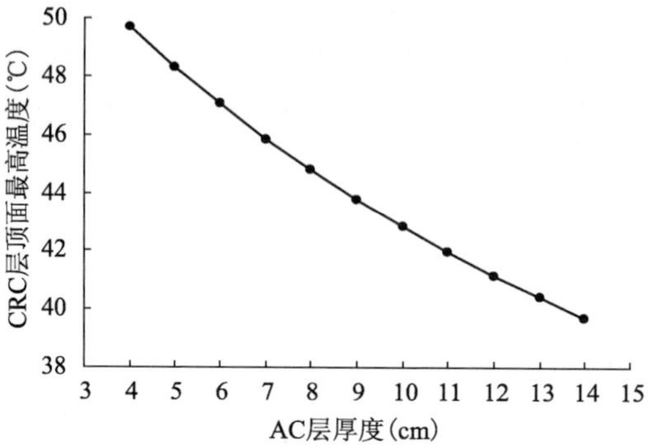

图 6-5　AC 层厚度与 CRC 层顶面最高温度的关系

Fig. 6-5　Relationship of the highest temperature of CRC layer top-surface and the thickness of AC layer

图 6-5 表明：AC 层厚度对 CRC 层顶面最高温度的影响效应非常明显，AC 层厚度增加 10cm，CRC 层顶面的最高温度降低 8.2℃，降温幅度达 16%。可见，AC 层可以起到较好的隔热作用，能降低 CRC 层的温度翘曲应力、钢筋拉应力、层间剪应力。

2）AC 层在低温季节的影响效应

计算连续变温条件下（表 6-3），沥青层厚度对 CRC 层顶面最低温度的影响效应，计算结果云图如图 6-6 所示。

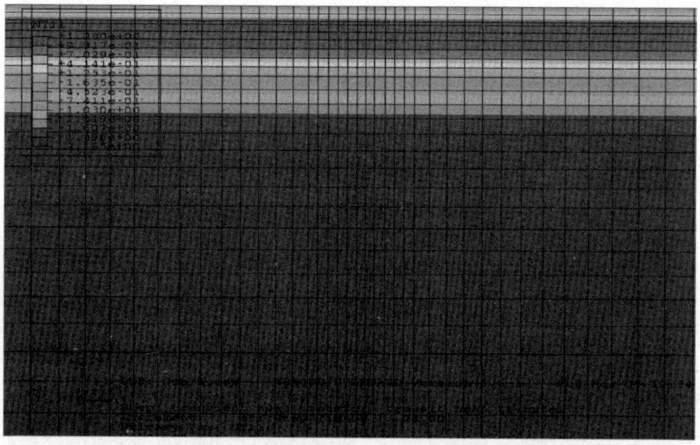

图 6-6　低温季节计算结果云图

Fig. 6-6　Contour of calculation in low temperature season

无沥青层时，CRC 层顶面的最低温度为－2.7℃，沥青层厚度为 4～14cm 时，CRC 层顶面的最低温度与 AC 层厚度的关系如图 6-7 所示。

图 6-7 表明：AC 层厚度对 CRC 层顶面最低温度的影响效应并不明显，AC

层厚度增加 10cm，CRC 层顶面最低温度升高 0.3℃。可见，AC 层保温作用并不明显。

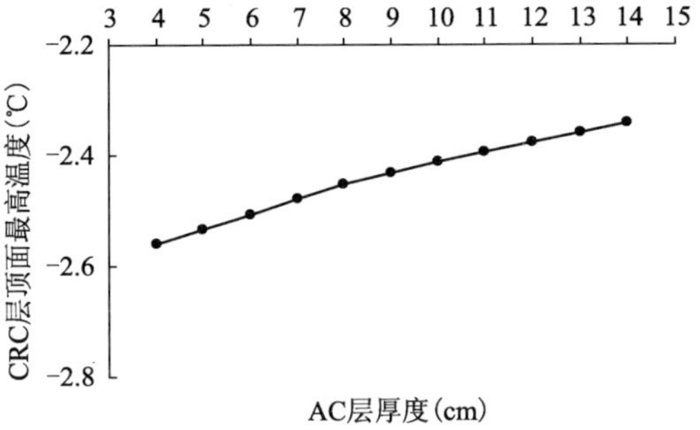

图 6-7　AC 层厚度与 CRC 层顶面最低温度的关系

Fig. 6-7　Relationship of the lowest temperature of CRC layer top-surface and the thickness of AC layer

在高温季节，沥青层的隔热作用较明显；在低温季节，沥青层的保温作用并不明显。造成这一现象的原因是：路面结构的面层与大气直接接触，通过空气对流热交换、太阳辐射、路面有效辐射等方式进行热交换，并沿路面深度方向向下传递热量，从而形成了路面结构内部的温度场。在太阳辐射的影响下，大气温度呈现出周期性的变化特征，日最低气温通常出现在黎明前后，大约在上午 5 时左右，而日最高气温大多出现下午 14 时左右，也就是太阳最大辐射出现后约 2h。日最高温度的出现时间及沥青层对太阳辐射的吸收能力决定了沥青层可以起到很好的隔热作用，由于日最低温度出现在日出前后，路面结构内部的温度场主要是通过热传递进行，从日落到日出持续的时间较长，热传递过程较充分，且沥青层的厚度并不大，所以沥青层的保温作用并不明显。

6.3.2　AC 层对配筋率的影响

根据京港澳国家高速公路（G4）湘潭至耒阳段提质改造工程设计文件可知，AC 层的厚度为 10cm（分两层 4cm+6cm），其他参数同上。从上述计算可知，无沥青层时，CRC 层顶面最高温度与最低温度之差为 53.7℃，AC 层为 10cm 时从图 6-5、图 6-7 可知，CRC 层顶面的最高温度与最低温度之差为 45.2℃，降温幅度为（53.7−45.2）/53.7=15.83%，所以考虑 AC 层的影响效应，修正后的 $\Delta T'=\Delta T\times(1-15.83\%)=25.25$℃。

按规范式（E.0.2-3），混凝土温缩应力系数为：

$$\lambda_c=\frac{f_t}{E_c(\alpha_c\Delta T'+\varepsilon_{sh})}=0.217$$

初拟配筋率 $\rho=0.54\%$，按规范式(E.0.2-2)，计算钢筋贡献率 φ：

$$\varphi=\rho\frac{E_s}{E_c}=0.0348$$

由 $\lambda_c=0.217$ 和 $\varphi=0.0348$，查规范图 E.0.2，得 $b=7.38$。

根据 $\varphi=0.0348$，$b=7.38$，查规范图 E.0.4，得钢筋温度应力系数 $\lambda_{st}=5.21$。

按规范式(E.0.4)计算钢筋应力为：

$$\sigma_s=E_s(\alpha_c\Delta T'\lambda_{st}+\alpha_s\Delta T')=334.866\text{MPa}<f_{sy}=335\text{MPa}$$

按规范式(E.0.2-1)，横向裂缝平均间距为：

$$L_d=\frac{2b}{\sqrt{\frac{4k_s}{d_sE_s}(1+\varphi)}}=2.294\text{m}$$

满足横向裂缝间距 1.0～2.5m 的要求。

根据 $\varphi=0.0348$，$b=7.38$，查规范图 E.0.3，得裂缝宽度系数 $\lambda_b=0.816$。

按规范式(E.0.3)，裂缝缝隙宽度为：

$$b_j=(\alpha_c\Delta T'+\varepsilon_{sh})\lambda_bL_d=0.894\text{mm}<1\text{mm}$$

因此，初拟的纵向配筋率是合适的。

钢筋间距为：

$$\frac{\pi d_s^2}{4\rho h_c}=0.20685\text{m}$$

每延米纵向钢筋根数：

$$\frac{1}{0.20685}=4.8\text{ 根}\approx5\text{ 根}$$

因此，本方法相比京港澳国家高速公路(G4)湘潭至耒阳段提质改造工程的原设计方法可节省纵向钢筋约 10%，该项目一期线路全长 103.952km，路基宽度为 28m，纵向钢筋采用 ϕ16mm 的螺纹钢筋，考虑沥青层的温度效应后，按目前钢筋的市场价估算，共可节约修筑成本 2000 万元左右。因为原设计是在新规范颁布实施前进行的，所以如按新规范进行纵向配筋设计，配筋率则需要 0.9%，推荐方法比新规范的设计方法节省纵向钢筋约 40%，可节约修筑成本 1.2 亿元左右，这对 CRC+AC 复合式路面的推广应用有较大意义。

6.4　配筋施工技术

6.4.1　模板安装

施工模板必须具有足够的刚度，并应根据测量的高程准确安装，安装稳固、牢靠。安装完毕后，禁止扰动，特别是正在摊铺时，严禁碰撞和振动。

纵向施工缝的拉杆一般由横向钢筋外延替代，所以模板中部的孔径及间距应根据横向钢筋的直径与间距来确定，横向施工缝端部模板的孔径及间距应按纵向钢筋的直径与间距来确定，以保证纵向剪力钢筋穿过。模板的数量一般根据施工进度确定，应满足拆模周期内周转需要。

6.4.2　钢筋连接

国内的实体工程中，常采用焊接和绑扎方式连接纵向钢筋，因纵向钢筋长度较大，当温度变化时，钢筋收缩或膨胀量也较大，会带动与钢筋支座移动，导致刺破沥青混合料隔离层，因此，建议采用绑扎方式并加大搭接长度。在湖南省常吉高速公路的施工中，纵向钢筋采用绑扎方式连接，搭接长度为 35 倍钢筋直径，由于绑扎方式允许钢筋之间有一定的错动，钢筋之间及钢筋与支座之间有一定的伸缩空间，施工过程中没有出现沥青混合料隔离层被刺破或钢筋网变形的情况。

当采用焊接时，钢筋的焊缝长度应符合要求：单面焊不应小于 10 倍钢筋直径，双面焊不应小于 5 倍钢筋直径，相邻钢筋的焊接头应分别错开 50cm 和 90cm 以上。一般同一垂直断面上不得有 2 个以上的焊接头。也可尝试用带螺口的钢套桶来连接纵向钢筋，目前这一技术在 CRC＋AC 复合式路面钢筋的连接中还没有得到应用，可行性还需研究与验证。

6.4.3　钢筋架设

纵向钢筋一般布置在 CRC 层的 1/2 处，需要一定的支撑架将其固定。根据国内施工经验并依照施工规范，作者所在课题组在湖南省常吉高速公路的施工中，用 ϕ8mm 的 R235 钢筋制作成“⊠”形式，并焊接在 100mm×50mm×3mm 的钢板上作为滑动支架，两者共同支撑纵向钢筋，形成稳固的钢筋网，每根横向筋下均设支架，支架的横向间距一般为 100cm 左右，如图 6-8 所示。施工过程中，通过观测，纵向钢筋和横向钢筋没有出现翘曲现象。该钢筋架设方式工序简单、安装方便、牢固可靠，值得在今后的施工中推广。如图 6-9 所示为常规的简易支架。

图 6-8　专门设计的滑动支架

Fig. 6-8　Specially designed sliding stent

图 6-9　常规的简易支架

Fig. 6-9　Conventional simple stent

6.5　本章小结

纵向配筋是修筑 CRCP 和 CRC＋AC 复合式路面的关键技术，也是制约其推广应用的主要问题，分析和研究 CRCP 和 CRC＋AC 复合式路面的合理配筋率有重要意义。目前，国内外对 CRC＋AC 复合式路面配筋设计的研究较少，一直都是沿用 CRCP 的配筋设计方法，未见其他的设计方法和研究。本章的主要结论如下：

(1)现行规范中 CRCP 缝隙平均宽度的计算公式不够科学和合理，横向裂缝间距的计算公式也存在问题，纵向配筋设计时对温度效应的考虑也不够全面，与实际不符。

(2)通过对已有工程应用情况的分析可知，现行规范的设计过于保守，建议目前仍按 2002 版规范为依据进行纵向配筋设计。

(3)CRC＋AC 复合式路面的纵向配筋设计需要考虑沥青层的温度效应，CRC＋AC 复合式路面沥青面层厚度为 10cm 时，相比 2002 版规范的纵向配筋设计方法纵向钢筋可减少 10％左右，相比 2011 版规范的设计方法纵向钢筋可减少 40％左右。

(4)钢筋的架设建议采用滑动支架，纵向钢筋的连接建议采用绑扎方式，搭接长度约为 35 倍钢筋直径。

(5)CRC＋AC 复合式路面的横向配筋率一般为 0.1％～0.2％，最低为 0.05％，且直径较小，一般为 10mm，考虑到其用量很少，一般不做优化，横向配筋原则和要求可与钢筋混凝土面板的相同。

研究成果对 CRCP 和 CRC＋AC 复合式路面的合理设计和推广应用有一定的意义，也可为公路水泥混凝土路面设计规范的重新修订提供参考。

第7章　沥青面层疲劳损伤特性及开裂机理

刚柔复合式路面沥青面层在疲劳开裂后，由于沥青面层较薄，在温度和荷载的共同作用下，裂缝易贯穿整个沥青层，直接影响沥青面层的使用寿命。目前通常采用损伤力学全解耦法对路面结构的疲劳损伤特性进行研究，不能准确体现损伤与应力状态的相互耦合作用，使用损伤力学一有限元全耦合法对半刚性基层沥青路面的基层进行疲劳损伤研究，但刚柔复合式路面结构复杂且有其自身的特点，刚性基层与沥青面模量相差较大，且刚性基层一般有接缝（裂缝），沥青面层易在刚性基层接缝（裂缝）处产生损伤开裂，目前还没有刚柔复合式路面沥青面层疲劳损伤特性及开裂机理等方面的研究，研究刚柔复合式路面沥青面层的疲劳损伤特性和开裂机理可为其设计、施工及日常养护方案的制订等工作提供科学依据，有一定的理论和现实意义。

7.1　疲劳损伤有限元分析方法

对于力学问题和物理问题，能用解析方法求出精确解的只是少数性质比较简单，且几何形状相对规则的情况。人们可以遵循常微分或偏微分的基本方程给出它们的数学模型，但对于大多数问题，由于方程的非线性，则只能采用数值方法求解。有限元法是当今工程分析中应用最广泛的数值计算方法，与配点法、最小二乘法、伽辽金法、力矩法等一样都是利用加权余量法的原理，建立多种近似解法，其理论基础是能量原理。确定合适的疲劳损伤变量及其疲劳损伤演化方程是采用有限元分析疲劳损伤问题的基本过程，然后与结构的几何和物理条件放在一起，构成基本方程组，求解结构的应力应变场和损伤场。由于疲劳损伤场的引入，使得求解方程数目增加，还需引入损伤演化方程，因而使得损伤结构的有限元分析变得更加困难。除了少数耦合损伤问题可以得到解析解，一般问题的耦合损伤分析要得到解析解非常困难，这时应采用数值方法。

7.1.1 耦合损伤分析理论

目前耦合损伤分析的求解方法有：全解耦方法、半解耦方法、局部耦合方法、全耦合方法。全解耦方法相对简单，在结构的有限元分析中不考虑损伤场的影响，由于损伤而增加的计算工作量很少，但当损伤影响较大时，这种方法的计算结果误差相对较大；半解耦方法是介于全耦合方法和全解耦方法之间的一种分析方法，在平衡方程中不考虑损伤的影响，此方法解的精度比全解耦方法略高；局部耦合方法主要用于损伤集中在一个小的区域内，损伤材料的体积和整个结构构件相比很小的情况，只在结构最不利的小区域采用损伤和变形相耦合的方法，如焊接构件等复杂结构的损伤分析；全耦合方法主要考虑当结构中的损伤积累到一定程度，结构弹性模量等材料参数和力学性能会发生变化，造成应力和应变的重分布，因此在应力应变场的计算中计入了损伤的影响，全耦合方法解的精度最高。此处拟采用疲劳损伤全耦合有限元分析方法对刚柔复合式路面沥青面层的疲劳损伤进行研究。

全耦合方法进行结构损伤分析的主要过程如图 7-1 所示。

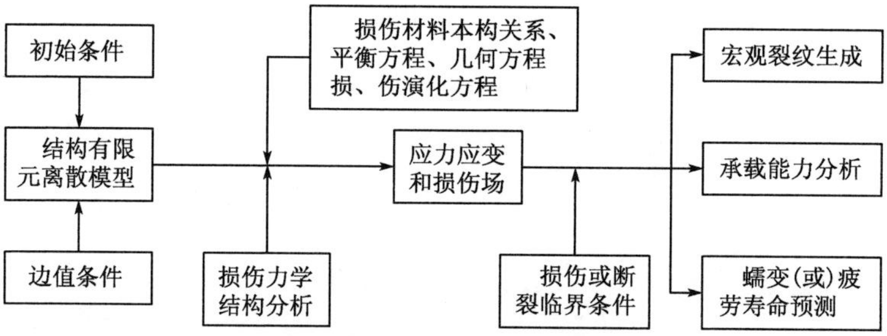

图 7-1　损伤结构全耦合分析图示

Fig. 7-1　Diagram for damage structure with unity coupling

用全耦合的方法进行结构分析是准确和严谨的，但相应的计算工作量也大幅度增加，且现有的有限元分析程序一般不包括全耦合结构的损伤分析。到目前为止，只有极少数很简单的全耦合分析得到了解析解。因此，需要发展相应的计算程序或对现有分析软件进行二次开发。

1)疲劳损伤全耦合法基本方程

(1)小变形条件下位移与应变的关系为：

$$\varepsilon_{ij} = \frac{1}{2}\left[\frac{\partial u_i}{\partial x_j} + \frac{\partial u_j}{\partial x_i}\right] \tag{7-1}$$

式中：u_i、ε_{ij}——位移与应变分量。

(2)损伤互耦的应变—应力关系为：

$$\sigma_{ij} = C_{ijlk}(1-D)\varepsilon_{kl} \tag{7-2}$$

式中：σ_{ij}——应力分量的变量；

C_{ijlk}——材料弹性常数；

D——损伤度；

ε_{kl}——应变分量的变量。

(3)平衡方程：

$$\frac{\partial \sigma_{ij}}{\partial x_j} + B_i = 0 \tag{7-3}$$

式中：B_i——体力分量。

(4)边界条件：

$$\begin{gathered} \sigma_{ij} l_j = p_i (\text{在 } S_p \text{ 上}) \\ u_i = \bar{u}_i (\text{在 } S_u \text{ 上}) \end{gathered} \tag{7-4}$$

式中：p_i、$\bar{u}_i$——静力边界 S_p，以及位移边界 S_u 上的给定面力分量与给定位移分量的变量；

l_j——边界外法线方向的余弦。

(5)损伤演化方程：

$$\frac{\partial D_{ij}}{\partial N} = f(D_{ij}, \sigma_{ij}) \tag{7-5}$$

式中：N——循环荷载作用次数。

2)疲劳损伤全耦合有限元分析方法

对于平面问题，有限元方法中的物理方程为：

$$\begin{Bmatrix} \sigma_x \\ \sigma_z \\ \tau_{xz} \end{Bmatrix} = \frac{E(1-\mu)(1-D)}{(1+\mu)(1-2\mu)} \begin{bmatrix} 1 & \frac{\mu}{1-\mu} & 0 \\ \frac{\mu}{1-\mu} & 1 & 0 \\ 0 & 0 & \frac{1-2\mu}{2(1-\mu)} \end{bmatrix} \begin{Bmatrix} \varepsilon_x \\ \varepsilon_z \\ \gamma_{xz} \end{Bmatrix} \tag{7-6}$$

将变形体离散成许多小的单元，并注意到在任意单元体内均有：

$$\{\varepsilon\} = [B]\{\delta\}^e \tag{7-7}$$

则由虚功原理可得：

$$\left(\iint [B]^{\mathrm{T}}[S][B]\mathrm{d}x\mathrm{d}z\right)\{\delta\}^{\mathrm{e}} = \{R\}^{\mathrm{e}} \tag{7-8}$$

式中：$[B]$——单元的应变矩阵；

$\{\delta\}^{\mathrm{e}}$——单元的结点位移列阵；

$\{R\}^{\mathrm{e}}$——单元的结点荷载列阵；

$[S]$——考虑损伤的弹性矩阵，即：

$$[S]=\frac{E(1-\mu)(1-D)}{(1+\mu)(1-2\mu)}\begin{bmatrix} 1 & \frac{\mu}{1-\mu} & 0 \\ \frac{\mu}{1-\mu} & 1 & 0 \\ 0 & 0 & \frac{1-2\mu}{2(1-\mu)} \end{bmatrix} \tag{7-9}$$

如果令：

$$[k]=\iint [B]^{\mathrm{T}}[S][B]\mathrm{d}x\mathrm{d}z \tag{7-10}$$

则可将式(7-10)写成如下形式：

$$[k]\{\delta\}^{\mathrm{e}} = \{R\}^{\mathrm{e}} \tag{7-11}$$

式中：$[k]$——单元刚度矩阵。

形成整体刚度矩阵和整个结构的等效结点荷载列阵，可得求解弹性力学问题的有限元计算格式：

$$[K]\{\delta\} = \{R\} \tag{7-12}$$

式中：$\{R\}$——各荷载在整个结构内产生的等效结点力列阵。

依据式(7-12)可求得各节点的位移，然后根据应力矩阵可求得单元的应力。

7.1.2 子程序接口及调用

ABAQUS具有良好的开放性，可利用它提供的用户子程序接口来满足用户的需要，ABAQUS允许用户通过子程序以代码的形式来扩展其功能，通过用户定义单元接口，用户自定义的线性或非线性单元都可以被引入模型中，对于线性单元刚度和质量矩阵可直接确定，用户子程序也可用来定义单元的线性和非线性特性。

1）用户子程序形式及调用

ABAQUS的用户子程序是根据软件提供的相应接口，按照Fortran语法，用户自己编写程序代码来扩展主程序的功能。它能被其他程序单元引用，也可以独立的被存储和编译。它的一般结构形式是：

SUBROUTINES（x_1，x_2，…，x_n）

INCLUDE'ABA_PARAM. INC'　（用于ABAQUS/Standard用户子程序中）

INCLUDE'VABA_PARAM. INC'　（用于ABAQUS/Explicit用户子程序中）

……

RETURN

END

x_1，x_2，…，x_n 是 ABAQUS 用户子程序的接口参数，SUBROUTINE DLOAD中的KSTEP、KINC、COORDS是ABAQUS传到用户子程序中的参数，有些参数是需要用户自己定义的。ABA_PARAM. INC和VABA_PARAM. INC含有重要的参数，帮助ABAQUS主求解程序编译和链接用户子程序。

2）用户材料子程序

用户材料子程序UMAT（User-defined Material Mechanical Behavior）是ABAQUS提供给用户定义自己的材料属性的Fortran程序接口。用户材料子程序UMAT通过与ABAQUS主求解程序的接口实现与主程序的资料交流。在程序的输入语言中，使用关键词"* USER MATERIAL"定义用户材料属性。

通过用户材料子程序接口可定义任何补充的材料模型，ABAQUS对于与解相关的任何数量的状态变量在每一材料计数点都提供了存储功能，材料常数都可以作为资料被读取。为了保证UMAT子程序的正常运行，用户在编写子程序时不允许改写ABAQUS的其他部分，如果子程序改写了其他参数，则不符合UMAT规定，最终的结果将是不可信的。UMAT中的应力应变矩阵以及矩阵DDSDDE、DDSDDT、DRPLDE等，都是直接分量存储在前，有NDI个，剪切分量存储在后，有NSHR个。各分量之间的顺序根据单元自由度的不同会有差异，所以编写UMAT子程序时要考虑使用单元的类别。

由于UMAT是在单元的积分点上进行调用，在增量步开始时，单元当前积分点必要变量的初始值将传递给UMAT的相应变量，在UMAT结束时，变量的更新值将通过主程序与子程序的接口返回主程序。

7.1.3 疲劳损伤有限元分析流程

根据上述理论，运用 Fortran 语言编制子程序，通过子程序以代码的形式来扩展有限元主程序的功能，实现应力循环、用户材料子程序 UMAT 调用、损伤演化及计算等，疲劳损伤有限元分析流程如图 7-2 所示。

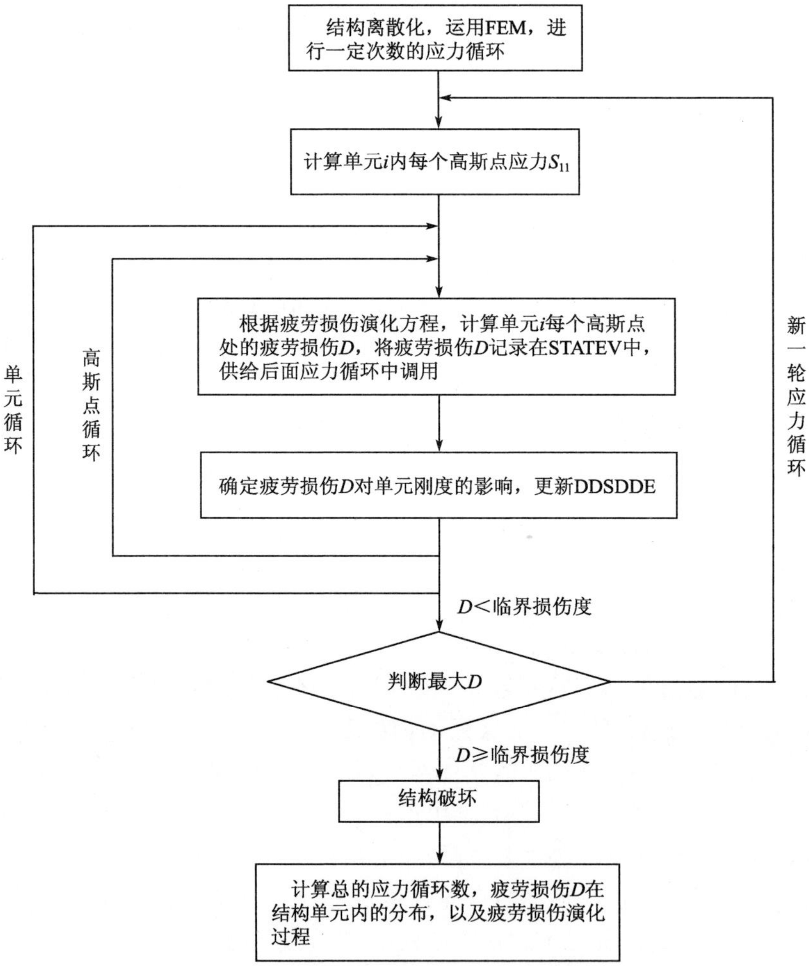

图 7-2 疲劳损伤有限元分析流程图

Fig. 7-2 Flow Chart of finite element analysis for fatigue damage

7.1.4　有限元子程序

通过 ABAQUS 自编子程序来实现路面结构中温度场分布、应力循环、材料参数及损伤计算等，其中温度疲劳损伤计算的子程序基本格式如下：

```
C
      SUBROUTINE UTEMP(TEMP,NSECPT,KSTEP,KINC,TIME,
      NODE,COORDS)
C
      INCLUDE 'ABA_PARAM.INC'
C
      DIMENSION TEMP(NSECPT),TIME(2),COORDS(3)
      ……
      RETURN
      END
C
      SUBROUTINE SDVINI(STATEV,COORDS,NSTATV,NCRDS,
      NOEL,1 NPT,LAYER,KSPT)
C
      INCLUDE 'ABA_PARAM.INC'
C
      DIMENSION STATEV(NSTATV),COORDS(NCRDS)
      ……
      RETURN
      END
C
      SUBROUTINE  UMAT ( STRESS, STATEV, DDSDDE, SSE,
      SPD,SCD,
     1 RPL,DDSDDT,DRPLDE,DRPLDT,
     2 STRAN,DSTRAN,TIME,DTIME,TEMP,DTEMP,PREDEF,
      DPRED,CMNAME,
     3 NDI,NSHR,NTENS,NSTATV,PROPS,NPROPS,COORDS,
      DROT,PNEWDT,
```

```
     4 CELENT,DFGRD0,DFGRD1,NOEL,NPT,LAYER,KSPT,
       KSTEP,KINC)
C
       INCLUDE 'ABA_PARAM.INC'
C
       CHARACTER*80 CMNAME
       DIMENSION STRESS(NTENS),STATEV(NSTATV),DDSDDE
       (NTENS,NTENS),
     1 DDSDDT(NTENS),DRPLDE(NTENS),STRAN(NTENS),
       DSTRAN(NTENS),
     2 TIME(2),PREDEF(1),DPRED(1),PROPS(NPROPS),COORDS
       (3),DROT(3,3),
     3 DFGRD0(3,3),DFGRD1(3,3)
       ……
       RETURN
       END
```

荷载疲劳损伤计算的子程序基本格式如下：

```
C
       SUBROUTINE DLOAD(F,KSTEP,KINC,TIME,NOEL,NPT,
       LAYER,KSPT,
     1 COORDS,JLTYP,SNAME)
C
       INCLUDE 'ABA_PARAM.INC'
C
       DIMENSION TIME(2),COORDS(3)
       CHARACTER*80 SNAME
C
       PARAMETER(PRESS……)
       ……
       RETURN
       END
C
       SUBROUTINE SDVINI(STATEV,COORDS,NSTATV,NCRDS,
```

```
      NOEL,
     1 NPT,LAYER,KSPT)
C
      INCLUDE 'ABA_PARAM.INC'
C
      DIMENSION STATEV(NSTATV),COORDS(NCRDS)
C
      STATEV(1)= ……
      ……
      RETURN
      END
C
      SUBROUTINE UMAT(STRESS,S……)
C
      INCLUDE 'ABA_PARAM.INC'
C
      CHARACTER* 80 CMNAME
      DIMENSION STRESS(NTENS),STATEV(NSTATV),DDSDDE
      (NTENS,NTENS),
     1 DDSDDT(NTENS),DRPLDE(NTENS),STRAN(NTENS),
      DSTRAN(NTENS),
     2 TIME(2),PREDEF(1),DPRED(1),PROPS(NPROPS),COORDS
      (3),DROT(3,3),
     3 DFGRD0(3,3),DFGRD1(3,3)
     ……
C
     DDSDDE(1,1)……
     STATEV(2)=STRESS(1)
     ……
     RETURN
     END
```

上述子程序中 DDSDDE(NTENS NTENS)表示一个 NTENS×NTENS 的矩阵,称作 Jacobian 矩阵,一般情况下 Jacobian 矩阵是一个对称矩阵,除非在“*

USER MATERIAL”语句中加入“UNSYMM”参数；STRESS(NTENS)是应力张量数组，对应NDI个直接分量与NSHR个剪切分量。增量步开始时，应力张量矩阵中的数值通过子程序和主程序之间的接口传递到UMAT中，增量步结束时，UMAT对应力张量矩阵进行更新。UMAT中应力张量的度量为柯西应力。

STATEV(NSTATEV)表示用于存储与解有关的状态变量的数组，可在子程序USDFLD或UEXPAN中先更新数据，也可在增量步开始时将数值传递到UMAT中。状态变量矩阵的维数通过ABAQUS输入文件中的关键词“* DEPVAR”定义。

PROPS(NPROPS)是材料常数数组，在程序中等于关键词“* USER MATERIAL”中“CONSTANTS”常数设定的值。矩阵中元素的数值对应于关键词“USER MATERIAL”下面的数据行，SSE、SPD、SCD分别定义每一增量步的弹性应变能、塑性耗散、蠕变耗散。它们仅仅作为能量输出，对计算结果没有影响。

STRAN(NTENS)是应变数组，DSTRAN(NTENS)是应变增量数组，DTIME是增量步的时间增量，NTENS是总应力分量的个数，等于直接分量和剪切分量的个数之和。

7.2 损伤模型及基本假定

沥青混合料作为一种温度敏感性材料，在低温环境中基本处于弹性工作状态，温度收缩产生的疲劳损伤会导致沥青路面开裂；在车辆荷载的反复作用下，路面结构的性能不断衰减，也体现出一定的疲劳损伤演化特性。沥青面层的疲劳损伤演化呈非线性衰减规律，刚柔复合式路面沥青面层的损伤和开裂需要引起足够的重视。

7.2.1 非线性疲劳损伤模型

在自然界的物体承受荷载、高温、辐射或者腐蚀、氧化而造成的各种物理或者化学变化都属于损伤的内容。建立疲劳损伤模型是损伤分析的重中之重，损伤模型要能很好地反映损伤随着荷载循环次数的变化规律，疲劳损伤模型的一般表达式为：

$$\frac{\mathrm{d}D}{\mathrm{d}N} = f(\sigma, D, T) \tag{7-13}$$

式中：σ——应力；

D——损伤变量；

T——温度；

N——疲劳荷载重复作用次数。

（1）Chaboche 提出了一维疲劳损伤累积模型，其表达式为：

$$\frac{\mathrm{d}D}{\mathrm{d}N}=\left[1-(1-D)^{\beta+1}\right]^{\alpha}\left[\frac{\sigma_{\mathrm{M}}-\bar{\sigma}}{M(\bar{\sigma})(1-D)}\right]^{\beta} \tag{7-14}$$

式中：σ_{M}——最大应力；

$\bar{\sigma}$——平均应力；

β、α、$M(\bar{\sigma})$——与温度有关的材料参数，其他符号意义同前。

（2）Lemaitre 提出了疲劳损伤模型，其基本假定是每一次疲劳循环过程中，都伴随着微塑性应变 ε_{p} 和微塑性损伤 D，疲劳损伤是微塑性损伤累积的结果，表达式为：

$$\frac{\mathrm{d}D}{\mathrm{d}N}=2\int_{\sigma_{\mathrm{m}}}^{\sigma_{\mathrm{M}}}G_{\mathrm{F}}(\sigma,D,T)\mathrm{d}\sigma \tag{7-15}$$

式中：σ_{m}——最小应力，其他符号意义同前。

（3）Chaboche 和 Lemaitre 等人提出了一维疲劳损伤演化方程，如式（7-16）所示：

$$\frac{\mathrm{d}D}{\mathrm{d}N}=a^{*}\left(\frac{\sigma}{1-D}\right)^{p}(1-D)^{-q} \tag{7-16}$$

式中：σ——应力；

D——损伤变量；

N——疲劳荷载重复作用次数。

a^{*}、p、q——材料的损伤特性参数，与荷载循环特征和温度有关。

损伤演化的过程可以理解为材料不断劣化，模量不断减小，也就是本构关系不断改变的过程。研究中采用该模型进行损伤演化计算。

7.2.2　模型参数

刚柔复合式路面是在弹性半空间地基上的混凝土弹性薄板上加铺沥青层的复杂结构，其基准模型示意及主要参数取值如图 7-3 所示，其中温缩系数的单位为 10^{-5}℃$^{-1}$，初始温度为 0℃。

根据国内外大量疲劳试验和相关文献的研究结果，沥青混凝土的非线性损伤演化特性参数 q 取 0，p 取 3.25，a^{*} 取 7×10^{-6}。

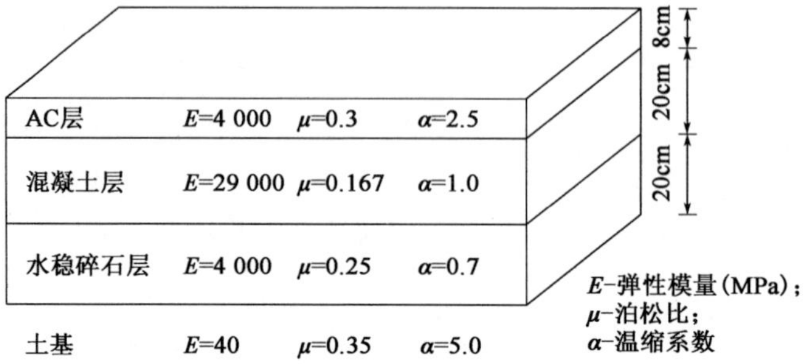

图 7-3 计算模型示意及参数取值

Fig. 7-3 Schematic diagram of the calculation model and parameters

7.2.3 基本假定

进行有限元计算时需对所建模型的边界、荷载等作适当简化，本章根据以下假设来建立路基路面的有限元模型：

(1)路面结构采用平面应变模型。

(2)各层都由均质、弹性、各向同性材料组成。

(3)假定土基在水平方向和向下方向均为无限大，土基之上各层结构的厚度均为有限，但水平方向为无限大。

(4)假定在无限远处和无限深处应力及位移均为零。

采用平面应变模型，在模型的底部完全约束，两侧水平方向约束，上表面不施加任何约束，为自由表面，模型尺寸为 10m×10m。

在荷载重复作用一定次数后，路面的疲劳损伤达到临界状态，即微观裂纹形成，宏观裂缝开始扩展。从理论上讲，损伤度临界值 D_c 可以达到 1，但从试验中发现，损伤度临界值 D_c 没有达到 1，裂纹形成阶段就已经结束，如对于金属材料 $0.2<D_c<0.8$。对于沥青混凝土，其裂纹形成阶段结束时 D_c 的具体数值与沥青混合料的级配、所用沥青和集料的路用性能等有关，目前国内外关于沥青混凝土疲劳损伤方面的研究很少，也没有关于不同级配和材料对应的损伤度临界值方面的研究，研究中根据经验并结合文献取临界损伤度 $D_c=0.6$，且此处的数值计算主要是表征损伤演化规律，损伤度临界值的取值大小对这种规律基本没有影响。

7.2.4 层间接触条件

ABAQUS 可以采用 * Contact Pair 来模拟层间接触，能考虑层与层间作用时的剪切、挤压以及相应方向的位移情况，同时还可模拟层与层之间的脱开现象。层间接触以库仑摩擦理论为基础，用摩擦系数 μ 来表示层间摩擦行为，当接触剪应力等于或大于极限摩擦力 μ 时，接触面间出现滑动。由于模拟理想的摩擦行为比较困难，在 ABAQUS 中采用"弹性滑动"的罚摩擦公式来做近似处理，ABAQUS 自动选择罚刚度，如图 7-4 虚线斜率所示。

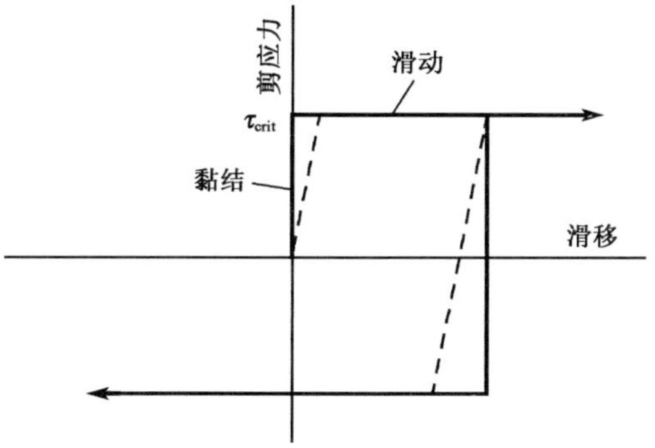

图 7-4　库伦摩擦图

Fig. 7-4　Diagram for Coulomb friction

建模过程中做以下处理，以保证计算精度和便于收敛：

(1)接触的两个面采用相同的网络划分，结点一一对应。

(2)指定相互接触面时，模量小者作为从面，模量大者作为主面。

(3)层间滑动取小滑移(Small Sliding)模式。

路面结构各层之间通过接触来传递应力，计算时采用接触模型对刚柔复合式路面进行结构分析，以便更好地模拟沥青层的实际受力特性，且层间部分连续的接触状态有利于路面层间的剪应力松弛，从而减小其应力突变。

7.3　温度疲劳损伤特性及开裂机理

国外沥青路面设计的力学经验法主要是控制疲劳开裂、永久变形和温缩断裂等损坏，我国的沥青路面设计是以弯沉和层底弯拉应力为控制指标，主要是针对行车荷载作用下路面结构的变形及破坏，没有考虑温度对路面结构的影响，不能反映路面结构破坏类型的多样性。因此，分析沥青面层的温度疲劳损伤演化特征和开裂特性，可为刚柔复合式路面沥青面层的设计提供有益补充。

7.3.1　温度场分布

自然界一切物体都具有能量，能量有各种不同形式，它能从一种形式转化为另一种形式，从一个物体传递给另一个物体，在转化和传递过程中能量的总和不变。根据热力学第二定律传热是由高温到低温的自动过程，刚柔复合式路面一般由沥青面层、刚性基层、半刚性底基层和土基组成，假设沥青面层厚度为 h(m)，刚性基层厚度为 g (m)，半刚性底基层厚度为 f(m)，根据国内外大量测试数据及研究结果，当路表发生温变时，温变沿深度方向的衰减可按式(7-17)所示的指数函数计算：

$$T(x,y)=\begin{cases}P_1e^{-b_1y} & 0\leqslant y\leqslant h\\ P_2e^{-b_2(y-h)} & h\leqslant y\leqslant h+g\\ P_3e^{-b_3(y-h-g)} & h+g\leqslant y\leqslant h+g+f\\ P_4e^{-b_4(y-h-g-f)} & h+g+f\leqslant y\leqslant+\infty\end{cases}\tag{7-17}$$

式中：P_i——路面结构第 i 层表面的温差，且

$$\begin{cases}P_2=P_1e^{-b_1h}\\ P_3=P_2e^{-b_2g}\\ P_4=P_3e^{-b_3f}\end{cases}\tag{7-18}$$

式中：b_i——控制温差随深度变化速度的因子，一般可取$(b_1,b_2,b_3,b_4)=(5,4,3,2)$。

7.3.2 损伤演化及影响因素

取初始温度为 0℃，温变(降温)幅值为 10℃，温变次数为 4 000 次，由上述理论及模型进行计算，沥青层温度型损伤度分布云图如图 7-5 所示，其他结果如图 7-6～图 7-9 所示。

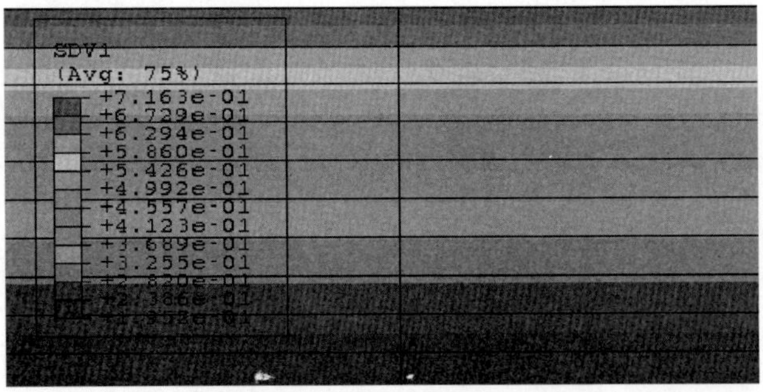

图 7-5　沥青层温度型损伤度分布云图

Fig. 7-5　Contour of damage value of asphalt concrete layer under temperature

1)沥青层垂直深度上损伤度的分布规律

从图 7-6 可以看出，从沥青层表面到层底损伤度逐渐减小，且减小幅度随距

沥青层顶面距离的增加而减小。可见，在温度的重复作用下，损伤主要体现在沥青层表面，表层会最先出现疲劳开裂。

2)温变次数对沥青层表面损伤度的影响

从图 7-7 可以看出，沥青层表面的损伤度随着温变次数的增加线性增加。对于非线性疲劳损伤模型，损伤演化率与应力水平和损伤水平有关，出现了线性变化的情况，说明应力水平与损伤水平对损伤演化率的影响相当。

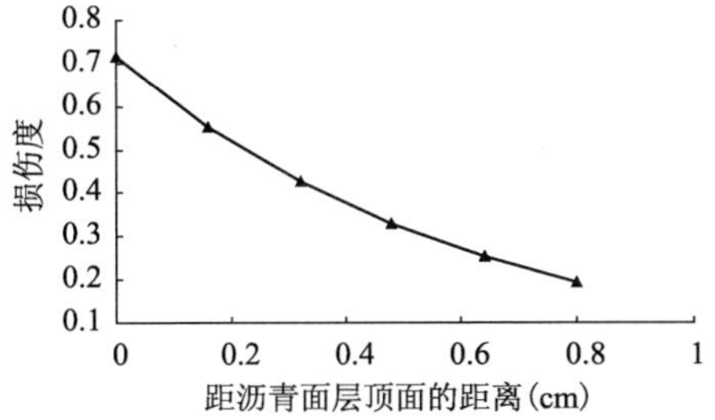

图 7-6　沥青层不同深度的损伤度分布

Fig. 7-6　Damage value at different depths of asphalt concrete layer

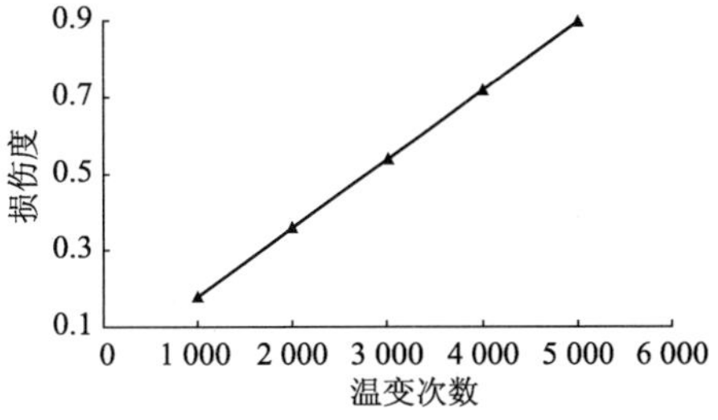

图 7-7　损伤度与温变次数的关系

Fig. 7-7　Relationship of damage value and temperature changes

3)沥青层模量对表面损伤度的影响

从图 7-8 可以看出，随着沥青层模量的增大，沥青层表面的损伤度逐渐增大，面层模量每增加 200MPa，损伤度约增加 18%。

4)温变幅值对沥青层表面损伤度的影响

从图 7-9 可以看出，随着温变幅值的增加，沥青层表面的损伤度不断增加，当温变幅值从 6℃变为 10℃时，损伤度增加 0.58；当温变幅值从 2℃变为 6℃时，损伤度增加 0.13。

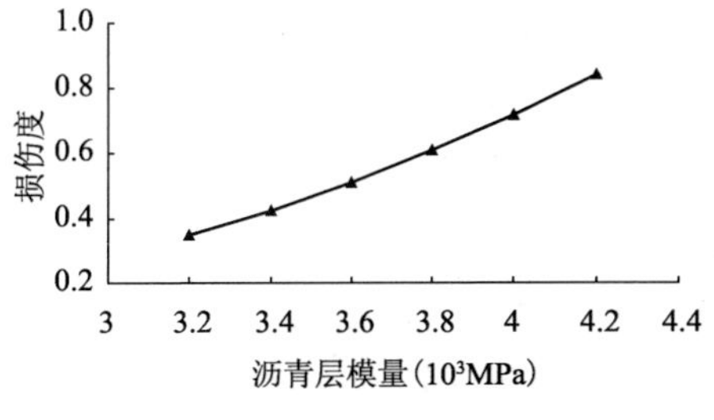

图 7-8　损伤度与模量的关系

Fig. 7-8　Relationship of damage value and modulus

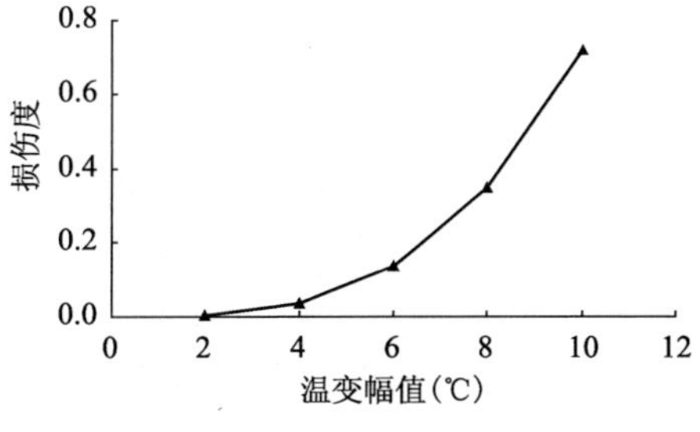

图 7-9　损伤度与温变幅值的关系

Fig. 7-9　Relationship of damage value and amplitude of temperature change

7.3.3 温度疲劳寿命及开裂机理

计算分析沥青层表面在重复温变作用下水平拉应力的变化规律和温度疲劳寿命与温变幅值的关系，计算结果如图7-10、图7-11所示。

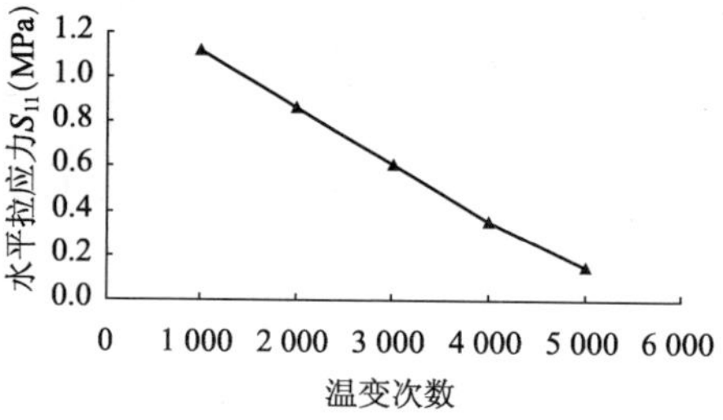

图7-10 水平拉应力与温变次数的关系

Fig. 7-10 Relationship of tensile stress level and temperature changes

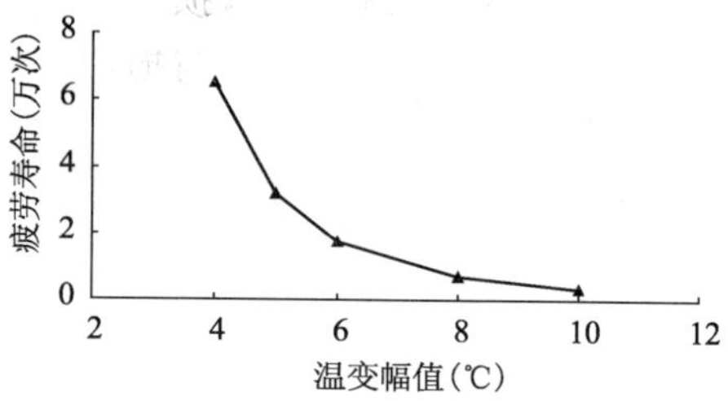

图7-11 温度疲劳寿命与温变幅值的关系

Fig. 7-11 Relationship of fatigue life under temperature and amplitude of temperature change

1）温变次数对沥青层表面水平拉应力的影响

从图7-10可以看出，随着温变次数的增加，沥青层表面的水平拉应力线性减小，这一规律也反映了随温变次数的变化，沥青层表面水平拉应力与损伤度的变化规律是基本一致，均为线性变化。

2）温变幅值与沥青层疲劳寿命的关系

利用计算模型分析沥青层表面微观裂纹形成时的疲劳寿命，假定损伤度达到0.6时，微观裂纹形成过程结束。

从图7-11可以看出，随温变幅值的增大，沥青层的疲劳寿命不断减小，尤其是温变幅值小于6℃时，沥青层的温度疲劳寿命随温变幅值的增大而大幅减小。

3）沥青层温度疲劳开裂机理分析

沥青混合料随温度下降会产生收缩，且由于沥青层有保温隔热的作用，沥青层表面温度的下降幅度要大于层底的下降幅度，沥青层表面的收缩应力要大于底层的收缩应力，加上层底的约束，沥青层表面产生了拉应力。随着温度的不断下降，沥青层表面所受拉应力不断增大，在多次变温后，沥青层表面的累积损伤首先超过了沥青混合料的临界损伤值，最终导致表面层的拉应力超过沥青混合料的抗拉强度，从而使沥青层表面出现开裂，主要体现为横向裂缝。

为保证刚柔复合式路面结构具有预期的抗裂性和耐久性，设计中，可以从沥青层的材料和级配等方面进行优化，选择温缩性和模量相对较小、抗拉强度较高的沥青混合料，以提高沥青层的温度疲劳寿命。

7.3.4 实体工程横向裂缝观测与分析

2010 年 6 月，作者对京港澳国家高速公路主干线湖南省长潭高速公路（连续配筋混凝土复合式沥青路面，沥青层厚度为 10cm，2003 年通车）的部分路段进行了观测，其中横向裂缝的情况主要如表 7-1 所示，裂缝基本上都已进行了修补。

表 7-1　长潭高速公路 K1492＋895～K1495＋000 左幅行车道横向裂缝观测情况

Tab. 7-1　Observation of transverse cracks in left lane width of K1492＋895～K1495＋000 of the Expressway from Changsha to Xiangtan

桩号	长度(m)	桩号	长度(m)	桩号	长度(m)	桩号	长度(m)
1492.895	4.0	1494.065	0.5	1494.280	0.5	1494.530	4.0
1493.350	4.0	1494.080	4.0	1494.290	4.0	1494.540	4.0
1493.425	4.0	1494.100	4.0	1494.320	4.0	1494.570	4.0
1493.485	4.0	1494.110	0.5	1494.335	4.0	1494.610	4.0
1493.530	4.0	1494.130	4.0	1494.350	4.0	1494.630	1.0
1493.545	4.0	1494.150	2.8	1494.390	4.0	1494.650	4.0
1493.570	4.0	1494.170	4.0	1494.405	4.0	1494.665	1.0
1493.600	4.0	1494.185	4.0	1494.425	4.0	1494.680	4.0
1493.615	4.0	1494.200	0.4	1494.445	4.0	1494.690	1.0
1493.650	4.0	1494.210	4.0	1494.460	4.0	1494.705	4.0
1493.985	4.0	1494.225	0.2	1494.480	4.0	1494.725	4.0
1494.025	4.0	1494.270	4.0	1494.505	1.4	1494.980	4.0

2011 年 9 月 5 日和 9 月 8 日，作者对长潭高速公路的 K1527～K1532 段的双向进行了裂缝观测，平均 60m 左右一条横向裂缝，且基本贯穿整个行车道，部分路段比较集中，每 3～5m 一条。纵观长潭高速全路段，部分路段连续几公里很少有横向裂缝，部分路段则横向裂缝很集中，可见，横向裂缝不仅与行车荷载的作用相关，而且与沥青层受温度作用和老化有直接关系，也可能与施工质量和施工时间有关。

从横向裂缝处所钻的芯样来看，大多横向裂缝没有贯通整个沥青面层，连续配筋混凝土板也没有开裂，可见横向裂缝主要为温度疲劳损伤开裂。

7.4 荷载疲劳损伤特性及开裂机理

目前,在南方地区修筑的混凝土路面由于地下水位较高,路基含水率偏高,基础支承刚度偏低,路面结构性能相对较差,易出现板底脱空、接缝(裂缝)传荷能力较差的情况,加上重车的反复作用,刚性基层接缝(裂缝)处的沥青层易出现疲劳开裂,并以反射裂缝的形式表现出来,直接影响刚柔复合式路面沥青层的使用性能和寿命。

7.4.1 损伤开裂机理分析

根据损伤力学理论,运用 ABAQUS 有限元软件及其二次开发平台进行仿真计算,分析荷载作用下,刚柔复合式路面沥青面层的应力分布情况,研究刚性基层接缝(裂缝)处沥青层的损伤开裂机理。基准作用次数为 3 万次,用接缝模量来表征接缝的传荷能力,基准接缝模量为 10MPa,荷载作用位置示意如图 7-12 所示。

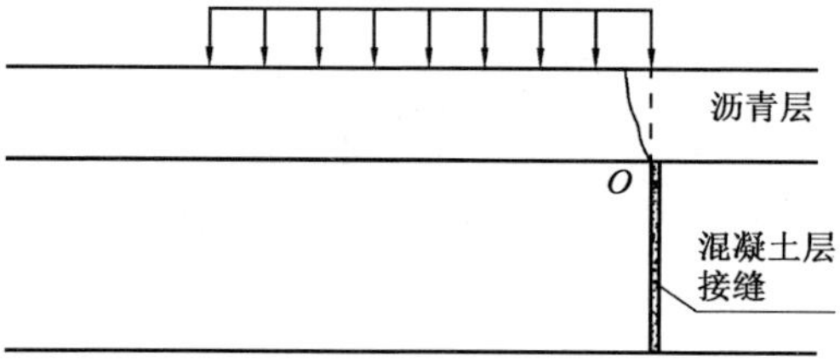

图 7-12 荷载作用位置示意

Fig. 7-12 Load position

1)层间界面拉应力分布情况

计算荷载作用一侧层间界面水平拉应力的分布情况,计算结果如图 7-13 所示。

计算结果表明:接缝传荷能力较差的情况下,在荷载作用一侧的沥青层底会受到拉应力,拉应力的持续存在会导致沥青层底的相应位置出现损伤开裂。

2)接缝延长线上拉应力分布情况

由图 7-14 可知,在荷载作用一次后,接缝对应的沥青层底由于应力集中的原因,受到较大的拉应力,随着损伤出现,沥青层底所受的拉应力不断减小,但拉应力仍然存在。可见,沥青层的开裂主要归因于其底面的弯拉应力,随着损伤演化继续,沥青层底出现损伤开裂,开裂后沥青层底受到的拉应力消失,在裂缝尖端处受到了拉应力，裂缝在荷载作用下沿尖端以张开型和剪切型的形式向上扩展，直至裂缝贯穿整个沥青层。

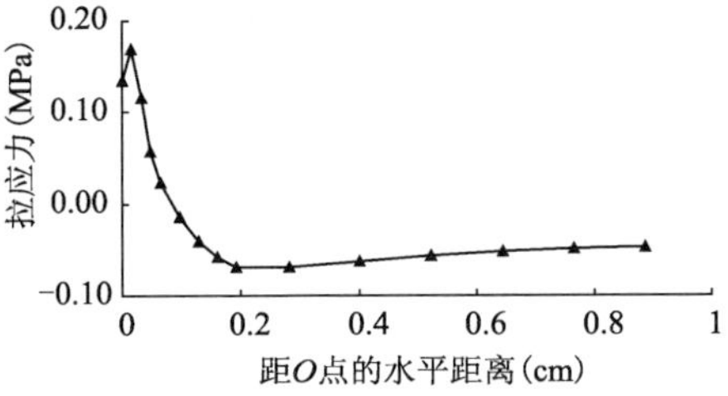

图 7-13　层间界面拉应力分布

Fig. 7-13　Interlaminar tensile stress

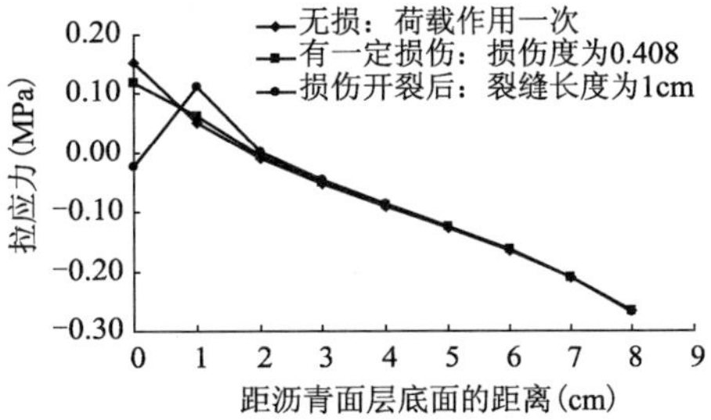

图 7-14　接缝延长线上拉应力分布情况

Fig. 7-14　Tensile stress on extension of joint

2010 年 6 月，作者与课题组成员对京港澳国家高速公路主干线湖南省长潭高速公路的 K1493.625～K1494.975 段右幅行车道的裂缝情况进行了观测；2011 年 9 月 5 日和 9 月 8 日，作者对长潭高速公路的 K1527～K1532 段双向的裂缝情况进行了观测；2012 年 6 月 5 日，作者所在课题组对长潭高速全线 K1493＋000～K1537＋370 双向的裂缝情况进行了观测。

通过观测可知，纵向裂缝主要分布在行车道上靠硬路肩一侧的轮迹带上，连续配筋混凝土层虽不设纵向接缝，但行车道与硬路肩之间一般设有施工缝，并由横向钢筋外延替代纵向施工缝的拉杆，纵向施工缝处的沥青层在偏荷载的作用下，因层底受拉出现损伤开裂，裂缝朝荷载作用一侧向上发展。可见，现场观测结果与计算分析结果是一致的。

7.4.2　疲劳损伤影响因素分析

建立有限元模型，计算分析接缝传荷能力、沥青层模量及地基支撑条件(土基模量)对接缝(裂缝)处沥青层疲劳损伤的影响规律，基准作用次数和接缝传荷能力同上。

1)接缝传荷能力对疲劳损伤寿命的影响

计算中用接缝模量来表征接缝的传荷能力，且为了用对数坐标更好地示意疲劳寿命与模量的对应关系，模量 E' 的取值为 0.01MPa，0.1MPa，1MPa，10MPa，100MPa，1 000MPa。假定损伤度达到 0.6 时，微观裂纹形成过程结束，利用计算模型分析接缝处沥青层微观裂纹形成时的疲劳损伤寿命，计算结果如图 7-15 所示。

接缝传荷能力对沥青层的疲劳损伤影响非常显著，它决定了接缝处沥青层

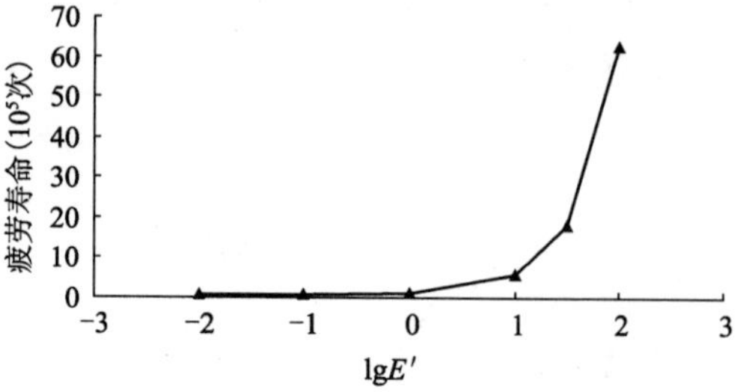

图 7-15　疲劳寿命与接缝传荷能力的关系

Fig. 7-15　Relationship of fatigue life and load transfer capacity at joint

裂缝的起源、成因、扩展方向以及沥青层的疲劳断裂寿命。由图 7-15 可知，随着接缝模量的不断增加，接缝的传荷能力不断加强，沥青层的疲劳损伤寿命也不断提高，尤其是接缝传荷能力大于 100MPa 时，接缝处沥青层底的损伤度大幅减小，接缝传荷能力大于 1 000MPa 时，沥青层底由于接缝引起的损伤可不作考虑。

2)沥青层模量对疲劳损伤的影响

从图 7-16 可知，随着沥青层模量的增大，沥青层的损伤度不断增大，尤其是沥青面层模量大于 1 400MPa 时，模量每增加 200MPa，损伤度约增加 55%。

考虑到刚柔复合式路面沥青层较薄，又有刚性基层作为承重层，车辙深度一般较小，建议在设计中选择模量相对较小的沥青混合料。

3)土基模量对疲劳损伤的影响

从图 7-17 可知，随着土基模量的增加，沥青层的损伤度不断减小，土基模量从 40MPa 增加到 60MPa 时，损伤度约减少 34%，因此，在刚柔复合式路面修筑过程中，建议首先对土基进行处理，如土基模量较低，建议用无机结合料进行处理，土基含水率较大时也可用沙砾或碎石进行换填处理。

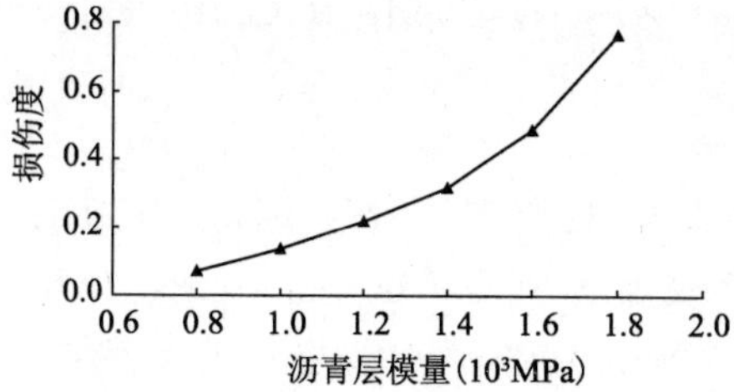

图 7-16　损伤度与沥青层模量的关系

Fig. 7-16　Relationship of damage value and modulus of asphalt concrete layer

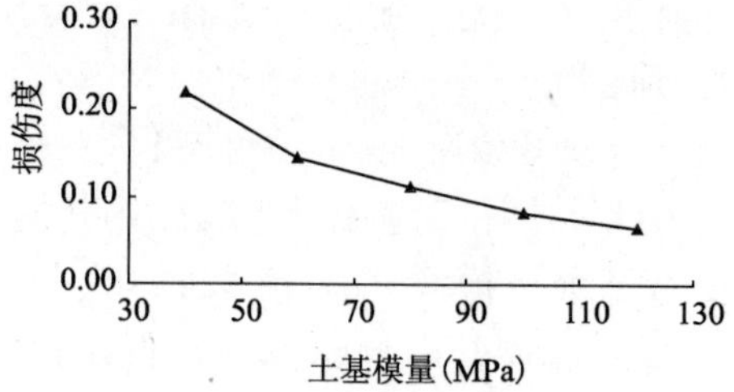

图 7-17　损伤度与土基模量的关系

Fig. 7-17　Relationship of damage value and modulus of soil base

7.4.3　裂缝处芯样情况分析

1)JPC+AC 复合式路面裂缝处芯样分析

2011 年 5 月作者对湖南省常吉高速公路主线的试验段和茶庵铺互通连接线[结构方案为横缝设传力杆的普通混凝土(JPC)复合式沥青路面]进行了观测,并在裂缝处进行了转芯取样,如图 7-18 所示。

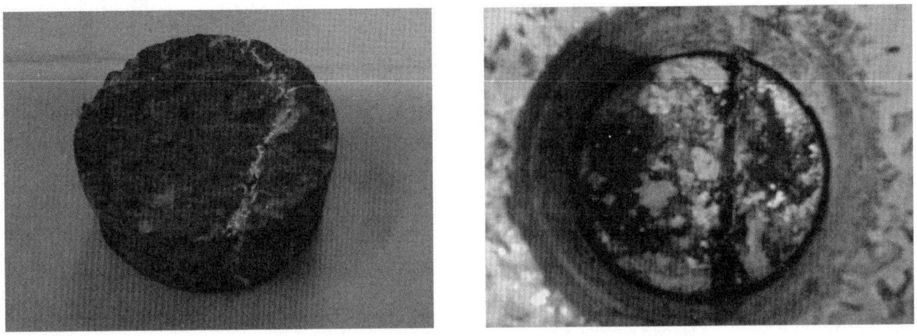

图 7-18　JPC+AC 复合式路面裂缝处芯样情况

Fig. 7-18　Core sample from the crack of JPC+AC composite pavement

从芯样可知,裂缝主要为混凝土基层接缝引起的反射裂缝,观测时在主线的 CRC+AC 复合式路面试验段并未发现裂缝,产生这一现象的主要原因是:JPC+AC 复合式路面与 CRC+AC 复合式路面相比存在一定的缺陷,接缝缝隙的宽度较大,且传荷能力有限;JPC+AC 复合式路面的沥青层较薄,设计为 6cm,实测芯样时为 5cm。

2)CRC+AC 复合式路面裂缝处芯样分析

2012 年 6 月,作者所在课题组对京港澳国家高速公路主干线湖南省长潭高速公路的裂缝进行了观测,并在裂缝处进行了转芯取样,如图 7-19 所示。

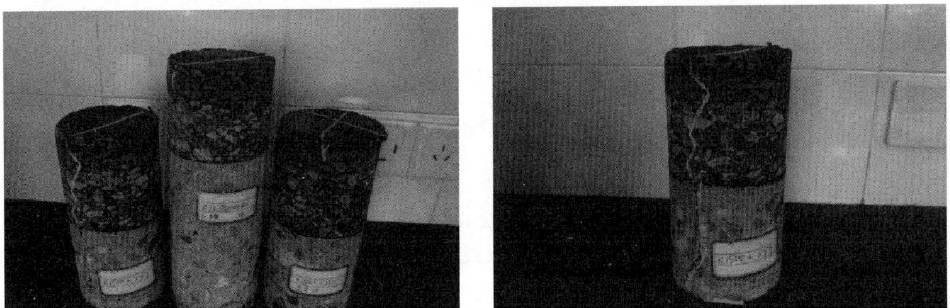

图 7-19　CRC+AC 复合式路面裂缝处芯样情况

Fig. 7-19　Core sample from the crack of CRC+AC composite pavement

从芯样可知，部分横向裂缝是由 CRC 层横向裂缝引起的反射裂缝，现行规范要求钢筋埋置深度处缝隙平均宽度不大于 0.5mm，02 版规范要求钢筋埋置深度处缝隙平均宽度不大于 1mm，而从芯样观察可知，钢筋埋置深度处缝隙宽度远大于这一控制值，一般在 5mm 左右，造成这一现象的主要原因是对水泥混凝土的施工质量控制不够，所以要严格控制水泥混凝土的水灰比和坍落度，以保证 CRC 层横向裂缝的缝隙宽度满足规范要求，只有这样才能充分发挥 CRC+AC 复合式路面的优势。

7.5 本章小结

本章运用损伤力学、传热学、断裂力学理论和有限元法，从疲劳损伤的基本理论出发，用 ABAQUS 有限元软件建立非线性疲劳损伤的计算模型，用 Fortran 语言编制含损伤材料的子程序，进行损伤演化分析，计算了刚柔复合式路面沥青面层的非线性疲劳损伤寿命及影响因素，根据计算结果并结合实体工程的观测结果，分析了刚柔复合式路面沥青面层的疲劳损伤特性及开裂机理。本章的主要结论如下：

(1)在温度的反复作用下，沥青层出现损伤累积，损伤度主要集中于沥青层表面附近。随着温变次数的增加，沥青层表面的损伤度线性增加，随着沥青层模量与温变幅值的增加，沥青层表面的损伤度不断增加。因此，从损伤演化的角度看，沥青面层的模量不宜太高。

(2)随温变次数的增加，沥青层表面的水平拉应力线性减小，随温变幅值的增大，沥青层的疲劳寿命不断减小，尤其是温变幅值小于 6℃时，沥青层的温度疲劳寿命随温变幅值的增大而大幅减小。

(3)在行车荷载的反复作用下，荷载作用一侧的刚性基层接缝(裂缝)处的沥青层易出现疲劳开裂，沥青层的开裂主要归因于其底面的弯拉应力，随着损伤演化继续，沥青层底出现损伤开裂，开裂后沥青层底受到的拉应力消失，在裂缝尖端处受到了拉应力，裂缝在荷载作用下沿尖端以张开型和剪切型的形式向上扩展，直至裂缝贯穿整个沥青层。

(4)随着接缝模量的不断增加，接缝的传荷能力不断加强，沥青层的荷载疲劳损伤寿命也不断提高，尤其是接缝传荷能力大于 100MPa 时，接缝对应的沥青层底位置损伤大幅减小，接缝传荷能力大于 1 000MPa 时，沥青层底由接缝引起的损伤可以不作考虑。

(5)随着沥青层模量的增大，沥青层的荷载疲劳损伤不断增大，尤其是面层模量大于1 400MPa时，模量每增加200MPa，损伤度约增加55%。考虑到刚柔复合式路面沥青层较薄，又有混凝土刚性基层，车辙深度一般较小，建议在设计中选择模量相对较小的沥青混合料。

(6)随着土基模量的增加，沥青层的荷载疲劳损伤不断减小，土基模量从40MPa增加到60MPa时，损伤度约减少34%，因此，在刚柔复合式路面修筑过程中，建议首先对土基进行处理，如土基模量较低，建议用无机结合料进行处理，土基含水率较大时也可用沙砾或碎石进行换填处理。

目前还没有刚柔复合式路面沥青面层的设计方法，沥青路面的传统设计方法也主要是考虑沥青层的疲劳寿命，只考虑了路面结构的初始状态和最终结果，缺乏对路面结构使用期间各种力学状态的研究分析。掌握路面结构在使用期间所处的状态和工作性能，可为刚柔复合式路面的设计、施工，尤其是对日常养护方案的制订等工作提供科学依据。

第 8 章　CRC＋AC 复合式路面沥青面层的裂缝扩展

传统的道路工程分析程序，无法解决 CRC＋AC 复合式路面结构带缝状态下的力学响应，也无法模拟裂缝尖端附近应力与位移场的奇异性。目前，国内外对 CRC＋AC 复合式路面的裂缝扩展尤其是温度型裂缝扩展的研究很少。

本章根据断裂力学、传热学、弹性层状理论体系等基本理论，运用 ABAQUS 有限元软件，以应力强度因子来描述裂缝的扩展情况，并建立应力强度因子与结构层厚度、模量、裂缝长度、裂缝扩展时期等的关系，对荷载和温度作用下 CRC＋AC 复合式路面 AC 层的开裂机理及 AC 层裂缝扩展的影响因素进行研究。研究结果可为 CRC＋AC 复合式路面的合理设计提供参考依据。

8.1　相关理论及模型参数

路面结构的设计要保证有足够的疲劳寿命，疲劳寿命由裂缝产生、微观裂缝扩展、宏观裂缝扩展、最终断裂四个阶段组成，而且裂缝的扩展有其不确定的因素，裂缝的产生和扩展占疲劳寿命的主要部分。

按照断裂力学的观点，裂缝的扩展有 3 种位移模式：张开模式（Ⅰ型）、剪切模式（Ⅱ型）和撕开模式（Ⅲ型）。实际工程问题中很难获得应力强度因子的解析解，所以一般都采用有限元法进行数值计算。

8.1.1　相关理论

在如图 8-1 所示的平面裂纹中，坐标原点 o 选在裂尖，r、θ 为极坐标，x、y 为直角坐标，u、v 分别表示 x、y 方向的位移分量，则应力强度因子可由相应的应力场和位移场定义：

$$\sigma_x=\frac{K_{\mathrm{I}}}{\sqrt{2\pi r}}\cos\frac{\theta}{2}\left(1-\sin\frac{\theta}{2}\sin\frac{3\theta}{2}\right)-\frac{K_{\mathrm{II}}}{\sqrt{2\pi r}}\sin\frac{\theta}{2}\left(2+\cos\frac{\theta}{2}\cos\frac{3\theta}{2}\right)\tag{8-1}$$

$$\sigma_y=\frac{K_{\mathrm{I}}}{\sqrt{2\pi r}}\cos\frac{\theta}{2}\left(1+\sin\frac{\theta}{2}\sin\frac{3\theta}{2}\right)+\frac{K_{\mathrm{II}}}{\sqrt{2\pi r}}\sin\frac{\theta}{2}\cos\frac{\theta}{2}\cos\frac{3\theta}{2}\tag{8-2}$$

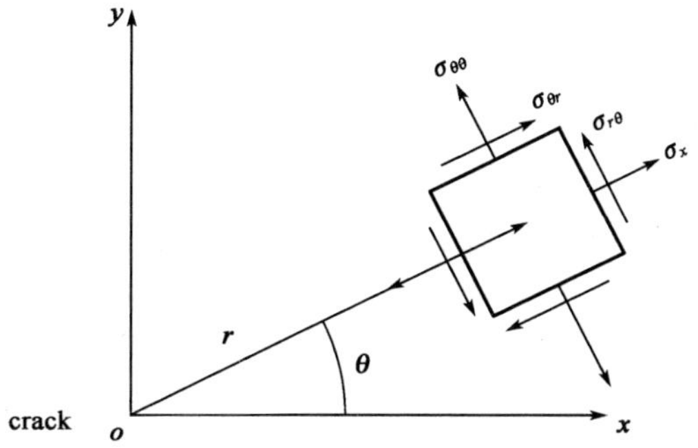

图 8-1 裂缝尖端示意图

Fig. 8-1 Diagram of crack tip

$$\tau_{xy}=\frac{K_{\mathrm{I}}}{\sqrt{2\pi r}}\cos\frac{\theta}{2}\sin\frac{\theta}{2}\cos\frac{3\theta}{2}+\frac{K_{\mathrm{II}}}{\sqrt{2\pi r}}\cos\frac{\theta}{2}\left(1-\sin\frac{\theta}{2}\sin\frac{3\theta}{2}\right) \tag{8-3}$$

$$u=\frac{K_{\mathrm{I}}}{4G}\sqrt{\frac{r}{2\pi}}\left[(2\chi-1)\cos\frac{\theta}{2}-\cos\frac{3\theta}{2}\right]+\frac{K_{\mathrm{II}}}{4G}\sqrt{\frac{r}{2\pi}}\left[(2\chi+3)\sin\frac{\theta}{2}+\sin\frac{3\theta}{2}\right] \tag{8-4}$$

$$\nu=\frac{K_{\mathrm{I}}}{4G}\sqrt{\frac{r}{2\pi}}\left[(2\chi+1)\sin\frac{\theta}{2}-\sin\frac{3\theta}{2}\right]-\frac{K_{\mathrm{II}}}{4G}\sqrt{\frac{r}{2\pi}}\left[(2\chi-3)\cos\frac{\theta}{2}+\cos\frac{3\theta}{2}\right] \tag{8-5}$$

式中：G——剪切模量，$G=\frac{E}{2(1+\mu)}$；

E——材料的模量；

μ——材料的泊松比。

$\chi=\frac{3-\mu}{4+\mu}$（平面应力），$\chi=3-4\mu$（平面应变）

$$K_{\mathrm{I}}=\lim_{r\to 0}\sqrt{2\pi r}\sigma_y(r,0) \tag{8-6}$$

$$K_{\mathrm{II}}=\lim_{r\to 0}\sqrt{2\pi r}\tau_{xy}(r,0) \tag{8-7}$$

当外加荷载为对称荷载，裂缝尖端应力场由 Ⅰ 型应力强度因子控制时，令 $\theta=180°$，由式(8-5)可得用裂缝面位移表示的应力强度因子（平面应变）：

$$K_{\mathrm{I}}(t)=\frac{\sqrt{2\pi}E}{4(1-\mu^2)}\cdot\frac{\nu(t)}{\sqrt{r}} \tag{8-8}$$

8.1.2 计算模型及参数

CRC+AC 复合式路面结构是在弹性半空间地基上的连续配筋混凝土弹性

薄板上加铺沥青层的复杂结构，计算中其模型示意及主要参数取值同本书第 2 章所述。

8.2 沥青面层开裂分析

CRC＋AC 复合式路面的 CRC 层本身存在横向裂缝，有研究成果表明：裂缝的最佳间距为 1.5～2.0m，且钢筋埋置深度处缝隙平均宽度要求不大于 0.5mm，可见，CRC＋AC 复合式路面结构虽处在一种有初始缺陷的状态，但由于裂缝间隙很小，横向裂缝的传荷能力较理想，不同于其他刚柔复合式路面。按传统意义上的弹性层状体系理论计算得到的 AC 层受力状况，未考虑 CRC 层存在横向裂缝，其受力与实际存在一定的偏差。考虑到实际中由于轮胎作用位置的不确定性，建立三维有限元计算模型，对荷载作用下 CRC＋AC 复合式路面 AC 层的开裂进行分析。

8.2.1 动荷载作用下沥青层受力分析

为了更好地模拟 AC 层的实际受力状况，采用显示动态分析法并编制子程序进行计算分析。在动荷载的计算模型中，假设汽车时速 108km·h^{-1}，即 30m·s^{-1}，分析步时长 0.1s，设定在 0.05s 时轮胎与路面等效接触面的横向中心线与 CRC 层横向裂缝处于同一垂直平面，如图 8-2 所示。

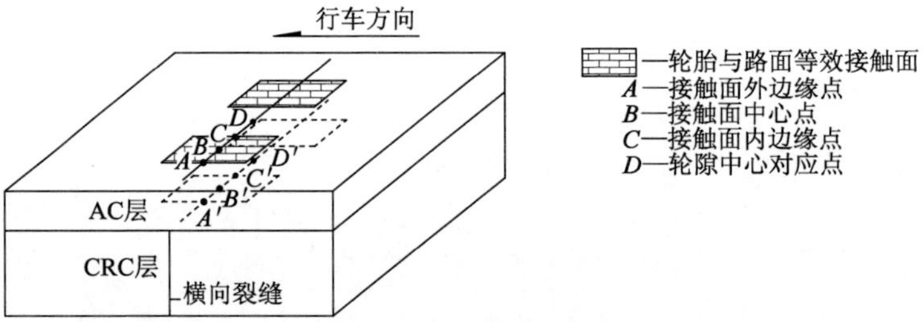

图 8-2　计算荷位示意图

Fig. 8-2　Diagram for the calculated load locations

计算图 8-2 中的 A、B、C、D 点及其沿垂直深度方向上在 AC 层底面对应的 A'、B'、C'、D' 点所受的横向水平应力、纵向水平应力，以此来分析和判定在行车荷载作用下，AC 层是否会出现裂缝，出现裂缝后是否会因水平张拉应力的影响而出现张开模式（Ⅰ型）的扩展。计算云图及结果如图 8-3～图 8-10 所示。

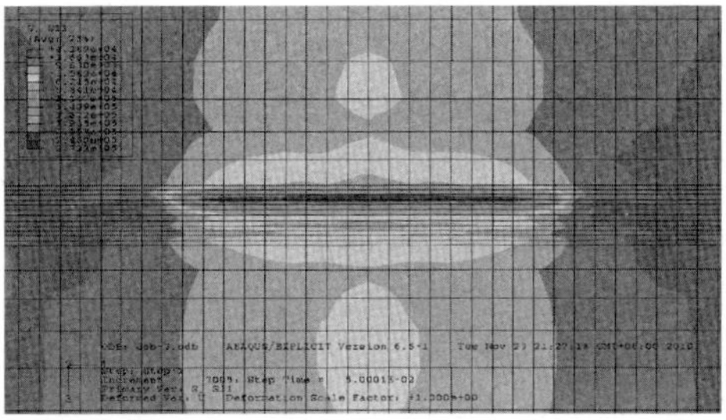

图 8-3　AC 层表面纵向水平应力分布云图

Fig. 8-3　Contour of longitudinal horizontal stress on the surface of AC layer

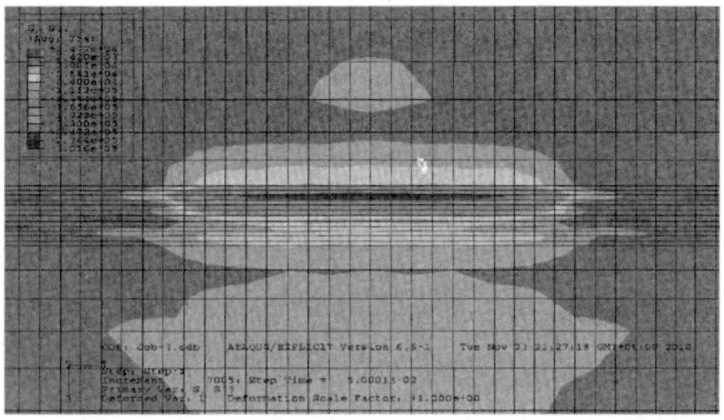

图 8-4　AC 层底面纵向水平应力分布云图

Fig. 8-4　Contour of longitudinal horizontal stress on the undersurface of AC layer

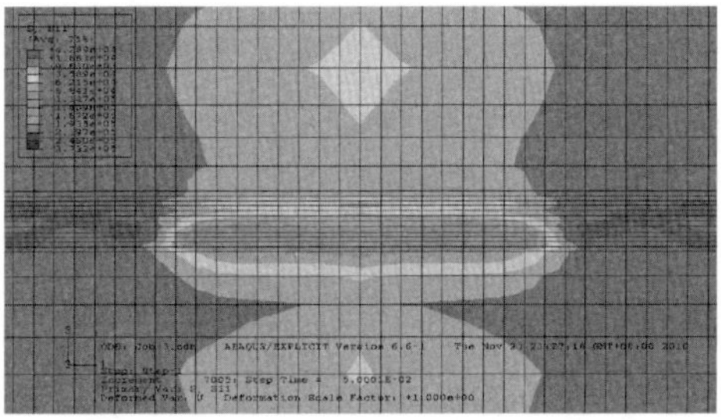

图 8-5　AC 层表面横向水平应力分布云图

Fig. 8-5　Contour of lateral horizontal stress on the surface of AC layer

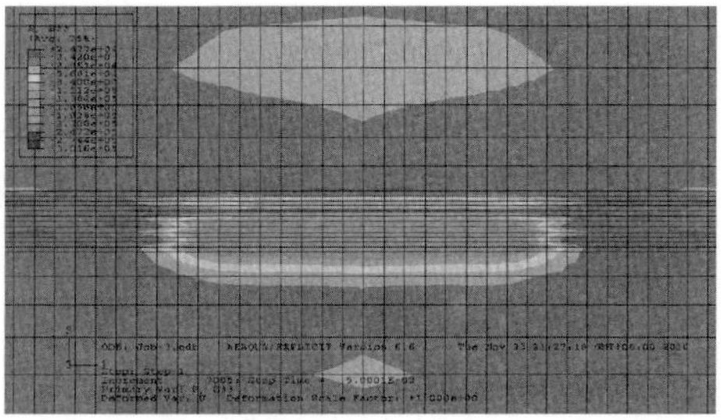

图 8-6　AC 层底面横向水平应力分布云图

Fig. 8-6　Contour of lateral horizontal stress on the undersurface of AC layer

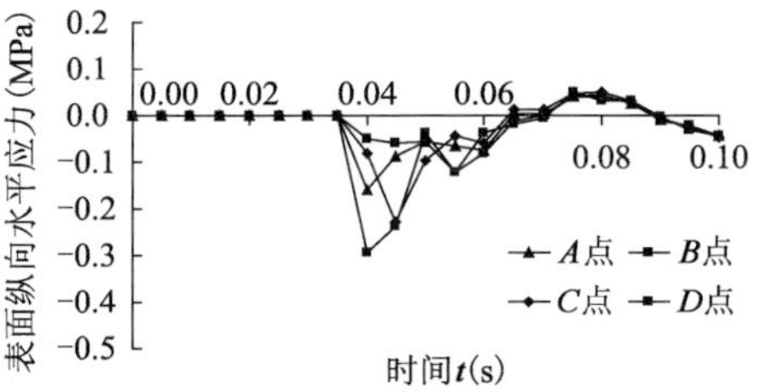

图 8-7　AC 层表面纵向水平应力与时间的关系

Fig. 8-7　Relationship of longitudinal horizontal stress on the surface of AC layer and time

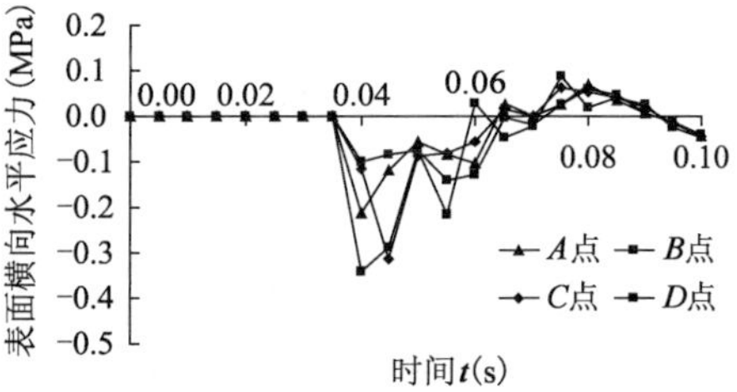

图 8-8　AC 层表面横向水平应力与时间的关系

Fig. 8-8　Relationship of lateral horizontal stress on the surface of AC layer and time

计算结果表明：

(1)从图 8-7、图 8-8 可知，动荷载移动过程中，AC 层表面的 A、B、C、D 点在开始阶段不受水平拉(压)应力，在荷载接近和通过(0.05s)时，这 4 点受到纵横向水平压应力，在荷载远离时，这 4 点会受到较小的纵横向水平拉应力。

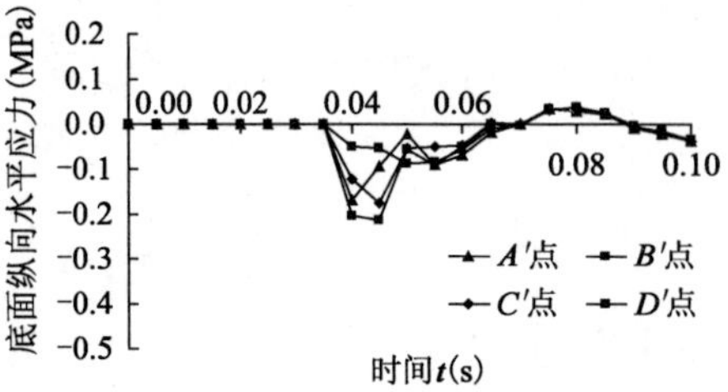

图 8-9 AC 层底面纵向水平应力与时间的关系

Fig. 8-9 Relationship of longitudinal horizontal stress on the undersurface of AC layer and time

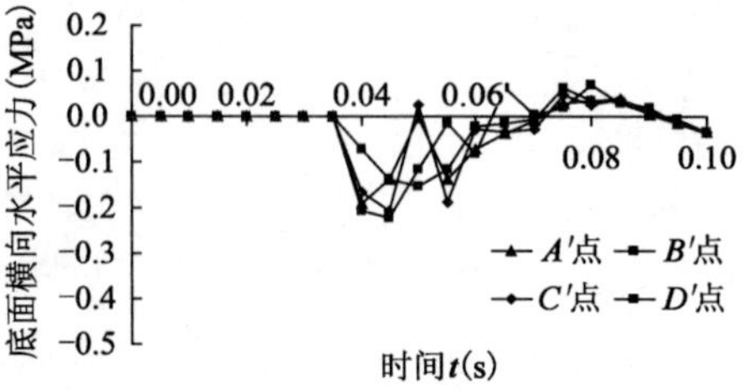

图 8-10 AC 层底面横向水平应力与时间的关系

Fig. 8-10 Relationship of lateral horizontal stress on the undersurface of AC layer and time

(2)从图 8-9、图 8-10 可知,动荷载移动过程中,AC 层底面的 A'、B'、C'、D' 点在开始阶段不受水平拉(压)应力,在荷载接近和通过时,这四点主要受到纵横向水平压应力,轮胎与路面接触面的内边缘点在 AC 层层底的对应点(图 8-2 中的 C')由于受到 CRC 层横向裂缝的影响会产生较小的横向水平拉应力,在荷载远离时,这四点会受到较小的纵横向水平拉应力。

(3)对于不同的荷位,AC 层表面受到的纵横向水平拉应力相差不大且均较小;AC 层底面受到的纵横向水平拉应力有一定的偏差,且规律也略有不同,可见,CRC 层横向裂缝会对 AC 层底面的应力分布产生一定的影响。

8.2.2 沥青层开裂分析

一般情况下,沥青路面的裂缝主要分为两大类,即荷载型和非荷载型裂缝,荷载型裂缝主要表现为张开型和剪切型开裂方式,非荷载型裂缝主要为温度疲劳开裂和低温收缩开裂,主要体现为张拉型开裂方式。撕开模式在沥青层中不常出现。

通过上述计算分析可知,由于 AC 层表面存在纵横向水平拉应力,加上温度作用、施工质量、材料老化等各种因素的影响,在行车荷载的长期作用下 AC 层表面会产生纵横向开裂;在标准轴载的作用下,在 AC 层层底(CRC 层横向裂缝的对应区域)会受到很小的拉应力,出现裂缝的可能性不大,但在重载和温度的长期综合作用下,加上材料老化等因素的影响,这个区域还是会出现开裂,在外部因素的作用下,裂缝不断向上发展,最终在沥青面层表面以反射裂缝的形式表现出来。

在正荷载(车轮位于裂缝正上方时)作用下,AC 层表面、底面横向裂缝的裂缝面主要为受压,Ⅰ型开裂模式的强度因子 K_{I} 为负,裂缝处于闭合状态,对裂缝扩展无贡献，发生失稳扩展的可能性很小。因此，下文只考虑偏荷载（车轮位于裂缝一侧）作用下 AC 层的裂缝扩展。

相关研究表明，AC 层表面或底面横向裂缝与 CRC 层横向裂缝处于同一垂直平面时，AC 层的表面或底面横向裂缝的扩展强度最大。因此，进行 AC 层裂缝扩展分析时，主要考虑与 CRC 层横向裂缝在同一垂直平面上的 AC 层裂缝。

8.3 荷载型裂缝扩展研究

在偏荷载作用下，裂缝扩展会有一定的角度改变，但一次行车荷载作用，可以假设裂缝是垂直向上扩展的。裂缝尖端的Ⅱ型应力强度因子 K_{II} 不论正负对裂缝扩展都有贡献，所以计算结果取 K_{II} 的绝对值。将沥青层中的裂缝长度与沥青层厚度的比值定义为裂缝扩展时期，除特殊说明，计算结果均为裂缝扩展中期（裂缝长度与沥青层厚度的比值为 0.5）的应力强度因子。

8.3.1 表面荷载型裂缝的扩展

为了全面分析偏荷载作用下 AC 层表面裂缝的扩展规律，计算和分析应力强度因子 K_{II} 与裂缝扩展时期、裂缝长度（沿路面垂直深度方向上裂缝的长度）、结构层厚度、模量等之间的关系，研究影响 AC 层表面裂缝扩展的影响因素及规律。三维计算模型示意如图 8-11 所示，裂缝尖端处的网格示意如图 8-12 所示。

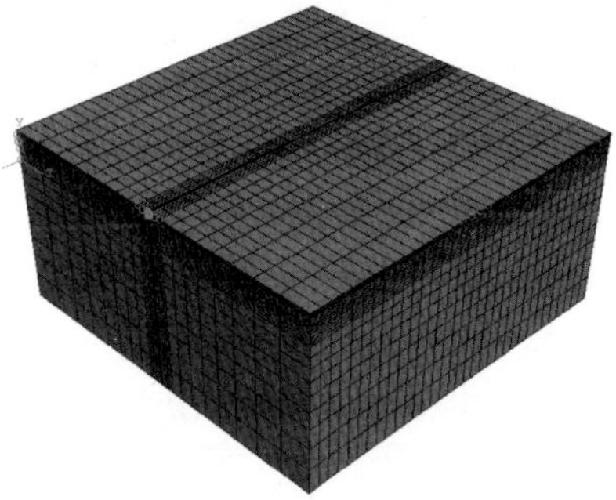

图 8-11　三维计算模型示意图

Fig. 8-11　Diagram of 3D model

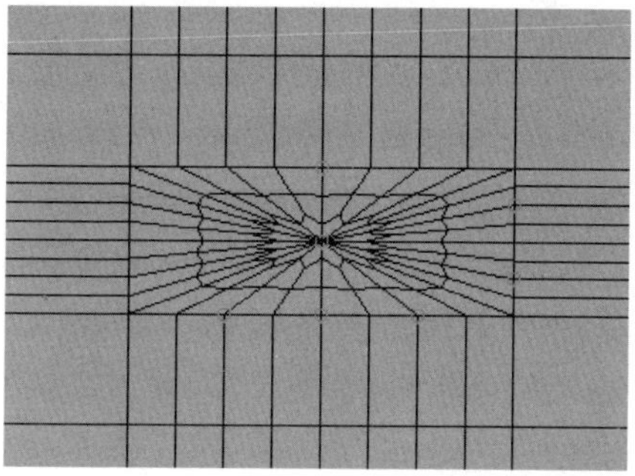

图 8-12　裂缝尖端处的网格示意图

Fig. 8-12　Diagram of mesh at crack tip

1）扩展长度和结构层厚度对裂缝扩展的影响分析

（1）从图 8-13 可知，在偏荷载作用下，AC 层表面裂缝的扩展强度随裂缝扩展而增大，达到峰值后再缓慢下降，表面裂缝向下扩展到面层厚度的 0.6 左右时，扩展强度达到最大。

(2)从图 8-14 可知，在裂缝长度一定的情况下，AC 层越厚，裂缝尖端距离 CRC 层的支撑就越远，扩展强度也就越大，AC 层厚度每增加 1cm，裂缝扩展强度将增加 3.5%左右，但由于扩展路径加长，增加 AC 层厚度会延缓表面裂缝贯穿 AC 层的时间，从图中可以看出这种延缓作用要远大于扩展强度增加所造成的影响。

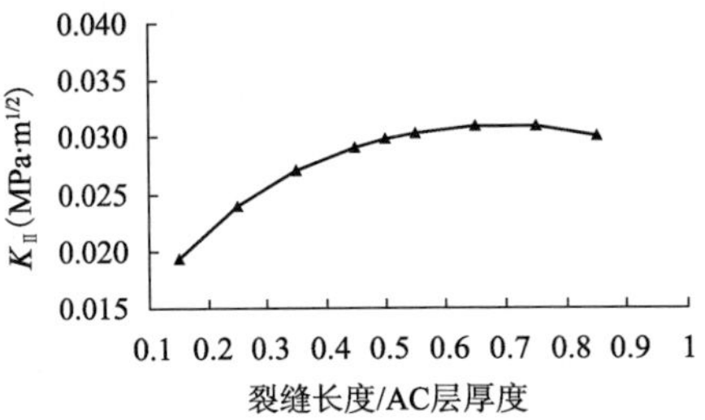

图 8-13　$K_{\text{Ⅱ}}$ 值与裂缝扩展时期的关系

Fig. 8-13　Relationship of $K_{\text{Ⅱ}}$ and propagation period

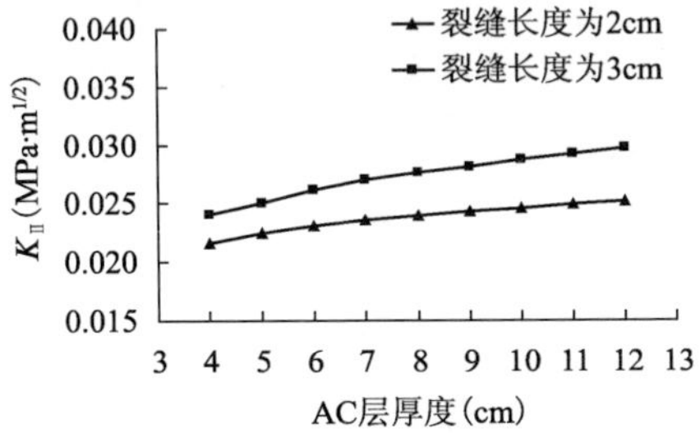

图 8-14　一定裂缝长度下 $K_{\text{Ⅱ}}$ 值与 AC 层厚度的关系

Fig. 8-14　Relationship of $K_{\text{Ⅱ}}$ and the thickness of AC layer under certain crack length

(3)从图 8-15 可知，在一定的扩展时期下，随着 AC 层厚度的增加，裂缝尖端距离 CRC 层的距离增加，扩展强度线性增加，扩展强度增加和扩展路径加长对 AC 层表面裂缝扩展的影响关系是：扩展路径加长对裂缝扩展起到的延缓作用是强度因子增大起到的加大作用的 2～3 倍。

(4)从图 8-16 可知，CRC 层厚度对 AC 层表面Ⅱ型裂缝的扩展强度影响很小，所以基层厚度对表面Ⅱ型裂缝扩展强度的影响基本可以忽略不计，不作计算。

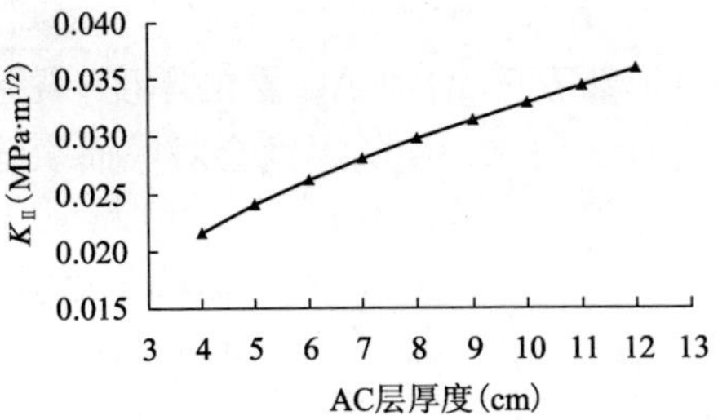

图 8-15　一定扩展时期下 $K_{\text{Ⅱ}}$ 值与 AC 层厚度的关系

Fig. 8-15　Relationship of $K_{\text{Ⅱ}}$ and the thickness of AC layer under certain propagation period

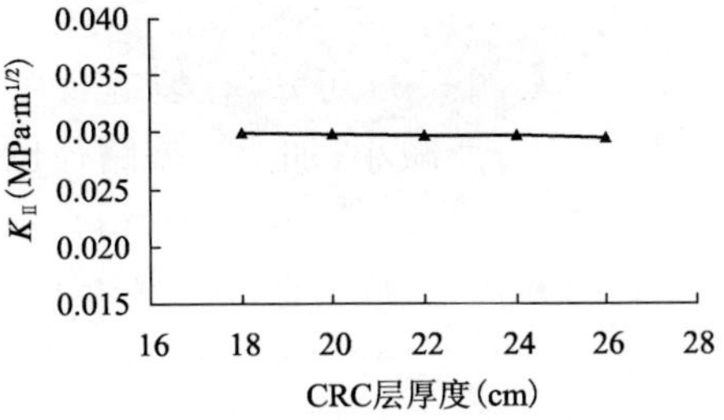

图 8-16　$K_{\text{Ⅱ}}$ 值与 CRC 层厚度的关系

Fig. 8-16　Relationship of $K_{\text{Ⅱ}}$ and the thickness of CRC layer

2)模量对裂缝扩展的影响分析

(1)从图 8-17 可知,随 AC 层模量的增加,AC 层表面Ⅱ型裂缝的强度因子 $K_{Ⅱ}$ 会增加,但增加幅度很小。

(2)从图 8-18 可知,CRC 层模量对 AC 层表面Ⅱ型裂缝的扩展强度基本没有影响,所以基层和土基模量对表面Ⅱ型裂缝扩展强度的影响无需考虑。

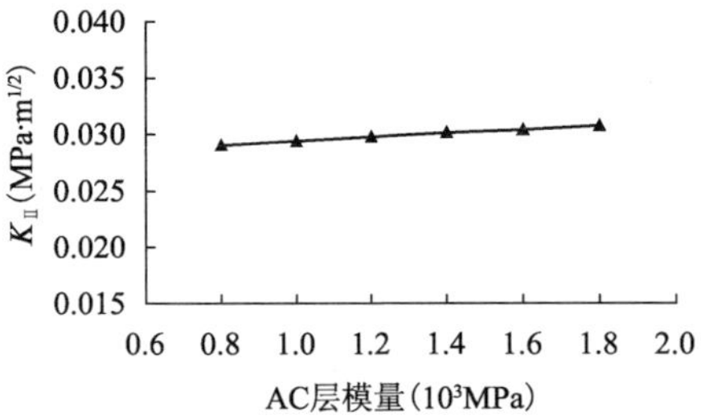

图 8-17　$K_{Ⅱ}$ 值与 AC 层模量的关系

Fig. 8-17　Relationship of $K_{Ⅱ}$ and the modulus of AC layer

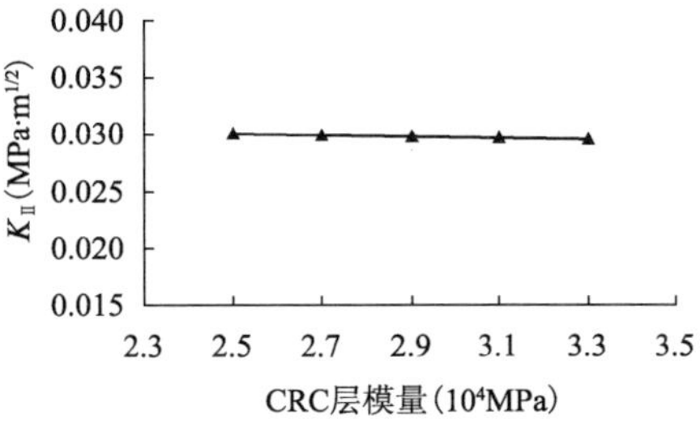

图 8-18　$K_{Ⅱ}$ 值与 CRC 层模量的关系

Fig. 8-18　Relationship of $K_{Ⅱ}$ and the modulus of CRC layer

8.3.2　底面荷载型裂缝的扩展

在 CRC+AC 复合式路面结构中,CRC 层横向裂缝在 AC 层层底的对应区域会因应力集中的原因出现裂缝,在外部因素的作用下,裂缝会不断向上发展,最终以反射裂缝的形式表现出来,严重影响 CRC+AC 复合式路面的耐久性,研究 AC 层底面裂缝扩展的影响因素及规律具有一定的意义。

1)扩展长度和结构层厚度对裂缝扩展的影响分析

(1)从图 8-19 可知,在偏荷载作用下,AC 层底面裂缝的扩展强度随裂缝扩展而增大,且增大幅度在裂缝扩展的后期要明显地大于前期。

(2)从图 8-20 可知,在裂缝长度一定的情况下,增加 AC 层的厚度,裂缝扩展强度会有所减小,加上扩展路径也会加长,增加 AC 层的厚度会对底面裂缝贯穿 AC 层起到较好地延缓作用。

(3)从图 8-21 可知,在一定的扩展时期下,随着 AC 层厚度的增加,裂缝的扩展强度线性增加,但扩展路径也加长了,扩展强度增加和扩展路径加长对 AC 层底面荷载裂缝扩展的影响关系是:扩展路径加长对裂缝扩展起到的延缓作用是强度因子增大起到的加大作用的 4～6 倍。

(4)从图 8-22 可知,CRC 层厚度对 AC 层底面Ⅱ型裂缝的扩展强度影响很小,所以基层厚度对Ⅱ型裂缝扩展强度的影响基本可以忽略不计,不作计算。

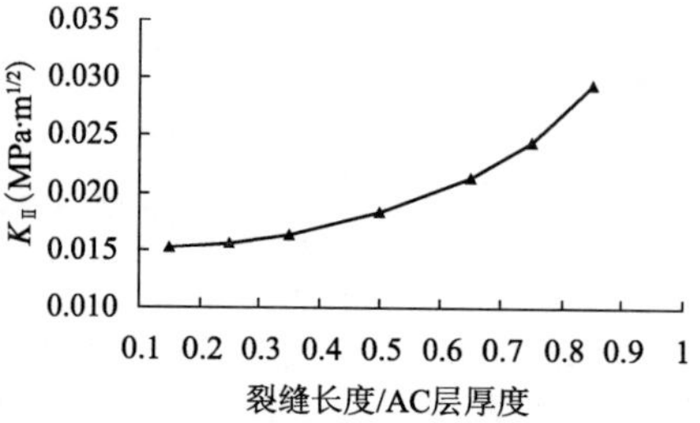

图 8-19 K_{II}值与裂缝扩展时期的关系

Fig. 8-19 Relationship of K_{II} and propagation period

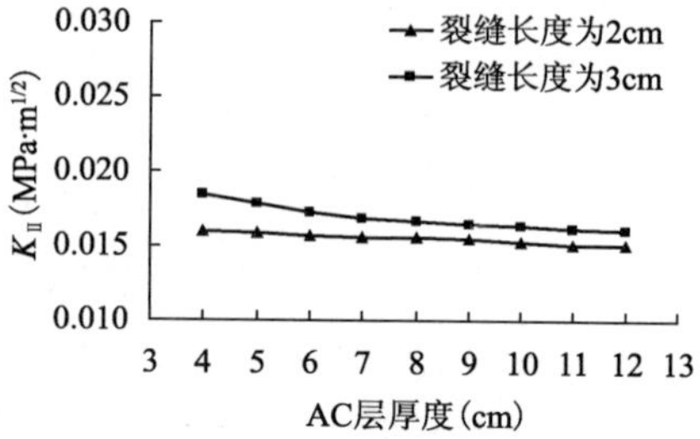

图 8-20 一定裂缝长度下K_{II}值与 AC 层厚度的关系

Fig. 8-20 Relationship of K_{II} and the thickness of AC layer under certain crack length

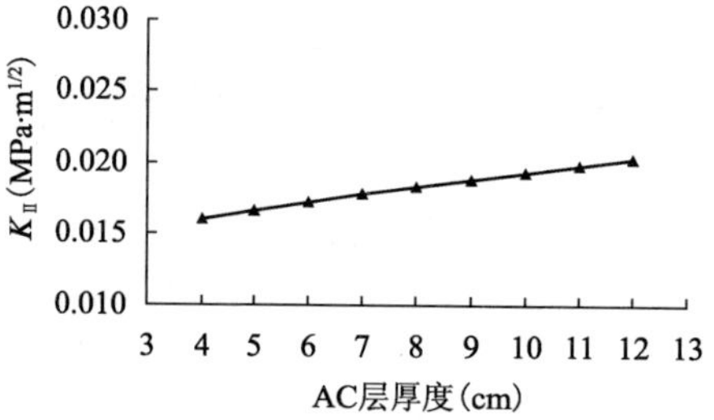

图 8-21 一定扩展时期下K_{II}值与 AC 层厚度的关系

Fig. 8-21 Relationship of K_{II} and the thickness of AC layer under certain propagation period

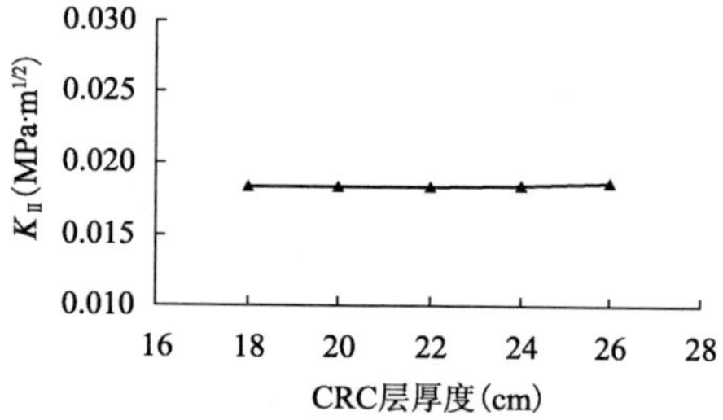

图 8-22 K_{II}值与 CRC 层厚度的关系

Fig. 8-22 Relationship of K_{II} and the thickness of CRC layer

2)模量对裂缝扩展的影响分析

(1)从图 8-23 可知,随 AC 层模量的增加,AC 层底面Ⅱ型裂缝的强度因子K_{II}会有小幅增加,模量每增加 200MPa,K_{II}增加 4%左右。

(2)从图 8-24 可知,CRC 层模量对 AC 层底面Ⅱ型裂缝的扩展强度基本没有影响,所以基层和土基模量对 AC 层底面Ⅱ型裂缝扩展强度的影响无需考虑。

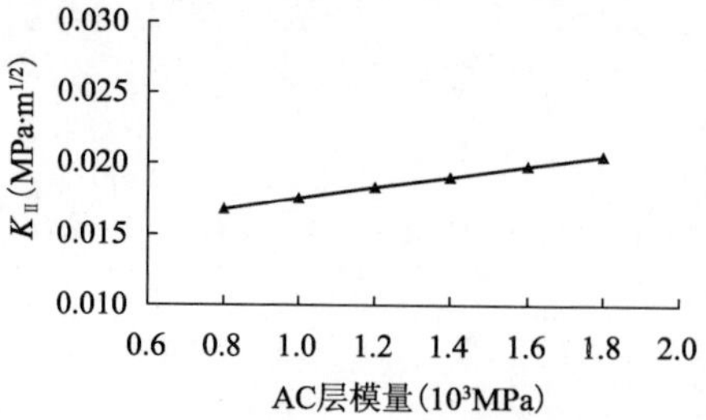

图 8-23 K_{II}值与 AC 层模量的关系

Fig. 8-23 Relationship of K_{II} and the modulus of AC layer

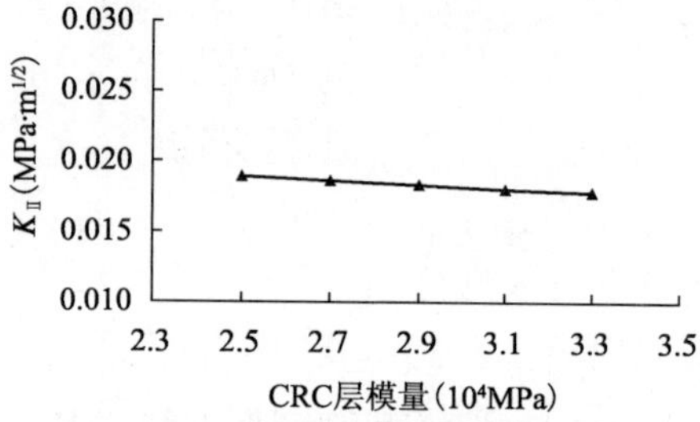

图 8-24 K_{II}值与 CRC 层模量的关系

Fig. 8-24 Relationship of K_{II} and the modulus of CRC layer

综上所述，增加AC层厚度对AC层荷载裂缝尤其是对AC层底面荷载裂缝的扩展能起到很好的延缓作用，在CRC+AC复合式路面设计中，要结合层间剪应力、车辙等因素的影响，合理设计AC层的厚度，AC层不能太薄。考虑到裂缝扩展强度随裂缝的扩展而不断加大，在工程实践中出现裂缝后要注意及时处理，以延长路面结构的使用寿命。

8.4　温度型裂缝扩展研究

AC层温度裂缝的扩展以张开模式（Ⅰ型）为主，随着温度的变化，CRC+AC复合式路面结构的内部形成了温度梯度，由于温度梯度的作用，结构层内部会产生一定的温度应力，沥青混合料是一种典型的温度敏感性材料，在温度应力的长期作用下，CRC+AC复合式路面的AC层会出现温度裂缝并沿裂缝尖端进行扩展，扩展强度可用应力强度因子 K_{I} 来表征。

8.4.1　最大温度梯度与结构层厚度的关系

AC层温度裂缝的扩展与AC层最大温度梯度有关，在连续变温条件下，需计算不同深度和时间下结构层内部的温度，以此来确定AC层的最大温度梯度，并建立AC层最大温度梯度与AC层厚度的关系。取某地区夏季高温季节一天的实测代表性温度，根据传热学原理，运用ABAQUS有限元软件，模拟连续变温条件下CRC+AC复合式路面的温度场，建立AC层最大温度梯度与结构层厚度的关系，结果如图8-25所示。

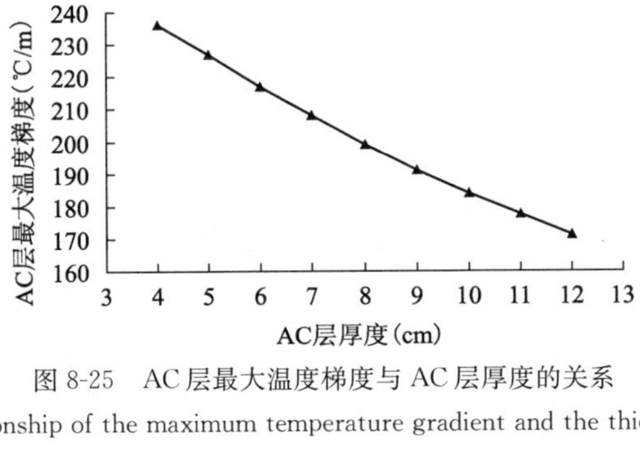

图8-25　AC层最大温度梯度与AC层厚度的关系

Fig. 8-25　Relationship of the maximum temperature gradient and the thickness of AC layer

8.4.2　表面温度型裂缝的扩展

为了全面分析温度作用下AC层表面裂缝的扩展规律，计算CRC+AC复合式路面在一天内连续变温条件下 AC 层最大温度梯度对应的应力强度因子 K_I，并建立 K_I 与裂缝扩展时期、裂缝长度、结构层厚度、模量等之间的关系，研究 AC 层表面温度裂缝扩展的影响因素及规律。

1）扩展长度和结构层厚度对裂缝扩展的影响分析

（1）从图 8-26 可知，在温度作用下，AC 层表面裂缝的扩展强度随裂缝扩展而增大，且增大幅度在裂缝扩展的前期要明显地大于后期。

（2）从图 8-27 可知，在裂缝长度一定的情况下，AC 层厚度增加，裂缝扩展强度会有所减小，加上扩展路径加长，增加 AC 层厚度对表面温度裂缝的扩展能起到很好的延缓作用。

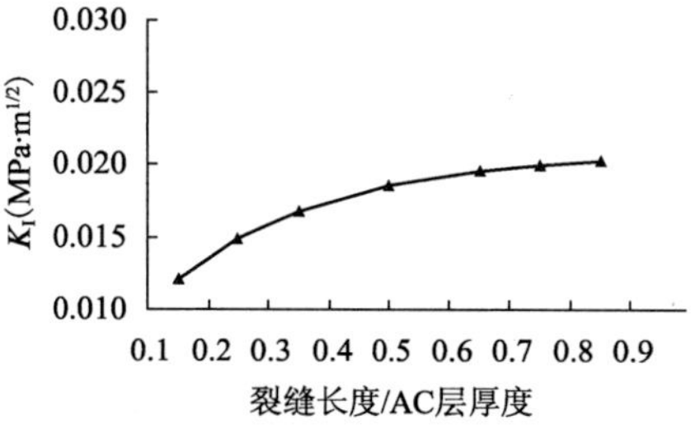

图 8-26 K_I 值与裂缝扩展时期的关系

Fig. 8-26 Relationship of K_I and propagation period

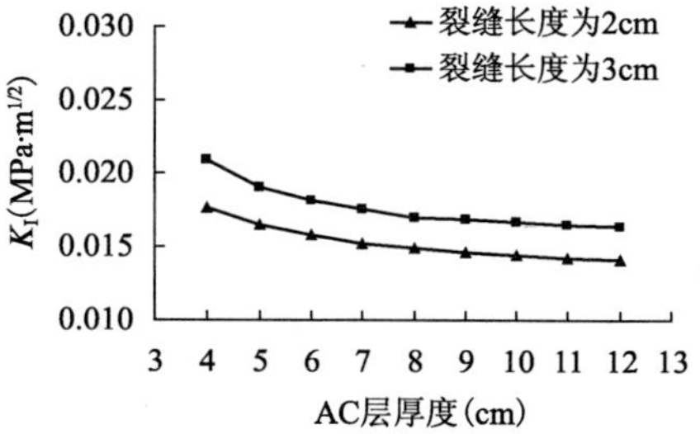

图 8-27 一定裂缝长度下 K_I 值与 AC 层厚度的关系

Fig. 8-27 Relationship of K_I and the thickness of AC layer under certain crack length

（3）从图 8-28 可知，在一定的扩展时期下，随着 AC 层厚度的增加，表面裂缝的扩展强度变化不大，但由于扩展路径加长，增加 AC 层厚度会对表面温度裂缝的扩展起到延缓作用。

（4）从图 8-29 可知，CRC 层厚度对 AC 层表面温度裂缝的扩展强度基本没有影响，所以基层厚度对 AC 层表面温度裂缝扩展强度的影响基本可以忽略不计，不作计算。

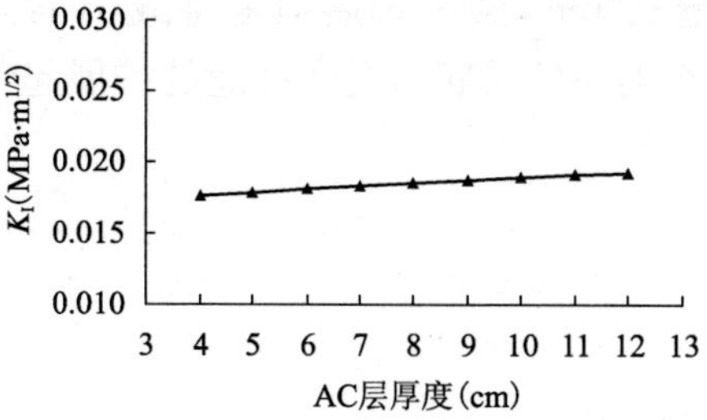

图 8-28 一定扩展时期下 K_I 值与 AC 层厚度的关系

Fig. 8-28 Relationship of K_I and the thickness of AC layer under certain propagation period

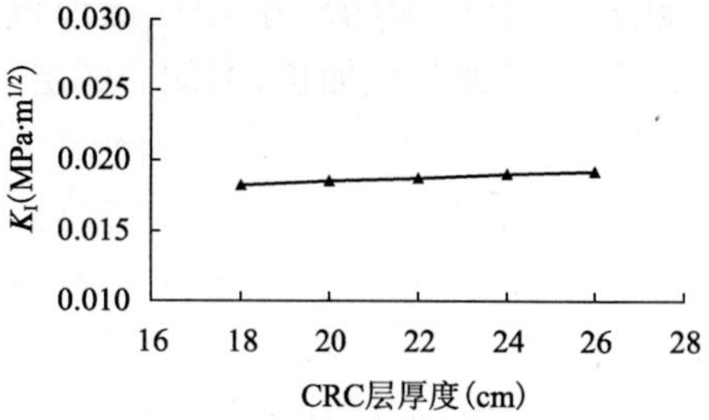

图 8-29 K_I 值与 CRC 层厚度的关系

Fig. 8-29 Relationship of K_I and the thickness of CRC layer

2)模量对裂缝扩展的影响分析

(1)从图 8-30 可知,随 AC 层模量的增加,AC 层表面温度裂缝的扩展强度线性增加,模量每增加 200 MPa,表面裂缝的扩展强度增加 18%左右。

(2)从图 8-31 可知,CRC 层模量对 AC 层表面温度裂缝的扩展强度基本没有影响,所以基层和土基模量对 AC 层表面温度裂缝扩展强度的影响无需考虑。

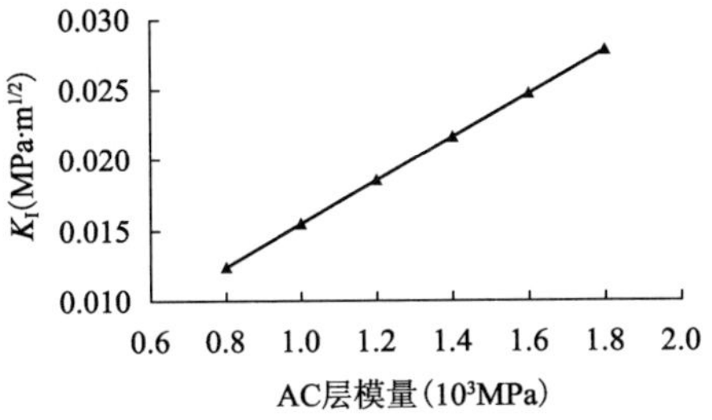

图 8-30　K_I 值与 AC 层模量的关系

Fig. 8-30　Relationship of K_I and the modulus of AC layer

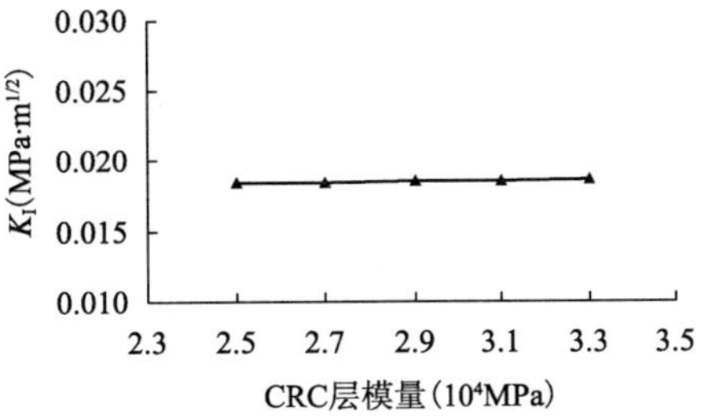

图 8-31　K_I 值与 CRC 层模量的关系

Fig. 8-31　Relationship of K_I and the modulus of CRC layer

8.4.3　底面温度型裂缝的扩展

计算一天内连续变温条件下 AC 层最大温度梯度对应的应力强度因子 K_I,并建立 K_I 与裂缝扩展时期、裂缝长度、结构层厚度、模量等之间的关系,研究 AC 层底面温度裂缝扩展的影响因素及规律。

1)扩展长度和结构层厚度对裂缝扩展的影响分析

(1)从图 8-32 可知,AC 层底面裂缝的扩展强度在扩展初期变化不大,在扩展后期不断增大。

(2)从图 8-33 可知,在裂缝长度一定的情况下,增加 AC 层的厚度,裂缝扩展强度会有较大的减小,AC 层厚度每增加 1cm,裂缝扩展强度将减小 11%左右,加上扩展路径加长,增加 AC 层厚度会对 AC 层底面温度裂缝的扩展起到很好的延缓作用。

(3)从图 8-34 可知,在一定的扩展时期下,AC 层底面温度裂缝的扩展强度随 AC 层厚度的增加而减小,厚度每增加 1cm,裂缝的扩展强度将减小 7.5%左右,且由于 AC 层厚度增加会引起扩展路径加长从而延缓裂缝的扩展,所以,增加 AC 层厚度可以有效减小底面温度裂缝的扩展。

(4)从图 8-35 可知,增加 CRC 层厚度对 AC 层底面温度裂缝的扩展有一定的影响,这是由于此处的计算是考虑最不利情况,即 AC 层底面横向裂缝与

CRC 层横向裂缝处于同一垂直平面内，CRC 层横向裂缝处的应力集中使 CRC 层厚度对 AC 层底面温度裂缝的扩展产生了较小的影响。考虑到基层厚度对温度裂缝扩展强度的影响基本可以忽略不计，不作计算。

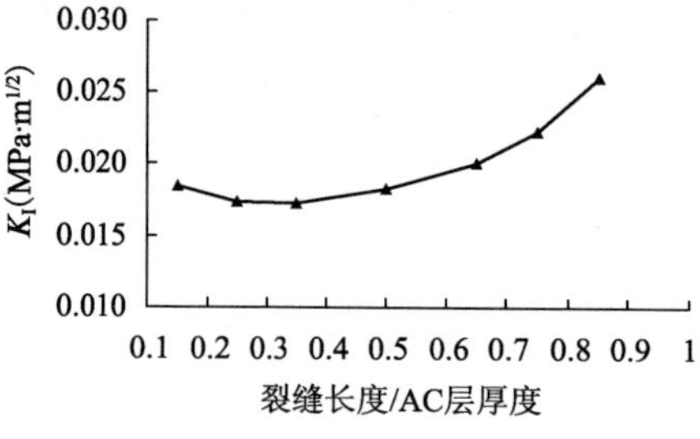

图 8-32　K_I 值与裂缝扩展时期的关系

Fig. 8-32　Relationship of K_I and propagation period

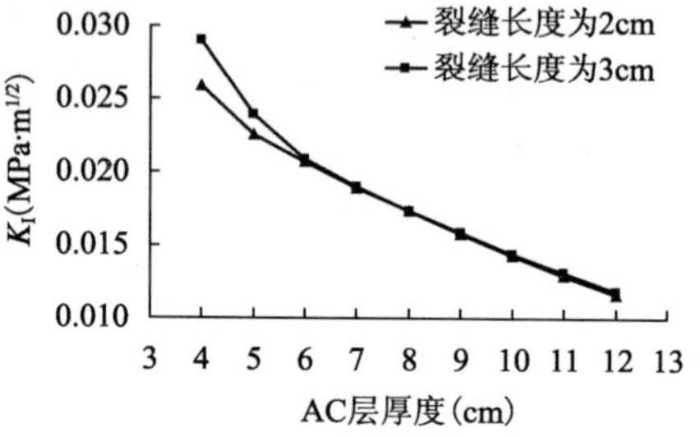

图 8-33　一定裂缝长度下 K_I 值与 AC 层厚度的关系

Fig. 8-33　Relationship of K_I and the thickness of AC layer under certain crack length

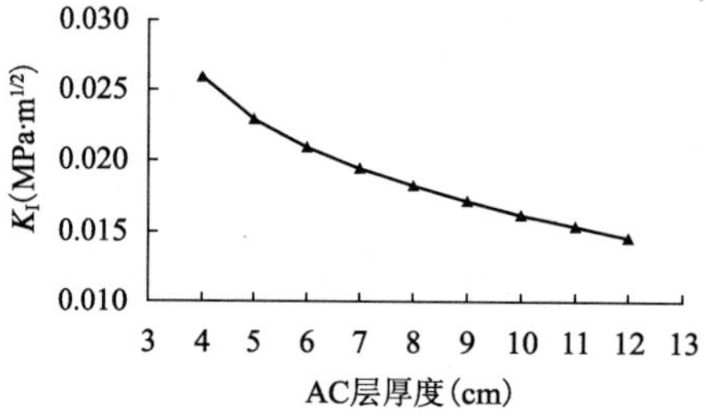

图 8-34　一定扩展时期下 K_I 值与 AC 层厚度的关系

Fig. 8-34　Relationship of K_I and the thickness of AC under layer certain propagation period

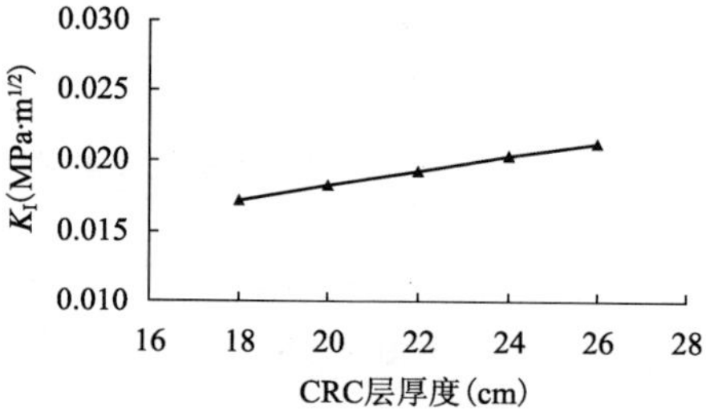

图 8-35　K_I 值与 CRC 层厚度的关系

Fig. 8-35　Relationship of K_I and the thickness of CRC layer

2）模量对裂缝扩展的影响分析

（1）从图 8-36 可知，随 AC 层模量的增加，AC 层底面温度裂缝的 K_I 值线性增加，模量每增加 200 MPa，底面温度裂缝的扩展强度增加 15％左右。

（2）从图 8-37 可知，CRC 层模量对 AC 层底面温度裂缝的扩展强度基本没有影响，所以基层和土基模量对 AC 层底面温度裂缝扩展强度的影响无需考虑。

综上所述，增加 AC 层厚度减小了 AC 层的温度梯度，是减小 AC 层温度裂缝尖端应力强度因子的有效手段，设计中可通过增加 AC 层厚度来减小温度裂缝的扩展。此外，增加 AC 层厚度实际上也降低了 CRC 层的温度梯度，从而减小了 CRC 层的温度翘曲应力，在设计中可减小 CRC 层的配筋率和结构层厚度。如考虑到工程实践中增加 AC 层厚度将使道路建设的经济成本迅速增加，设计中，也可从 AC 层的材料、级配组成等方面进行优化，选择温缩性小、抗拉强度高、模量相对较小的沥青混合料，并根据当地的气候条件合理设计 AC 层的厚度，以保证 AC 层具有预期的抗裂性，出现裂缝后要及时处理，以保证路面结构具有预期的耐久性。

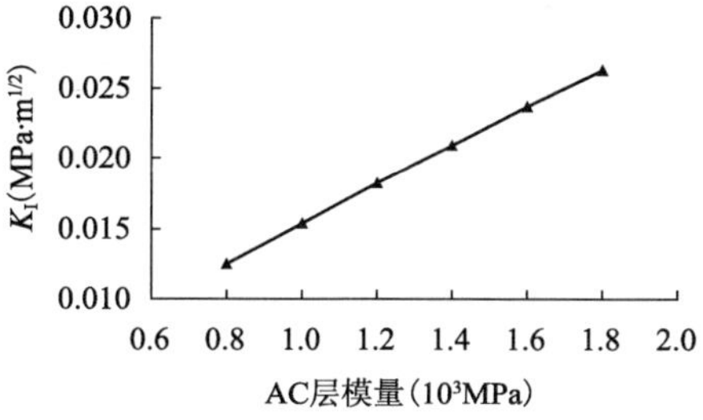

图 8-36　K_{I} 值与 AC 层模量的关系

Fig. 8-36　Relationship of K_{I} and the modulus of AC layer

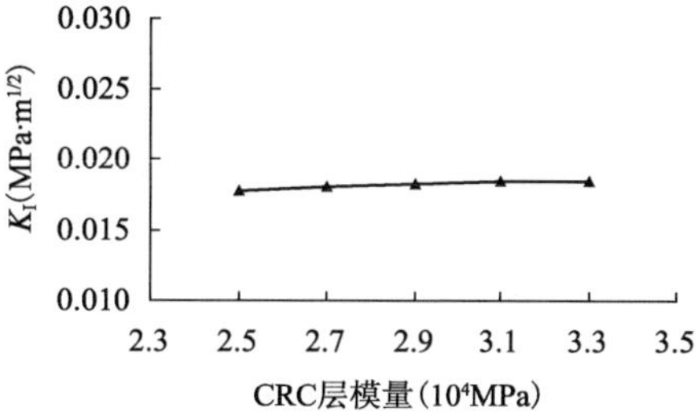

图 8-37　K_{I} 值与 CRC 层模量的关系

Fig. 8-37　Relationship of K_{I} and the modulus of CRC layer

8.5　实体工程裂缝观测与分析

1）长潭高速公路裂缝观测情况

2010 年 6 月对长潭高速公路的部分路段进行了检测，其中横向裂缝和纵向裂缝的情况主要如表 8-1～表 8-3 所示，裂缝基本上都已进行了修补。

表 8-1　长潭高速公路 K1492＋895～K1495＋000 左幅行车道裂缝情况检测结果

Tab. 8-1　Test of crack in left lane width of K1492＋895～K1495＋000 of the Expressway from Changsha to Xiangtan

桩　号	裂　缝	长度(m)	桩　号	裂　缝	长度(m)	桩　号	裂　缝	长度(m)
1492.895	横向裂缝 2	4.0	1494.100	横向裂缝 2	4.0	1494.460	横向裂缝 2	4.0
1493.350	横向裂缝 2	4.0	1494.110	横向裂缝 2	0.5	1494.470	纵向裂缝 2	5.0
1493.425	横向裂缝 2	4.0	1494.130	横向裂缝 2	4.0	1494.475	纵向裂缝 2	5.0
1493.485	横向裂缝 2	4.0	1494.150	横向裂缝 2	2.8	1494.480	纵向裂缝 2	2.0
1493.520	纵向裂缝 2	5.0	1494.170	横向裂缝 2	4.0	1494.480	横向裂缝 2	4.0
1493.525	纵向裂缝 2	5.0	1494.185	横向裂缝 2	4.0	1494.505	横向裂缝 2	1.4
1493.530	纵向裂缝 2	5.0	1494.200	横向裂缝 2	0.4	1494.530	横向裂缝 2	4.0

续上表

桩 号	裂 缝	长度(m)	桩 号	裂 缝	长度(m)	桩 号	裂 缝	长度(m)
1493.530	横向裂缝 2	4.0	1494.210	横向裂缝 2	4.0	1494.540	横向裂缝 2	4.0
1493.545	横向裂缝 2	4.0	1494.225	横向裂缝 2	0.2	1494.570	横向裂缝 2	4.0
1493.570	横向裂缝 2	4.0	1494.240	纵向裂缝 2	5.0	1494.580	纵向裂缝 2	5.0
1493.580	纵向裂缝 2	5.0	1494.245	纵向裂缝 2	4.0	1494.585	纵向裂缝 2	5.0
1493.585	纵向裂缝 2	5.0	1494.270	横向裂缝 2	4.0	1494.590	纵向裂缝 2	3.0
1493.590	纵向裂缝 2	5.0	1494.280	横向裂缝 2	0.5	1494.610	横向裂缝 2	4.0
1493.600	横向裂缝 2	4.0	1494.290	横向裂缝 2	4.0	1494.630	横向裂缝 2	1.0
1493.615	横向裂缝 2	4.0	1494.320	横向裂缝 2	4.0	1494.650	横向裂缝 2	4.0
1493.650	横向裂缝 2	4.0	1494.335	横向裂缝 2	4.0	1494.665	横向裂缝 2	1.0
1493.985	横向裂缝 2	4.0	1494.350	横向裂缝 2	4.0	1494.680	横向裂缝 2	4.0
1494.000	纵向裂缝 2	5.0	1494.380	纵向裂缝 2	5.0	1494.690	横向裂缝 2	1.0
1494.005	纵向裂缝 2	5.0	1494.385	纵向裂缝 2	5.0	1494.705	横向裂缝 2	4.0
1494.025	横向裂缝 2	4.0	1494.390	纵向裂缝 2	5.0	1494.725	横向裂缝 2	4.0
1494.040	纵向裂缝 2	5.0	1494.390	横向裂缝 2	4.0	1494.730	纵向裂缝 2	5.0
1494.045	纵向裂缝 1	4.8	1494.405	横向裂缝 2	4.0	1494.735	纵向裂缝 2	5.0
1494.065	横向裂缝 2	0.5	1494.425	横向裂缝 2	4.0	1494.740	纵向裂缝 2	5.0
1494.080	横向裂缝 2	4.0	1494.445	横向裂缝 2	4.0	1494.980	横向裂缝 2	4.0

注:根据《公路技术状况评定标准》(JTG H20—2007),“1”代表裂缝程度为“轻”,“2”代表裂缝程度为“重”,裂缝宽度在3mm以内为轻,大于3mm为重。

表 8-2　长潭高速公路 K1493+625～K1495+000 右幅超车道裂缝情况检测结果

Tab. 8-2　Test of crack in right overtaking lane width of K1493+625～K1495+000 of the Expressway from Changsha to Xiangtan

桩 号	裂 缝	长度(m)	桩 号	裂 缝	长度(m)	桩 号	裂 缝	长度(m)
1493.630	横向裂缝 2	4.0	1494.410	纵向裂缝 2	5.0	1494.425	纵向裂缝 2	5.0
1493.840	横向裂缝 2	4.0	1494.415	纵向裂缝 2	5.0	1494.430	纵向裂缝 2	5.0
1494.375	横向裂缝 2	1.0	1494.420	纵向裂缝 2	5.0			

表 8-3　长潭高速公路 K1493＋625～K1495＋000 右幅行车道裂缝情况检测结果

Tab. 8-3　Test of crack in right lane width of K1493＋625～K1495＋000 of the Expressway from Changsha to Xiangtan

桩　号	裂　缝	长度(m)	桩　号	裂　缝	长度(m)	桩　号	裂　缝	长度(m)
1493.625	横向裂缝 2	4.0	1493.985	横向裂缝 2	4.0	1494.295	横向裂缝 2	4.0
1493.775	纵向裂缝 2	5.0	1494.010	横向裂缝 2	4.0	1494.310	横向裂缝 2	4.0
1493.780	纵向裂缝 2	5.0	1494.035	横向裂缝 2	4.0	1494.325	横向裂缝 2	4.0
1493.785	纵向裂缝 2	5.0	1494.070	横向裂缝 2	4.0	1494.340	横向裂缝 2	4.0
1493.790	纵向裂缝 2	5.0	1494.080	横向裂缝 2	4.0	1494.470	横向裂缝 2	4.0
1493.790	横向裂缝 2	4.0	1494.090	纵向裂缝 2	5.0	1494.510	横向裂缝 2	4.0
1493.795	纵向裂缝 2	5.0	1494.095	纵向裂缝 2	5.0	1494.550	横向裂缝 2	4.0
1493.795	横向裂缝 2	4.0	1494.100	纵向裂缝 2	5.0	1494.580	纵向裂缝 2	5.0
1493.800	纵向裂缝 2	5.0	1494.105	横向裂缝 2	4.0	1494.585	纵向裂缝 2	5.0
1493.825	纵向裂缝 2	5.0	1494.105	纵向裂缝 2	5.0	1494.590	纵向裂缝 2	5.0
1493.830	纵向裂缝 2	5.0	1494.115	横向裂缝 2	4.0	1494.595	纵向裂缝 2	5.0
1493.835	纵向裂缝 2	5.0	1494.150	横向裂缝 2	4.0	1494.600	纵向裂缝 2	5.0
1493.840	横向裂缝 2	4.0	1494.170	横向裂缝 2	4.0	1494.650	横向裂缝 2	4.0
1493.840	纵向裂缝 2	5.0	1494.185	横向裂缝 2	4.0	1494.705	横向裂缝 2	4.0
1493.860	横向裂缝 2	4.0	1494.205	横向裂缝 2	4.0	1494.750	纵向裂缝 2	5.0
1493.890	纵向裂缝 2	5.0	1494.210	横向裂缝 2	4.0	1494.755	纵向裂缝 2	5.0
1493.895	纵向裂缝 2	5.0	1494.220	横向裂缝 2	4.0	1494.760	纵向裂缝 2	5.0
1493.900	纵向裂缝 2	5.0	1494.235	纵向裂缝 2	5.0	1494.765	纵向裂缝 2	5.0
1493.905	横向裂缝 2	4.0	1494.240	纵向裂缝 2	5.0	1494.820	横向裂缝 2	2.0
1493.920	横向裂缝 2	4.0	1494.245	纵向裂缝 2	5.0	1494.890	横向裂缝 2	4.0
1493.960	纵向裂缝 2	5.0	1494.250	纵向裂缝 2	5.0	1494.920	纵向裂缝 2	5.0
1493.965	纵向裂缝 2	5.0	1494.255	纵向裂缝 2	5.0	1494.925	纵向裂缝 2	5.0
1493.970	纵向裂缝 2	5.0	1494.260	横向裂缝 2	4.0	1494.930	纵向裂缝 2	5.0
1493.975	纵向裂缝 2	5.0	1494.260	纵向裂缝 2	5.0	1494.935	纵向裂缝 2	5.0
1493.980	纵向裂缝 2	5.0	1494.280	横向裂缝 2	4.0	1494.940	纵向裂缝 2	5.0

2011 年 9 月 5 日和 9 月 8 日，作者对长潭高速公路的 K1527～K1532 段的双向进行了裂缝观测，横向裂缝较多，且基本贯穿整个行车道，纵向裂缝则主要分布在行车道靠硬路肩一侧的轮迹带上。

2012 年 6 月 5 日作者所在课题组对长潭高速全线 K1493＋000～K1537＋

450 双向的裂缝情况进行了观测，并进行了转芯取样，芯样情况如图 8-38 所示。

图 8-38　裂缝处芯样情况

Fig. 8-38　Core sample from the crack

从芯样情况来看，沥青面层与连续配筋混凝土界面结合紧密，SBS 改性沥青黏结效果良好；从横向裂缝处所钻的芯样来看，大多横向裂缝仅从表面向下延伸 1cm 左右，没有继续向下扩展，连续配筋混凝土板对应位置也没有开裂，主要为温度疲劳裂缝；也有小部分横向裂缝贯通整个沥青层，从芯样观察可知，裂缝对应位置为连续配筋混凝土板横向裂缝处，这些裂缝主是由 CRC 层横向裂缝缝隙宽度太大引起的反射裂缝；从纵向裂缝处所钻的芯样来看，靠超车道一侧的裂缝没有贯通沥青层，且连续配筋混凝土板对应位置也没有开裂，裂缝主要是行车荷载和温度共同作用的结果，靠硬路肩一侧的裂缝则有部分贯通沥青层，主要是由行车荷载引起的反射裂缝。观测情况如表 8-4 所示。

表 8-4　长潭高速公路全线行车道裂缝观测情况

Tab. 8-4　Observation of crack in lane width of entire route of the Expressway from Changsha to Xiangtan

桩　号	左幅行车道		右幅行车道	
	横缝(条)	纵缝(m)	横缝(条)	纵缝(m)
K1493～K1494	54	117	37	181
K1494～K1495	18	192	43	158
K1495～K1496	17	102	31	173
K1496～K1497	17	173	41	181
K1497～K1498	48	374	46	166
K1498～K1499	54	421	35	266
K1499～K1500	44	321	45	274

续上表

桩　　号	左幅行车道		右幅行车道	
	横缝(条)	纵缝(m)	横缝(条)	纵缝(m)
K1501～K1502	82	180	44	265
K1500～K1501	32	164	68	365
K1502～K1503	57	798	26	175
K1503～K1504	73	246	56	241
K1504～K1505	96	294	16	131
K1505～K1506	149	64	36	212
K1506～K1507	22	—	27	217
K1507～K1508	4	—	32	171
K1508～K1509	31	142	67	311
K1509～K1510	21	173	39	178
K1510～K1511	20	62	30	232
K1511～K1512	92	379	20	115
K1512～K1513	27	52	26	63
K1513～K1514	1	—	37	396
K1514～K1515	41	208	10	143
K1515～K1516	68	285	35	311
K1516～K1517	60	230	35	412
K1517～K1518	65	259	17	190
K1518～K1519	25	34	31	270
K1519～K1520	0	—	31	233
K1520～K1521	7	—	11	50
K1521～K1522	12	18	61	402
K1522～K1523	30	121	3	42
K1523～K1524	21	171	12	41
K1524～K1525	5	145	4	71
K1525～K1526	20	229	40	338
K1526～K1527	15	31	69	249
K1527～K1528	58	118	8	15
K1528～K1529	2	37	—	—

续上表

桩　　号	左幅行车道		右幅行车道	
	横缝(条)	纵缝(m)	横缝(条)	纵缝(m)
K1529～K1530	5	30	6	66
K1530～K1531	38	264	35	187
K1531～K1532	36	147	53	109
K1532～K1533	55	74	12	70
K1533～K1534	4	8	8	55
K1534～K1535	6	28	41	318
K1535～K1536	4	36	38	294
K1536～K1537	18	226	4	—
K1537～终点	8	12	—	—
合计	1 562	6 965	1 366	8 337

2)常吉高速公路裂缝观测情况

2012 年 2 月 21 日至 2012 年 2 月 22 日,作者对湖南省交通科技计划项目"湖南高速公路路面典型结构及技术研究"的实体工程湖南省常吉高速公路试验路进行了观测,试验路主线为 CRC＋AC 复合式路面,茶庵铺互通连接线为横缝设传力杆的普通混凝土(JPC)复合式沥青路面。如图 8-39 所示。

图 8-39　连接线(JPC＋AC)横向裂缝现场观测情况

Fig. 8-39　Observation of transverse cracks in cable(JPC＋AC composite pavement)

通过观测可知,茶庵铺连接线的横向裂缝较多,2. 67km 内共有 131 条横向裂缝,从起点开始的前 700m 基本没有横向裂缝,700m 后横向裂缝较多,且主要集中在弯道处和收费站附近,尤其是弯道处,基本上是 5～10m 会出现 1 条。裂缝形式主要是局部开裂或扩展为半幅,贯穿整个路面宽度的有 10 条左右,裂缝宽度较小，贯穿整个路面宽度的裂缝则宽度较大，最大处接近 1cm。主线上的 CRC+AC 复合式路面双向均未见横向裂缝。

3)长永高速公路裂缝观测情况

长沙至永安高速公路是属国道 319 的一段，该路段交通量大，原水泥混凝土路面通车 8 年后即出现大面积破坏，由于终年维修不断，道路通行能力低、交通拥堵严重，2006 年 6 月在黄花至永安段采用连续配筋混凝土+沥青面层对原水泥混凝土路面进行了改造，于 2006 年 10 月竣工。竣工后极大改善了行车条件，道路通行能力提高了 40%，交通量稳步增长，2009～2011 年的日平均交通量分别达到了 12 662 辆/日、18 570 辆/日、21 272 辆/日，相对改建前三年的年增收减去年度分摊改建成本分别为 1 336 万元、3 493 万元、4 479 万元，截至 2011 年年底，改建后总增收达 2.35 亿元，路面总体状况良好。

2012 年 6 月 6 日作者所在课题组对长永高速全线双向的裂缝情况进行了裂缝观测，其中黄花至永安段的裂缝情况如表 8-5 所示。

表 8-5 长永高速公路黄花至永安段裂缝观测情况

Tab. 8-5 Observation of crack in lane width of Huanghua to Yongan of of the Expressway from Changsha to Yongan

桩 号	左幅行车道	右幅行车道		
	横缝(条)	纵缝(m)	横缝(条)	纵缝(m)
K12～K13	47	54	37	7
K13～K14	5	0	21	0
K14～K15	25	25	2	37
K15～K16	2	17	0	0
K16～K17	12	0	0	0
K17～K18	3	0	0	0
K18～K19	12	0	0	0
K19～K20	11	0	0	0
K20～终点	62	113	1	0
合计	167	209	61	44

8.6 本章小结

CRC+AC 复合式路面 AC 层的疲劳寿命取决于裂缝扩展阶段的寿命，对 AC 层的裂缝扩展进行研究，可为 CRC+AC 复合式路面的合理化设计提供参考依据。本章的主要研究结论如下：

(1)AC 层表面会因行车荷载、温度作用、施工质量、材料老化等因素的影响，产生纵横向开裂；在 AC 层层底(CRC 层横向裂缝的对应区域)也会产生裂缝，并最终在 AC 层表面以反射裂缝的形式表现出来。

(2)在偏荷载作用下，AC 层表面裂缝的扩展强度随裂缝扩展而增大，达到峰值后再缓慢下降，表面裂缝向下扩展到面层厚度的 0.6 左右时，扩展强度达到最大；AC 层底面裂缝的扩展强度也随裂缝扩展而增大，且增大幅度在裂缝扩展的后期要明显地大于前期。

(3)AC 层荷载裂缝的扩展强度随 AC 层厚度的增加，线性增加或略有减小，但由于扩展路径加长对裂缝扩展起到了延缓作用，且这种延缓作用要远大于强度因子变化所造成的影响，所以，增加 AC 层厚度对 AC 层荷载裂缝尤其是对 AC 层底面荷载裂缝的扩展能起到很好的延缓作用。CRC 层厚度对 AC 层荷载裂缝的扩展强度影响很小，AC 层模量对 AC 层荷载裂缝的扩展强度影响较小，其他结构层的厚度和模量对 AC 层荷载裂缝的扩展强度基本没有影响。

(4)在温度作用下，AC 层表面裂缝的扩展强度随裂缝扩展而增大，且增大幅度在裂缝扩展的后期要明显地大于前期；AC 层底面裂缝的扩展强度在扩展初期变化不大，在扩展后期不断增大。

(5)AC 层温度裂缝的扩展强度随 AC 层厚度增加而减小，加上扩展路径加长，增加 AC 层厚度对 AC 层温度裂缝尤其是 AC 层底面温度裂缝的扩展能起到很好的减小和延缓作用；CRC 层厚度对 AC 层表面温度裂缝的扩展基本没有影响，对 AC 层底面温度裂缝的扩展有较小的影响；随 AC 层模量的增加，AC 层温度裂缝的扩展强度线性增加，其他结构层的厚度和模量对 AC 层温度裂缝的扩展强度基本没有影响。

(6)为保证路面结构具有预期的抗裂性和耐久性，要根据当地的气候条件，并结合层间剪应力、车辙等因素的影响，合理设计沥青层的厚度，沥青层不能太薄。也可从材料的角度出发，选择温缩性小、抗拉强度高、模量相对较小的沥青混合料，以减小温度裂缝的扩展。出现裂缝后要及时处理。

通过前面的计算与分析可知，在偏荷载作用下，AC 层主要体现为Ⅱ型开裂模式，在温度的作用下，主要体现为Ⅰ型开裂模式，因此，在荷载与温度的耦合作用下，AC 层裂缝的扩展强度基本不会变化，这里不作进一步的计算与分析。

附录 A　刚柔复合式路面结构层厚度设计示例(旧路改造)

我国是世界上水泥混凝土路面拥有里程最多的国家,就目前的路面使用状况而言,存在着不少问题,其中早年修建的水泥混凝土路面有相当一部分已接近或超过设计年限,有的虽未达到设计年限,但由于交通量剧增,汽车轴载日益重型化等方面的原因,出现了不同程度的结构性破坏和功能性缺陷,大量的旧水泥混凝土路面都面临着翻修改建任务。2003 年湖南省长潭高速公路旧水泥混凝土路面改造工程中采用 CRC+AC 复合式路面结构(全长 44.76km),到目前为止使用效果良好,产生了巨大的社会与经济效益。CRC+AC 复合式路面结构在旧水泥混凝土路面加铺改造工程中的应用也得到了广泛的认可,2011 湖南省长益高速公路大修改造工程、2012 年京港澳高速公路潭耒段改造一期全线、2013 年京港澳高速公路潭耒段改造二期全线、京港澳高速公路耒宜段大修工程部分标段均采用 CRC+AC 复合式路面结构。CRC+AC 复合式路面结构能充分满足路面结构的耐久性要求,是我国重载交通高速公路长寿命路面结构的发展方向。

目前存在的问题是国内外对刚柔复合式路面结构的结构层厚度设计没有成熟的方法,旧水泥混凝土路面加铺 CRC+AC 复合式路面结构是复杂的刚柔复合式路面结构,其结构层厚度设计涉及的问题和难点也较为突出。因此,下面以京港澳高速公路潭耒段改造一期工程为例,介绍刚柔复合式路面的结构层厚度设计方法,供广大同行在研究和设计中参考。

1)设计参数

京港澳高速公路潭耒段改造一期工程全线维持原双向四车道高速公路标准进行改造,设计速度采用 120km/h,路基宽度 28m。公路自然区划为Ⅳ_5区,设计轴载 $P_s=100$kN,最重轴载 $P_m=250$kN,混凝土的泊松比取 0.15,混凝土线膨胀系数 $\alpha_c=10\times10^6$/℃,路床顶综合回弹模量为 40MPa,连续配筋混凝土板的弯拉强度 $f_r=5.0$MPa,旧混凝土板的弯拉强度 $f_{br}=3.0$MPa,为其他设计参数如附表 A-1 所示。

附表 A-1 路面结构层设计参数

路面结构层名称	20℃抗压模量(MPa)	15℃抗压模量(MPa)	劈裂强度(MPa)	回弹模量(MPa)	当量回弹模量(MPa)
SMA－13	1400	1800	1.6	—	—
AC－20C	1200	1700	1.0	—	—
连续配筋混凝土	—	—	—	31000	—
旧水泥混凝土换板灌浆综合处治	—	—	—	23000	800
旧水稳基层	1000	1000	—	—	150
旧水稳底基层	800	800	—	—	—

2)交通分析

沥青层厚度设计时，由《公路沥青路面设计规范》(JTG D50—2006)的表3.1.3可知，高速公路的设计基准期为15年，由规范JTG D50—2006的式(3.1.2)将各种车型的不同轴载换算成BZZ－100标准轴载的当量轴次，根据设计车道使用初期设计轴载日作用次数和交通量年平均增长率，由规范JTG D50—2006的式(3.1.7)计算得到设计基准期内设计车道标准荷载累计作用次数：N_e＝4 836.779万次，由规范JTG D50—2006的表3.1.8可知，属于特重交通荷载等级。

CRC板厚设计时，由《公路水泥混凝土路面设计规范》(JTG D40—2011)表3.0.1(以下所述的图、式和表除特殊说明外，均指JTG D40—2011中的图、式和表)可知，高速公路的设计基准期为30年，安全等级为一级。由式(3.0.6)将各种车型的不同轴载换算成BZZ-100标准轴载的当量轴次，根据设计车道使用初期设计轴载日作用次数和交通量年平均增长率，按规范式(A.2.4)计算得到设计基准期内设计车道标准荷载累计作用次数：N_e＝2748.170万次，由表3.0.7可知，属于特重交通荷载等级。

3)初拟路面结构

根据潭耒高速公路的使用要求、性质，结合本项目区的气候、水文、地质、施工经验和养护条件以及当地筑路材料的供应状况等进行路面综合设计，设计采用CRC＋AC复合式路面，拟定的路面结构如附表A-2所示，其中改性沥青同步碎石封层的技术要求同本书第3章3.2节所述的喷洒式结构，且不单独计量厚度，验收时厚度同AC-20C一起考虑。

附表 A-2　拟定的 CRC+AC 加铺结构方案

结构层名称	厚度(cm)	结构层名称	厚度(cm)
改性沥青 SMA—13	4	AC—10 隔离层	2.5
改性沥青 AC—20C	6	旧水泥混凝土换板灌浆综合处治	26
改性沥青同步碎石封层	—	旧水稳基层	17
连续配筋混凝土层(CRC)	18	旧水稳底基层	15

4)沥青面层厚度计算

(1)层间剪应力计算

由第四章研究成果可知,汽车紧急制动时沥青面层厚度 h(cm)与层间最大剪应力 τ_α(MPa)的回归公式为:

$$\tau_\alpha=0.0009h^2-0.0336h+0.4501 \quad (R^2=0.9999)$$

则层间最大剪应力为:

$$\begin{aligned}\tau_\alpha &=0.0009h^2-0.0336h+0.4501\\ &=0.0009\times10^2-0.0336\times10+0.4501=0.204\text{MPa}\end{aligned}$$

(2)层间容许剪应力分析

层间界面容许剪应力 τ_R 由层间抗剪强度 τ_f 与层间抗剪强度结构系数 K_T 确定:

$$\tau_R=\frac{\tau_f}{K_T}$$

式中:τ_f——一次荷载作用下层间抗剪强度,由室内试验确定;

K_T——层间界面抗剪强度结构系数,表征层间材料的抗剪强度因疲劳而降低的系数,可由室内试验根据达到剪切疲劳破坏临界状态的荷载作用次数和荷载作用产生剪切应力的疲劳方程表示,也可由现场调查出现剪切疲劳破坏的路段与交通量之间的关系表示。

根据第四章第二节的室内试验结果可知:

$$\tau_f=1.424\text{MPa}$$

按第 4 章的式(4-8)计算层间界面抗剪强度结构系数:

$$K_T=0.50N_e^{0.12}=0.50\times48367790^{0.12}=4.179$$

因此:

$$\tau_R=\frac{\tau_f}{K_T}=\frac{1.424}{4.179}=0.341\text{MPa}$$

$$\tau_\alpha=0.204\text{MPa}<\tau_R=0.341\text{MPa}$$

所拟定的沥青面层厚度满足要求。

5)CRC 板厚度计算

因在旧混凝土层和 CRC 层之间设有隔离层，根据现行规范《公路水泥混凝土路面设计规范》(JTG D40—2011)，属分离式混凝土加铺层结构设计，CRC 加铺层和旧混凝土面层应力分析应按分离式双层板进行，且 CRC 加铺层上有沥青面层，应按有沥青上面层的混凝土板进行应力分析。

(1)路面材料参数确定

按式(B. 2. 4)计算板底地基综合当量回弹模量如下：

$$E_x=\frac{\sum_{i=1}^{n}(h_i^2E_i)}{\sum_{i=1}^{n}h_i^2}=\frac{h_1^2E_1+h_2^2E_2}{h_1^2+h_2^2}=\frac{0.15^2\times800+0.17^2\times1000}{0.15^2+0.17^2}=912.451\text{MPa}$$

$$h_x=\sum_{i=1}^{n}h_i=h_1+h_2=0.15+0.17=0.32\text{m}$$

$$\alpha=0.26\ln(h_x)+0.86=0.26\times\ln(0.32)+0.86=0.564$$

$$E_t=\left(\frac{E_x}{E_0}\right)^{\alpha}E_0=\left(\frac{912.451}{40}\right)^{0.564}\times40=233.192\text{MPa}$$

式中：E_0——路床顶综合回弹模量，MPa；

α——与粒料层总厚度 h_x 有关的回归系数；

E_x——粒料层的当量回弹模量，MPa；

h_x——粒料层的总厚度，m；

n——粒料层的层数；

E_i、h_i——第 i 结构层的回弹模量(MPa)与厚度(m)；

板底地基综合当量回弹模量 E_t 取 230MPa。

CRC 上层板的弯曲刚度 D_c[式(B. 2. 2-3)]，旧混凝土下层板的弯曲刚度 D_b[式(B. 4. 1-2)]，路面结构总相对刚度半径 r_g[式(B. 4. 1-3)]为：

$$D_c=\frac{E_ch_c^3}{12(1-\nu_c^2)}=\frac{31\,000\times0.18^3}{12\times(1-0.15^2)}=15.413\text{MN}\cdot\text{m}$$

$$D_b=\frac{E_bh_b^3}{12(1-\nu_b^2)}=\frac{23\,000\times0.26^3}{12\times(1-0.15^2)}=34.463\text{MN}\cdot\text{m}$$

$$r_g=1.21\left(\frac{D_c+D_b}{E_t}\right)^{1/3}=1.21\times\left(\frac{15.413+34.463}{230}\right)^{1/3}=0.727\text{m}$$

式中：h_c、E_c、ν_c——混凝土面层板的厚度(m)、弯拉弹性模量(MPa)和泊松比；

D_c——混凝土面层板的截面弯曲刚度，MN·m；

h_b、E_b、ν_b——下层板的厚度(m)、弯拉弹性模量(MPa)和泊松比；

D_b——下层板的截面弯曲刚度，MN·m；

r_g——双层板的总相对刚度半径,m。

(2)荷载应力

按式(B.4.1),标准轴载和最重荷载在临界荷位处产生的荷载应力计算如下:

$$\sigma_{ps}=\frac{1.45\times10^{-3}}{1+\frac{D_b}{D_c}}r_g^{0.65}h_c^{-2}P_s^{0.94}$$

$$=\frac{1.45\times10^{-3}}{1+\frac{34.463}{15.413}}\times0.727^{0.65}\times0.18^{-2}\times100^{0.94}$$

$$=0.853\text{MPa}$$

$$\sigma_{pm}=\frac{1.45\times10^{-3}}{1+\frac{D_b}{D_c}}r_g^{0.65}h_c^{-2}P_m^{0.94}$$

$$=\frac{1.45\times10^{-3}}{1+\frac{34.463}{15.413}}\times0.727^{0.65}\times0.18^{-2}\times250^{0.94}$$

$$=2.018\text{MPa}$$

$$\sigma_{bps}=\frac{1.41\times10^{-3}}{1+\frac{D_b}{D_c}}r_g^{0.68}h_b^{-2}P_s^{0.94}$$

$$=\frac{1.41\times10^{-3}}{1+\frac{34.463}{15.413}}\times0.727^{0.68}\times0.26^{-2}\times100^{0.94}$$

$$=0.394\text{MPa}$$

式中:P_s——设计轴载的单轴重,kN;

P_m——极重轴载,kN;

σ_{ps}——设计轴载 P_s 在上层板临界荷位处产生的荷载应力,MPa;

σ_{pm}——极重轴载 P_m 在四边自由板临界荷位处产生的最大荷载应力,MPa;

σ_{bps}——设计轴载 P_s 在下层板临界荷位处产生的荷载应力,MPa。

按式(C.1.2),有沥青混凝土上面层的混凝土板在极重轴载下临界荷位处产生的荷载应力计算如下:

$$\sigma_{psa}=(1-\zeta_a h_a)\sigma_{ps}=(1-1.94\times0.1)\times0.853=0.687\text{MPa}$$

$$\sigma_{pma}=(1-\zeta_a h_a)\sigma_{pm}=(1-1.94\times0.1)\times2.018=1.627\text{MPa}$$

式中:σ_{psa}——设计轴载 P_s 在有沥青上面层的混凝土板(此处指上层板,即 CRC 板)临界荷位处产生的荷载应力,MPa;

σ_{pma}——极重轴载 P_m 在有沥青上面层的混凝土板临界荷位处产生的荷载应力，MPa；

ζ_a——系数，可由规范 JTG D40—2011 图 C. 1. 2 查取，见附图 A-1，本算例中 $h_c=0.18$m，$\frac{E_c}{E_t}=\frac{31\ 000}{230}=134.783$，查得 $\zeta_a=1.94$；

h_a——沥青上面层厚度，m。

由 $h_b=0.26$m，$\frac{E_c}{E_t}=\frac{23\ 000}{230}=100$，查 JTG D40—2011 图 C. 1. 2，见附图 A-1，得 $\zeta_a=1.65$。参照式(C. 1. 2)，则有沥青混凝土上面层的下层混凝土板在设计轴载作用下临界荷位处产生的荷载应力为：

$$\sigma_{bpsa}=(1-\zeta_a h_a)\sigma_{bps}=(1-1.65\times0.1)\times0.394=0.329\text{MPa}$$

式中：σ_{bpsa}——设计轴载 P_s 在有沥青上面层的下层混凝土板（此处指旧水泥混凝土板）临界荷位处产生的荷载应力，MPa。

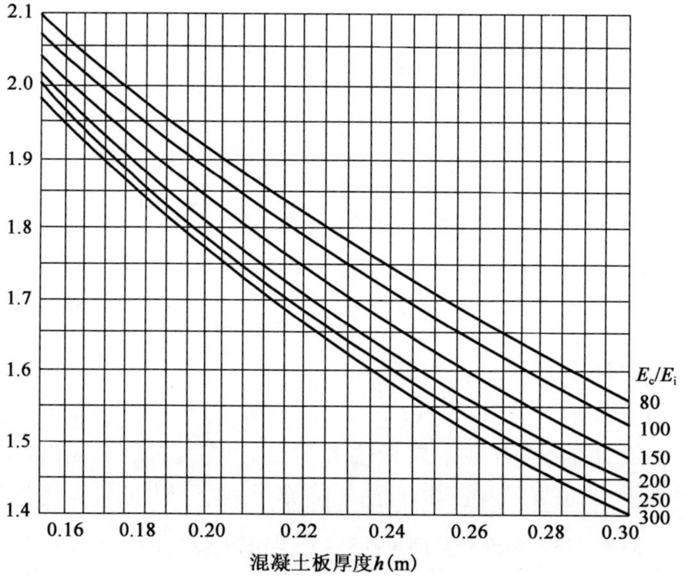

附图 A-1 系数 ζ_a 图

参照式(B. 2. 1)计算面层（此处指上层板，即 CRC 板）荷载疲劳应力：

$$\sigma_{pr}=k_r k_f k_c \sigma_{psa}=0.87\times2.655\times1.15\times0.687=1.825\text{MPa}$$

式中：σ_{pr}——设计轴载在面层板临界荷位处产生的荷载疲劳应力，MPa；

k_r——考虑接缝传荷能力的应力折减系数，采用混凝土路肩时，$k_r=$

0.87～0.92(路肩面层与路面面层等厚时取低值,减薄时取高值);采用柔性路肩或土路肩时,$k_r=1$,本算例取 $k_r=0.87$;

k_f——考虑设计基准期内荷载应力累计疲劳作用的疲劳应力系数,按规范 JTG D40—2011 式(B.2.3)确定:$k_f=N_e^{\lambda}$,N_e 为设计基准期内设计轴载累计作用次数,$\lambda=0.057$,$k_f=N_e^{\lambda}=(27\ 481\ 700)^{0.057}=2.655$;

k_c——考虑计算理论与实际差异以及动载等因素影响的综合系数,按公路等级查规范 JTG D40—2011 表 B.2.1 确定,见附表 A-3,本算例取 1.15。

附表 A-3 综合系数 k_c

公路等级	高速公路	一级公路	二级公路	三、四级公路
k_c	1.15	1.10	1.05	1.00

参照式(B.2.6)计算面层最大荷载应力:

$$\sigma_{p,max}=k_r k_c \sigma_{pma}=0.87\times1.15\times1.627=1.628\text{MPa}$$

式中:$\sigma_{p,max}$——极重轴载 P_m 在临界荷位处产生的最大荷载应力,MPa。

参照式(B.4.2-1)计算基层(此处指下层板,即旧水泥混凝土板)荷载疲劳应力:

$$\sigma_{bpr}=k_f k_c \sigma_{bpsa}=2.655\times1.15\times0.329=1.005\text{MPa}$$

式中:σ_{bpr}——下层板的荷载疲劳应力,MPa。

(3)温度应力计算

由 JTG D40—2011 表 3.0.10,见附表 A-4,无沥青上面层时最大温度梯度取 86℃/m,考虑沥青上面层的影响,查 JTG D40—2011 表 C.2.1,见附表 A-5,确定温度梯度修正系数 $\zeta_t=0.59$,则温度梯度 $T_g=86\times0.59=51$℃/m。

附表 A-4 最大温度梯度标准值 T_g

公路自然区划	Ⅱ、Ⅴ	Ⅲ	Ⅳ、Ⅵ	Ⅶ
最大温度梯度(℃/m)	83～88	90～95	86～92	93～98

附表 A-5 有沥青上面层的混凝土板的温度梯度修正系数 ζ_t

h_a(m)	0.02	0.04	0.06	0.08	0.10	0.12	0.14	0.16	0.18	0.20
温度梯度修正系数 ζ_t	1.13	0.96	0.82	0.70	0.59	0.51	0.43	0.37	0.31	0.27

按规范 JTG D40—2011 的 B.5.2 条,面层与基层之间设有沥青混凝土夹层的竖向接触刚度 k_n 取 3 000MPa/m。按规范 JTG D40－2011 的 B.3.3 条、B.5.2条计算综合温度翘曲应力和内应力的温度应力系数 B_L:

$$r_\beta=\left[\frac{D_cD_b}{(D_c+D_b)k_n}\right]^{\frac{1}{4}}=\left[\frac{15.413\times34.463}{(15.413+34.463)\times3\,000}\right]^{\frac{1}{4}}=0.244\text{m}$$

$$\xi=-\frac{(k_nr_g^4-D_c)r_\beta^3}{(k_nr_\beta^4-D_c)r_g^3}=-\frac{(3\,000\times0.727^4-15.413)\times0.244^3}{(3\,000\times0.244^4-15.413)\times0.727^3}=6.507$$

$$t=\frac{L}{3r_g}=\frac{5.5}{3\times0.727}=2.522$$

$$C_L=1-\left(\frac{1}{1+\xi}\right)\frac{\sinh t\cos t+\cosh t\sin t}{\cos t\sin t+\sinh t\cosh t}=1.005$$

$$B_L=1.77e^{-4.48h_c}C_L-0.131(1-C_L)$$
$$=1.77\times e^{-4.48\times0.18}\times1.005-0.131\times(1-1.005)=0.795$$

按式(B.3.2)计算面层最大温度应力：

$$\sigma_{t,\max}=\frac{\alpha_cE_ch_cT_g}{2}B_L=\frac{10\times10^{-6}\times31\,000\times0.18\times51}{2}\times0.795=1.131\text{MPa}$$

式中：r_β——层间接触状况参数(m)；

ξ——与双层板结构有关的参数；

k_n——面层与基层之间竖向接触刚度，上下层之间设沥青混凝土夹层或隔离层时，k_n 取 3 000MPa/m。

L——面层板的横缝间距，即板长，m，考虑到 CRC 板横向裂缝产生的随机性和其裂缝平均间距不大于 1.8m，CRC 板属窄板结构，板长应取 CRC 板应力方向的长度，即 CRC 板的宽度，本算例为 5.5m；

C_L——混凝土面层板的温度翘曲应力系数；

B_L——综合温度翘曲应力和内应力的温度应力系数；

$\sigma_{t,\max}$——最大温度梯度时面层板产生的最大温度应力，MPa；

T_g——公路所在地 50 年一遇的最大温度梯度；

α_c——混凝土的线膨胀系数，根据粗集料的岩性，查 JTG D40—2011 表 E.0.3-2(附表 A-6)。

附表 A-6　水泥混凝土线膨胀系数经验参考值

粗集料类型	石英岩	砂岩	砾石	花岗岩	玄武岩	石灰岩
水泥混凝土线膨胀系数(10^{-6}/℃)	12	12	11	10	9	7

温度疲劳应力系数 k_t，按式(B.3.4)计算：

$$k_t=\frac{f_r}{\sigma_{t,\max}}\left[a_t\left(\frac{\sigma_{t,\max}}{f_r}\right)^{b_t}-c_t\right]$$

$$=\frac{5}{1.131}\times\left[0.841\times\left(\frac{1.131}{5}\right)^{1.323}-0.058\right]$$
$$=0.264$$

式中：a_t、b_t、c_t——回归系数，按所在地区的公路自然区划查 JTG D40—2011 表 B.3.4(附表 A-7)，$a_t=0.841$，$b_t=1.323$，$c_t=0.058$。

附表 A-7　回归系数 a_t、b_t 和 c_t

系　数	公路自然区划					
	Ⅱ	Ⅲ	Ⅳ	Ⅴ	Ⅵ	Ⅶ
a_t	0.828	0.855	0.841	0.871	0.837	0.834
b_t	1.323	1.355	1.323	1.287	1.382	1.270
c_t	0.041	0.041	0.058	0.071	0.038	0.052

再由式(B.3.1)计算上层板温度疲劳应力：

$$\sigma_{tr}=k_t\sigma_{t,max}=0.264\times1.131=0.299\text{MPa}$$

式中：σ_{tr}——面层板临界荷位处的温度疲劳应力，MPa；

$\sigma_{t,max}$——最大温度梯度时面层板产生的最大温度应力，MPa。

由 $h_c=0.18$m 和 $E_c=31$GPa，查 JTG D40—2011 图 C.2.1(附图 A-2)。

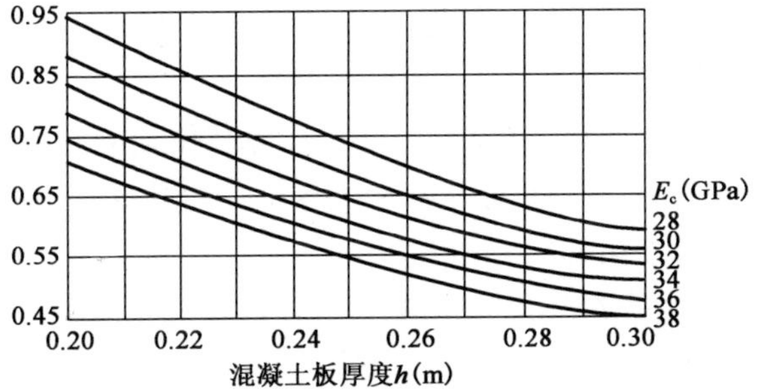

附图 A-2　系数 ζ'_a图

从附图 A-2 可以看出，查取系数 ζ'_a要求混凝土板厚度在 0.20～0.30m 内，而该加铺方案中连续配筋混凝土板的加铺厚度为 0.18m，因此无法从图中得到系数 ζ'_a的取值，连续配筋混凝土上层板温度疲劳应力 σ_{tra}无从计算，从而也不能进一步对结构进行极限状态校核，无法判断所选的加铺层厚度能否承受设计基准期内荷载应力和温度应力的综合疲劳作用，加铺方案是否可取。

规范 JTG D40—2011 中指出旧混凝土加铺层采用连续配筋混凝土结构时加铺层厚度不宜小于 180mm，在进行加铺层厚度设计时采用 180mm 厚度满足规范的基本要求，因此，为使设计更完整，应该拓宽系数 ζ'_a 图中混凝土板厚度的查取范围。针对这一问题，作者运用了 matlab 软件对图中曲线进行回归，延伸曲线，从而达到了拓宽系数的目的，并建立有限元模型验证了拓宽系数图的精确性。拓宽系数图如附图 A-3 所示。

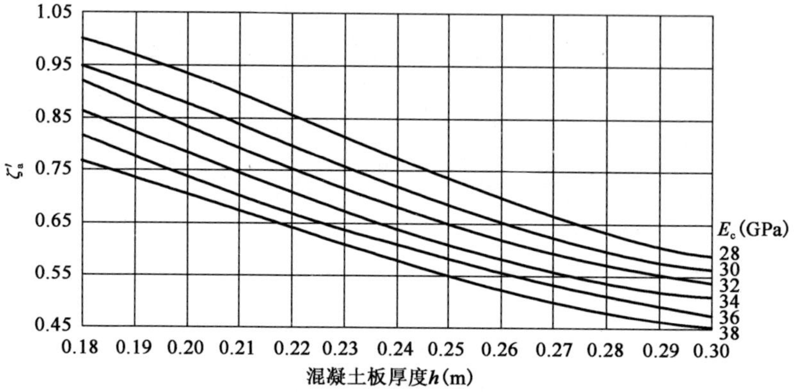

附图 A-3　拓宽系数 ζ'_a 图

从附图 A-3 查得 $\zeta'_a=0.93$，则：

$$\sigma_{tra}=(1+\zeta'_a h_a)\sigma_{tr}=(1+0.1\times0.93)\times0.299=0.327\text{MPa}$$

式中：σ_{tra}——有沥青上面层的混凝土板临界荷位处的温度疲劳应力，MPa；

ζ'_a——系数，可由附图 A-3 查取；

σ_{tr}——无沥青上面层的混凝土板在临界荷位处的温度疲劳应力；MPa。

按式(C. 2. 1-2)计算有沥青混凝土上面层的混凝土面层板最大温度应力为：

$$\sigma_{tma}=(1+\zeta'_a h_a)\sigma_{t,max}=(1+0.93\times0.1)\times1.131=1.236\text{MPa}$$

式中：σ_{tma}——有沥青上面层的混凝土板临界荷位处在最大温度梯度时的温度应力，MPa。

(4)结构极限状态校核

参照 JTG D40—2011 条文说明表 3-1，见附表 A-8，取可靠度系数 $\gamma_r=1.30$。按式(3. 0. 4-1)和(3. 0. 4-2)校核路面结构极限状态是否满足要求：

附表 A-8　可 靠 度 系 数

变异水平等级	目标可靠度(%)			
	95	90	85	80～70
低	1. 20～1. 33	1. 09～1. 16	1. 04～1. 08	—
中	1. 33～1. 50	1. 16～1. 23	1. 08～1. 13	1. 04～1. 07
高	—	1. 23～1. 33	1. 13～1. 18	1. 07～1. 11

$$\gamma_r(\sigma_{pr}+\sigma_{tra})=1.30\times(1.825+0.327)=2.796\leqslant f_r=5.0\text{MPa}$$

$$\gamma_r(\sigma_{p,max}+\sigma_{tma})=1.30\times(1.628+1.236)=3.723\leqslant f_r=5.0\text{MPa}$$

$$\gamma_r\sigma_{bpr}=1.30\times1.005=1.307\leqslant f_{br}=3.0\text{MPa}$$

拟定的连续配筋混凝土层厚度 0.18m 满足要求，可以承受设计基准期内荷载应力和温度应力的综合疲劳作用，以及最重轴载在最大温度梯度时的一次作用。

附录 B　刚柔复合式路面结构层厚度设计示例（新建路面）

公路自然区划IV_5区新建一条高速公路，双向四车道，路基宽度 28m。路基土为低液限粉土，路床顶距地下水位 1.0m。拟采用 CRC＋AC 复合式路面结构，基层采用水泥稳定碎石。经交通分析得知，设计轴载为 $P_s=100\text{kN}$，最重轴载 $P_m=250\text{kN}$，设计车道使用初期标准轴载日作用次数为 1 900 次，交通量年平均增长率为 9.3%。

1）交通分析

（1）沥青层厚度设计

由《公路沥青路面设计规范》（JTG D50—2006）表 3.1.3，高速公路的设计基准期为 15 年，由规范 JTG D50—2006 的式（3.1.2）将各种车型的不同轴载应换算成 BZZ-100 标准轴载的当量轴次，根据设计车道使用初期设计轴载日作用次数和交通量年平均增长率，由规范 JTG D50—2006 的式（3.1.7）计算得到设计基准期内设计车道标准荷载累计作用次数：$N_e=3.76\times10^7$ 次，由规范 JTG D50—2006 的表 3.1.8 可知，属于特重交通荷载等级。

（2）CRC 板厚设计

由《公路水泥混凝土路面设计规范》（JTG D40—2011）表 3.0.1（以下所述的图、式和表除特殊说明外，均指 JTG D40—2011 中的图、式和表），高速公路的设计基准期为 30 年，安全等级为一级。由附录表 A.2.4，临界荷载出的车辆轮迹横向分布系数为 $\eta=0.22$。取交通量年平均增长率为 9.3%。按式（A.2.4）计算，设计基准期内设计车道标准荷载累计作用次数：

$$N_e=\frac{N_s[(1+g_r)^t-1]\times365}{g_r}\times\eta$$

$$=\frac{1\,900\times[(1+0.093)^{30}-1]\times365}{0.093}\times0.22$$

$$=2.19\times10^7$$

由表 3.0.7 可知，属于特重交通等级。

2)初拟路面结构

施工变异水平等级取低等级。根据高速公路特重交通荷载等级和底变异水平等级,查表 4-3,初拟采用 CRC+AC 复合式路面,AC 层厚度为 0.10m,CRC 层厚度为 0.26m,水泥稳定碎石基层厚度为 0.40m(分两层施工,每层 0.2m),底基层选用级配碎石,厚度为 0.18m。

3)沥青面层厚度计算

(1)层间剪应力计算

由第四章研究成果可知,汽车紧急制动时沥青面层厚度 h(cm)与层间最大剪应力 τ_α(MPa)的回归公式为:

$$\tau_\alpha = 0.0009h^2 - 0.0336h + 0.4501 \qquad (R^2 = 0.9999)$$

则:层间最大剪应力为:

$$\tau_\alpha = 0.0009h^2 - 0.0336h + 0.4501 = 0.0009 \times 10^2 - 0.0336 \times 10 + 0.4501$$
$$= 0.204\text{MPa}$$

(2)层间容许剪应力分析

层间界面容许剪应力 τ_R 由层间抗剪强度 τ_f 与层间抗剪强度结构系数 K_T 确定:

$$\tau_R = \frac{\tau_f}{K_T}$$

式中:τ_f——一次荷载作用下层间抗剪强度,由室内试验确定;

K_T——层间界面抗剪强度结构系数,表征层间材料的抗剪强度因疲劳而降低的系数,可由室内试验根据达到剪切疲劳破坏临界状态的荷载作用次数和荷载作用产生剪切应力的疲劳方程表示,也可由现场调查出现剪切疲劳破坏的路段与交通量之间的关系表示。

根据第 4 章 4.2 的室内试验结果可知:

$$\tau_f = 1.424\text{MPa}$$

按第 4 章的式(4-8)计算层间界面抗剪强度结构系数:

$$K_T = 0.50N_e^{0.12} = 0.50 \times 3\,761\,941^{0.12} = 3.076$$

因此:

$$\tau_R = \frac{\tau_f}{K_T} = \frac{1.424}{3.076} = 0.463\text{MPa}$$

$$\tau_\alpha = 0.204\text{MPa} < \tau_R = 0.463\text{MPa}$$

所拟定的沥青面层厚度满足要求。

4)CRC 板厚度计算

(1)路面材料参数确定

按表 3.0.8 和附录 E.0.3,取连续配筋混凝土板的弯拉强度标准值为 5.0MPa,相应的弯拉弹性模量与泊松比为 $E_c=31\text{GPa}$、$\nu_c=0.15$,混凝土的线膨胀系数 $\alpha_c=10\times10^{-6}/℃$。

查表 E.0.1-1,取低液限粉土(ML)的回弹模量为 100MPa,查表 E.0.1-2,取距地下水位 1.0m 时,湿度调整系数为 0.80,由此路床顶综合回弹模量 E_0 取为 100×0.80=80MPa。查附录 E.0.2,水泥稳定碎石上、下基层的弹性模量分别取 2 200MPa 和 2 000MPa,泊松比 ν_b 取 0.20,级配碎石底基层回弹模量取 250MPa,泊松比 ν_1 取 0.35。

按式(B.2.4)计算板底地基综合当量回弹模量如下:

$$E_x=\frac{\sum_{i=1}^{n}(h_i^2E_i)}{\sum_{i=1}^{n}h_i^2}=\frac{h_1^2E_1}{h_1^2}=250\text{MPa}$$

$$h_x=\sum_{i=1}^{n}h_i=h_1=0.18\text{m}$$

$$\alpha=0.26\ln(h_x)+0.86=0.26\times\ln(0.18)+0.86=0.414$$

$$E_t=\left(\frac{E_x}{E_0}\right)^{\alpha}E_0=\left(\frac{250}{80}\right)^{0.414}\times80=128.2\text{MPa}$$

式中:E_0——路床顶综合回弹模量,MPa;

α——与粒料层总厚度 h_x 有关的回归系数;

E_x——粒料层的当量回弹模量,MPa;

h_x——粒料层的总厚度,m;

n——粒料层的层数;

E_i、h_i——第 i 结构层的回弹模量,MPa;厚度,m。

板底地基综合当量回弹模量 E_t 取 125MPa。

基层复合板的弯曲刚度应按式(B.6.3-1)计算。以此弯曲刚度替代 B.4.1 条和 B.5.2 条中的弯曲刚度,计算双层板的荷载应力和温度应力。

$$D_{b1}=\frac{E_{b1}h_{b1}^3}{12(1-\nu_{b1}^2)}=\frac{2\,200\times0.20^3}{12\times(1-0.20^2)}=1.528\text{MN}\cdot\text{m}$$

$$D_{b2}=\frac{E_{b2}h_{b2}^3}{12(1-\nu_{b2}^2)}=\frac{2\,000\times0.20^3}{12\times(1-0.20^2)}=1.389\text{MN}\cdot\text{m}$$

$$D_{b0}=D_{b1}+D_{b2}=2.917\text{MN}\cdot\text{m}$$

式中:D_{b0}——基层复合板的弯曲刚度,MN·m;

D_{b1}、D_{b2}——基层和底基层的弯曲刚度，MN·m，分别按基层和底基层的厚度 h_{b1} 和 h_{b2}、泊松比 ν_{b1} 和 ν_{b2} 以及弹性模量 E_{b1} 和 E_{b2}，由式(B.4.1-2)计算得到。

CRC 上层板的弯曲刚度 D_c[式(B.2.2-3)]，水泥稳定碎石下层板的弯曲刚度 D_{b0}[式(B.6.3-1)]，路面结构总相对刚度半径 r_g[式(B.4.1-3)]为：

$$D_c = \frac{E_c h_c^3}{12(1-\nu_c^2)} = \frac{31\,000 \times 0.26^3}{12 \times (1-0.15^2)} = 46.500\text{MN} \cdot \text{m}$$

$$r_g = 1.21\left(\frac{D_c + D_b}{E_t}\right)^{1/3} = 1.21 \times \left(\frac{46.500 + 2.917}{125}\right)^{1/3} = 0.888\text{m}$$

式中：h_c、E_c、ν_c——混凝土面层板的厚度，m；弯拉弹性模量，MPa；泊松比；

D_c——混凝土面层板的截面弯曲刚度，MN·m；

r_g——双层板的总相对刚度半径，m。

(2)荷载应力

按式(B.4.1)，标准轴载和最重荷载在临界荷位处产生的荷载应力计算如下：

$$\sigma_{ps} = \frac{1.45 \times 10^{-3}}{1+\dfrac{D_{b0}}{D_c}} r_g^{0.65} h_c^{-2} P_s^{0.94} = \frac{1.45 \times 10^{-3}}{1+\dfrac{2.917}{46.500}} \times 0.888^{0.65} \times 0.26^{-2} \times 100^{0.94}$$

$$=1.417\text{MPa}$$

$$\sigma_{pm} = \frac{1.45 \times 10^{-3}}{1+\dfrac{D_{b0}}{D_c}} r_g^{0.65} h_c^{-2} P_m^{0.94} = \frac{1.45 \times 10^{-3}}{1+\dfrac{2.917}{46.500}} \times 0.888^{0.65} \times 0.26^{-2} \times 250^{0.94}$$

$$=3.354\text{MPa}$$

式中：P_s——设计轴载的单轴重(kN)；

P_m——极重轴载(kN)；

σ_{ps}——设计轴载 P_s 在上层板临界荷位处产生的荷载应力(MPa)；

σ_{pm}——极重轴载 P_m 在四边自由板临界荷位处产生的最大荷载应力(MPa)。

按式(C.1.2)，有沥青混凝土上面层的混凝土板在极重轴载下临界荷位处产生的荷载应力计算如下：

$$\sigma_{psa} = (1-\zeta_a h_a)\sigma_{ps} = (1-1.55 \times 0.1) \times 1.417 = 1.197\text{MPa}$$

$$\sigma_{pma} = (1-\zeta_a h_a)\sigma_{pm} = (1-1.55 \times 0.1) \times 3.354 = 2.834\text{MPa}$$

式中：σ_{psa}——设计轴载 P_s 在有沥青上面层的混凝土板(此处指上层板，即 CRC 板)临界荷位处产生的荷载应力，MPa；

σ_{pma}——极重轴载 P_m 在有沥青上面层的混凝土板临界荷位处产生的荷载应力，MPa；

ζ_a——系数，可由规范 JTG D40—2011 图 C. 1. 2 查取，见附图 B-1，本算例中 $h_c=0.26\text{m}$，$\dfrac{E_c}{E_t}=\dfrac{31\,000}{125}=248$，查得 $\zeta_a=1.55$；

h_a——沥青上面层厚度，m。

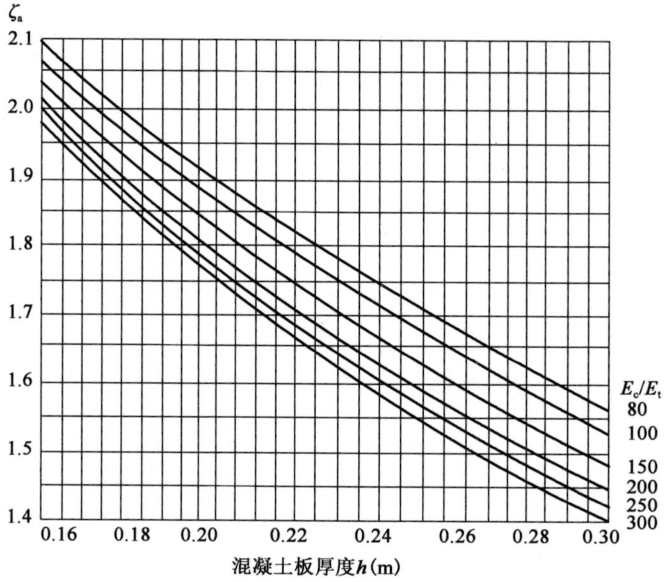

附图 B-1　系数 ζ_a 图

参照式(B. 2. 1)计算面层(此处指上层板，即 CRC 板)荷载疲劳应力：

$$\sigma_{pr}=k_r k_f k_c \sigma_{psa}=0.87\times 2.621\times 1.15\times 1.197=3.139\text{MPa}$$

式中：σ_{pr}——设计轴载在面层板临界荷位处产生的荷载疲劳应力，MPa；

k_r——考虑接缝传荷能力的应力折减系数，采用混凝土路肩时，$k_r=0.87\sim0.92$(路肩面层与路面面层等厚时取低值，减薄时取高值)；采用柔性路肩或土路肩时，$k_r=1$，本算例取 $k_r=0.87$；

k_f——考虑设计基准期内荷载应力累计疲劳作用的疲劳应力系数，按规范 JTG D40—2011 式(B. 2. 3)确定：$k_f=N_e^{\lambda}$，N_e 为设计基准期内设计轴载累计作用次数，$\lambda=0.057$，$k_f=N_e^{\lambda}=(21\,996\,391)^{0.057}=2.621$；

k_c——考虑计算理论与实际差异以及动载等因素影响的综合系数，按公路等级查规范 JTG D40—2011 表 B. 2. 1 确定，见附表 B-1，本算例取 1. 15。

附表 B-1　综 合 系 数 k_c

公 路 等 级	高 速 公 路	一 级 公 路	二 级 公 路	三、四级公路
k_c	1. 15	1. 10	1. 05	1. 00

参照式(B. 2. 6)计算面层最大荷载应力：

$$\sigma_{p,max} = k_r k_c \sigma_{pma} = 0.87 \times 1.15 \times 2.834 = 2.835\text{MPa}$$

式中：$\sigma_{p,max}$——极重轴载 P_m 在临界荷位处产生的最大荷载应力，MPa。

(3)温度应力计算

由 JTG D40—2011 表 3. 0. 10，见附表 B-2，无沥青上面层时最大温度梯度取 86℃/m，考虑沥青上面层的影响，查 JTG D40—2011 表 C. 2. 1，见附表 B-3，确定温度梯度修正系数 ζ_t=0. 59，则温度梯度 T_g=86×0. 59=51℃/m。

附表 B-2　最大温度梯度标准值 T_g

公路自然区划	Ⅱ、Ⅴ	Ⅲ	Ⅳ、Ⅵ	Ⅶ
最大温度梯度(℃/m)	83～88	90～95	86～92	93～98

附表 B-3　有沥青上面层的混凝土板的温度梯度修正系数 ζ_t

h_a(m)	0. 02	0. 04	0. 06	0. 08	0. 10	0. 12	0. 14	0. 16	0. 18	0. 20
温度梯度修正系数 ζ_t	1. 13	0. 96	0. 82	0. 70	0. 59	0. 51	0. 43	0. 37	0. 31	0. 27

按规范 JTG D40—2011 的 B. 3. 3 条、B. 5. 2 条计算综合温度翘曲应力和内应力的温度应力系数 B_L：

$$E_y = \frac{\sum_{i=1}^{n}(h_{bi}^2 E_{bi})}{\sum_{i=1}^{n} h_{bi}^2} = \frac{h_{b1}^2 E_{b1} + h_{b2}^2 E_{b2}}{h_{b1}^2 + h_{b2}^2} = \frac{0.20^2 \times 2\,200 + 0.20^2 \times 2\,000}{0.20^2 + 0.20^2}$$

$$= 2\,100\text{MPa}$$

$$h_y = \sum_{i=1}^{n} h_{bi} = h_{b1} + h_{b2} = 0.20 + 0.20 = 0.40\text{m}$$

式中：E_y——水泥稳定碎石基层的当量回弹模量(MPa)；

h_y——水泥稳定碎石基层的总厚度(m)。

$$k_n = \frac{1}{2} \cdot \left(\frac{h_c}{E_c} + \frac{h_y}{E_y}\right)^{-1} = \frac{1}{2} \times \left(\frac{0.26}{31\,000} + \frac{0.4}{2\,100}\right)^{-1} = 2\,514.290\text{MPa/m}$$

$$r_{\beta}=\left[\frac{D_{c}D_{b0}}{(D_{c}+D_{b0})k_{n}}\right]^{\frac{1}{4}}=\left[\frac{46.500\times 2.917}{(46.500+2.917)\times 2\,514}\right]^{\frac{1}{4}}=0.182\mathrm{m}$$

$$\xi=-\frac{(k_{n}r_{g}^{4}-D_{c})r_{\beta}^{3}}{(k_{n}r_{\beta}^{4}-D_{c})r_{g}^{3}}=-\frac{(2\,514\times 0.888^{4}-46.500)\times 0.182^{3}}{(2\,514\times 0.182^{4}-46.500)\times 0.888^{3}}=0.300$$

$$t=\frac{L}{3r_{g}}=\frac{5.5}{3\times 0.888}=2.065$$

$$C_{L}=1-\left(\frac{1}{1+\xi}\right)\frac{\sinh t\cos t+\cosh t\sin t}{\cos t\sin t+\sinh t\cosh t}=0.801$$

$$B_{L}=1.77e^{-4.48h_{c}}C_{L}-0.131(1-C_{L})=1.77\times e^{-4.48\times 0.26}\times 0.801-0.131\times(1-0.801)=0.416$$

按式(B. 3. 2)计算面层最大温度应力：

$$\sigma_{t,\max}=\frac{\alpha_{c}E_{c}h_{c}T_{g}}{2}B_{L}=\frac{10\times 10^{-6}\times 31\,000\times 0.26\times 51}{2}\times 0.416=0.856\mathrm{MPa}$$

式中：r_{β}——层间接触状况参数(m)；

ξ——与双层板结构有关的参数；

L——面层板的横缝间距，即板长(m)，考虑到 CRC 板横向裂缝产生的随机性和其裂缝平均间距不大于 1. 8m，CRC 板属窄板结构，板长应取 CRC 板应力方向的长度，即 CRC 板的宽度，本算例为 5. 5m；

C_{L}——混凝土面层板的温度翘曲应力系数；

B_{L}——综合温度翘曲应力和内应力的温度应力系数；

$\sigma_{t,\max}$——最大温度梯度时面层板产生的最大温度应力，MPa；

T_{g}——公路所在地 50 年一遇的最大温度梯度；

α_{c}——混凝土的线膨胀系数，根据粗集料的岩性，查 JTG D40—2011 表 E. 0. 3-2(附表 B-4)。

附表 B-4　水泥混凝土线膨胀系数经验参考值

粗集料类型	石英岩	砂岩	砾石	花岗岩	玄武岩	石灰岩
水泥混凝土线膨胀系数 (10^{-6}/℃)	12	12	11	10	9	7

温度疲劳应力系数 k_t，按式(B. 3. 4)计算：

$$\begin{aligned}k_{t}&=\frac{f_{r}}{\sigma_{t,\max}}\left[a_{t}\left(\frac{\sigma_{t,\max}}{f_{r}}\right)^{b_{t}}-c_{t}\right]\\&=\frac{5}{0.856}\times\left[0.841\times\left(\frac{0.856}{5}\right)^{1.323}-0.058\right]\\&=0.136\end{aligned}$$

式中：a_t、b_t、c_t——回归系数，按所在地区的公路自然区划查 JTG D40—2011 表 B. 3. 4(附表 B-5)，$a_t = 0.841$，$b_t = 1.323$，$c_t = 0.058$。

附表 B-5　回归系数 a_t、b_t 和 c_t

系　数	公路自然区划					
	Ⅱ	Ⅲ	Ⅳ	Ⅴ	Ⅵ	Ⅶ
a_t	0. 828	0. 855	0. 841	0. 871	0. 837	0. 834
b_t	1. 323	1. 355	1. 323	1. 287	1. 382	1. 270
c_t	0. 041	0. 041	0. 058	0. 071	0. 038	0. 052

再由式(B. 3. 1)计算上层板温度疲劳应力：

$$\sigma_{tr} = k_t \sigma_{t,max} = 0.136 \times 0.856 = 0.116\text{MPa}$$

式中：σ_{tr}——面层板临界荷位处的温度疲劳应力(MPa)；

$\sigma_{t,max}$——最大温度梯度时面层板产生的最大温度应力(MPa)。

由 $h_c = 0.18\text{m}$ 和 $E_c = 31\text{GPa}$，查 JTG D40—2011 图 C. 2. 1(附图 B-2)：

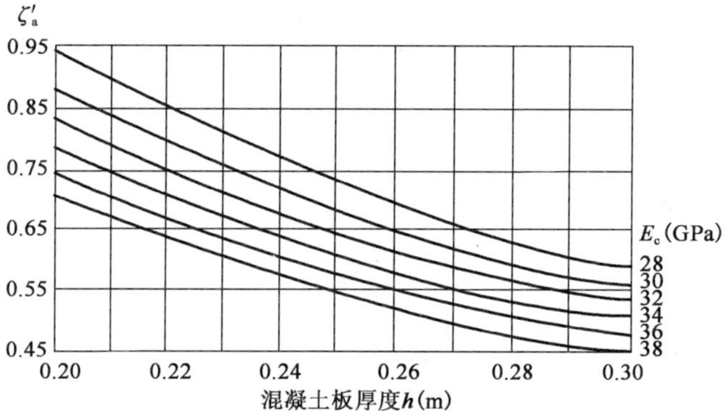

附图 B-2　系数 ζ_a' 图

从附图 B-2 查得 $\zeta_a' = 0.64$，则：

$$\sigma_{tra} = (1 + \zeta_a' h_a)\sigma_{tr} = (1 + 0.1 \times 0.64) \times 0.116 = 0.123\text{MPa}$$

式中：σ_{tra}——有沥青上面层的混凝土板临界荷位处的温度疲劳应力，MPa；

ζ_a'——系数，可由附图 B-2 查取；

σ_{tr}——无沥青上面层的混凝土板在临界荷位处的温度疲劳应力，MPa。

按式(C. 2. 1-2)计算有沥青混凝土上面层的混凝土面层板最大温度应力为：

$$\sigma_{tma} = (1 + \zeta_a' h_a)\sigma_{t,max} = (1 + 0.64 \times 0.1) \times 0.856 = 0.911\text{MPa}$$

式中：σ_{tma}——有沥青上面层的混凝土板临界荷位处在最大温度梯度时的温度应

力，MPa。

(4)结构极限状态校核

参照JTG D40—2011条文说明表3-1，见附表B-6，取可靠度系数 $\gamma_r=1.30$。按式(3.0.4-1)和式(3.0.4-2)校核路面结构极限状态是否满足要求：

附表B-6 可靠度系数

变异水平等级	目标可靠度(%)			
	95	90	85	80～70
低	1.20～1.33	1.09～1.16	1.04～1.08	—
中	1.33～1.50	1.16～1.23	1.08～1.13	1.04～1.07
高	—	1.23～1.33	1.13～1.18	1.07～1.11

$$\gamma_r(\sigma_{pr}+\sigma_{tra})=1.30\times(3.139+0.123)=4.241\leqslant f_r=5.0\text{MPa}$$

$$\gamma_r(\sigma_{p,max}+\sigma_{tma})=1.30\times(2.835+0.911)=4.870\leqslant f_r=5.0\text{MPa}$$

拟定的连续配筋混凝土层厚度0.26m满足要求，可以承受设计基准期内荷载应力和温度应力的综合疲劳作用，以及最重轴载在最大温度梯度时的一次作用。

参 考 文 献

[1] (美)黄仰贤著.余定选,齐诚译.路面分析与设计[M].北京:人民交通出版社,1998.

[2] 胡长顺,王秉纲.复合式路面设计原理与施工技术[M].北京:人民交通出版社,1999.

[3] Sheng LI, ZhaoHui LIU. Study on Crack Extension of the AC Layer of CRC + AC Composite Pavement [J]. Mechanika, 2012, Vol. 18(2): 141-147.

[4] 刘朝晖.连续配筋混凝土刚柔复合式沥青路面研究[D].长沙:长沙理工大学,2007.

[5] 刘朝晖,郑健龙.CRC+AC复合式沥青路面层间界面黏结层抗剪强度试验研究[J].中外公路,2007,27(4):46-47.

[6] 中华人民共和国行业标准 JTG D40—2011,公路水泥混凝土路面设计规范[S].北京:人民交通出版社,2011.

[7] 中华人民共和国行业标准 JTG D40—2002,公路水泥混凝土路面设计规范[S].北京:人民交通出版社,2002.

[8] 李盛,刘朝晖,李宇峙.连续配筋混凝土复合式沥青路面层间剪应力及结构研究[J].公路交通科技,2012,29(8):8-14.

[9] 苏凯,武建民,陈忠达,等.山区公路沥青路面基面层滑移破坏研究[J].中国公路学报,2005,18(3):22-26.

[10] Application of Sand Anti-Fracture (SAF) Layer for Pavement Rehabilitation. Research Development and Technology[R]. Missouri Department of transportation. Jefferson City, Missouri, February, 2001.

[11] 美国科氏材料(中国)公司.科氏路面解决方案——反射裂缝应力吸收层系统[R].2001.

[12] Experiment Sand Anti-fracture Mixture. JSP-97-10[S]. Construction and Materials, December, 2007.

[13] 顾兴宇,倪富健,董侨.AC+CRCP复合式路面温度场有限元分析[J].东南大学学报(自然科学版),2006,36(5):805-809.

[14] 刘朝晖,林佛光,华正良.连续配筋混凝土复合式沥青路面温度应力分析

[J]. 交通科学与工程,2009, 25(1):5-9.
[15] AASHTO, Guide for Design of Pavement Structure[S]. American Association of State Highway and Transportation Officials, 2002.
[16] MASONM. Guide for Mechanistic-Empirical Design of New and Rehabilitated Pavement Structures[S]. National Cooperative Highway Research Program 1-37A, Transportation Research Board, March, 2004:5-8.
[17] Kelly L. Smith, Nasir G. Gharaibeh, Michael Darter. Life-cycle Cost Analysis of Continuously Reinforced Pavements (CRCP) [R]. ERES Consultants, Illinois, USA, February, 2004.
[18] 李盛. 连续配筋混凝土复合式沥青路面结构厚度研究[D]. 长沙:长沙理工大学,2010.
[19] 中华人民共和国行业标准　JTG D50—2006,公路沥青路面设计规范[S]. 北京:人民交通出版社,2006.
[20] Kim, Nelson, Ruiz, Rasmussen, Turner. Early-age behavior of concrete overlays on continuously reinforced concrete pavements [M/CD]. TRB 2003 Annual Meeting CD-ROM, 2003: 1-6.
[21] 刘朝晖,郑健龙,华正良. CRC+AC 刚柔复合式路面结构与工程应用[J]. 公路交通科技,2008, 25(12):62-63.
[22] 徐森林,金亚东,薛春华. 数学分析[M] . 北京:清华大学出版社, 2007.
[23] 陈爱玲. 工程热力学与传热学[M]. 大连:大连海事大学出版社, 2005.
[24] 廖公云,黄晓明. ABAQUS 有限元软件在道路工程中的应用[M]. 南京:东南大学出版社,2008.
[25] ABAQUS/Standard User's Manual Version 6. 0[M]. Hibbitt, Karlsson & Sorensen, Inc. ,2002.
[26] 许志鸿,李淑明,高英,等. 沥青混合料疲劳性能研究[J]. 交通运输工程学报,2001,1(1):20-24.
[27] Standard Specifications for Transportation Materials and Methods of Sampling and Testing and AASHTO Provisional Standards [S]. Washington D C: American Association of State and Transportation Officials, 2008.
[28] 沈金安. 沥青及沥青混合料路用性能[M]. 北京:人民交通出版社,2001.
[29] 吕伟民. 橡胶沥青路面技术[M]. 北京:人民交通出版社,2011.
[30] 中华人民共和国行业标准　JTG E20—2011,公路工程沥青及沥青混合料

试验规程[S]. 北京:人民交通出版社,2011.

[31] 李盛,刘朝晖,李宇峙. CRC+AC复合式路面结构层厚度对温度效应及车辙变形的影响[J]. 中国公路学报, 2012,25(1): 21-28.

[32] 余寿文,冯西桥. 损伤力学[M]. 北京:清华大学出版社,1997.

[33] G Z Voyiadjis, P I Kattan. Advances in damage mechanics [M]. Oxford: Elsevier, 2006.

[34] 张行. 断裂与损伤力学[M]. 北京:北京航天航空大学出版社,2006.

[35] 吴赣昌,张淦生. 沥青路面温缩裂缝的应力强度分析[J]. 中国公路学报,1996,9(3):37-44.

[36] 李盛,刘朝晖,李宇峙. CRC+AC复合式路面结构中AC层的裂缝扩展[J]公路交通科技,2011, 28(12):1-9.

[37] 程靳,赵树山. 断裂力学[M]. 北京:科学出版社,2006.

[38] 沙庆林. 重载交通长寿命半刚性路面设计与施工[M]. 北京:人民交通出版社,2011.

[39] 李祖仲. 应力吸收层沥青混合料组成设计及抗裂性能研究[D]. 西安:长安大学,2009.

[40] 李盛. 耐久性刚柔复合式路面若干理论与方法研究[D]. 长沙:长沙理工大学,2013.

[41] 李盛,刘朝晖,李宇峙,等. 刚柔复合式路面层间界面剪切疲劳试验研究[J]. 土木工程学报, 2013,46(7): 151-156.

[42] 李盛,李宇峙,刘朝晖. 刚柔复合式路面沥青层温度疲劳损伤及开裂研究[J]. 工程力学,2013, 30(10):122-127.

[43] 李盛,刘朝晖,李宇峙. 刚柔复合式路面沥青层荷载疲劳损伤特性及开裂机理[J]. 中南大学学报(自然科学版), 2013,44(9): 3857-3862.

[44] LI Sheng, LI Yuzhi, LIU Zhaohui. Reasonable Reinforcement Ratio of Continuously Reinforced Concrete Composite Asphalt Pavements [J]. Journal of Highway and Transportation Research and Development, 2013,7(2):8-14.

[45] LI Sheng, LI Yuzhi, LIU Zhaohui, SUN Zhilin. Interlaminar Shear Stress and Structure of Continuously Reinforced Concrete Composite Asphalt Pavements[J]. Journal of Highway and Transportation Research and Development, 2013,7(4):9-16.

[46] Sheng LI, Zhaohui LIU, Yuzhi LI, Yingxue ZHANG. Study on Critical

load position and Cracking in asphalt layer of Continuously Reinforced Concrete Composite Asphalt Pavement[J]. Applied Mechanics and Materials, 2012,Vol. 164:26-29.

[47] 李盛,刘朝晖,李宇峙. CRC+AC 复合式路面荷载应力分析[J]. 公路,2013,(4):95-98.

[48] 李盛,刘朝晖,茶翊轩. 旧沥青路面上薄层功能恢复技术[J]. 公路交通科技,2010,27(11):62-66.

[49] 李盛,刘朝晖,李宇峙. CRC+AC 复合式路面的合理配筋率[J]. 公路交通科技,2012,29(2):1-6.

[50] 李盛,刘朝晖,李宇峙. 连续配筋混凝土路面纵向配筋方法分析[J]. 公路,2013,(3):20-24.

[51] 李盛,刘朝晖,李宇峙. 刚柔复合式路面层间沥青材料路用性能试验评价[J]. 公路交通科技, 2013,30 (11):7-12.

[52] 刘朝晖,张景怡,周婷,李盛. 路面粘层复合改性沥青材料研发与性评价能[J]. 材料导报,2014, 28(2):134-139.

[53] 刘朝晖,柳力,史进,李盛. 路面结构抗裂层沥青新材料研发及性能评价[J]. 公路交通科技,2013, 30(9):1-7.

[54] 刘朝晖,张景怡,周婷,李盛. 刚柔复合式路面层间 SBS 改性沥青适用性评价[J]. 公路,2013, 8:144-148.

[55] 刘朝晖,华正良,郑健龙. 刚柔复合式沥青路面层间结合技术[J]. 公路交通技术,2008,(5):21-26.

[56] 李盛,李宇峙,刘朝晖. CRC+AC 复合式路面层间结构及剪应力研究[C]. 2011 全国博士生学术论坛(交通运输工程)论文集,北京,2011. 11. 2-5: 526-535.

[57] 李盛,刘朝晖,周婷,张景怡. 混凝土基层沥青路面层间剪切疲劳与损伤[C]. 第十七届铺面工程学术研讨会暨 2013 世界华人铺面专家学术研讨会论文集,台湾,2013. 10. 29-11. 1: 1-8.

[58] 刘朝晖,周婷,李盛,等. 现行规范旧水泥混凝土路面加铺层设计的若干问题研究[J]. 公路交通科技,2014,31(5):31-36.